Ludwig Janus
Der Seelenraum des Ungeborenen

Ludwig Janus

Der Seelenraum des Ungeborenen

Pränatale Psychologie und Therapie

Walter Verlag

Die Deutsche Bibliothek – CIP-Einheitsaufnahme

Janus, Ludwig:
Der Seelenraum des Ungeborenen : pränatale Psychologie und Therapie /
Ludwig Janus. – Düsseldorf: Walter, 2000
ISBN 3-530-42150-2

Umschlagmotiv: © ZEFA-Lassen
Umschlaggestaltung: Groothuis & Consorten, Hamburg
Satz: Fotosatz Moers, Mönchengladbach
Druck und Bindung: Bercker, Kevelaer
ISBN 3-530-42150-2

Inhaltsverzeichnis

Vorwort

Psychologisches Fragen und Wissen haben die Eigenheit, daß sie immer personengebunden bleiben, weil sie aus der persönlichen und sozialen Lebenserfahrung erwachsen und deshalb Lösungen auch immer im Kontext eines gegebenen persönlichen sozialen Rahmens entstehen. Psychologische Fragestellungen können immer nur zu einem Teil in qualitative oder quantitative Forschung eingebracht werden. Das gilt insbesondere für Fragen unseres Selbstverständnisses und solche nach dem Beginn unseres Erlebens. In den letzten zwei Jahrzehnten gab es eine größere Zahl von Untersuchungen und Veröffentlichungen, die auf die lebensgeschichtliche Bedeutung früher Erfahrungen hinweisen.

Dies sind quantitative Untersuchungen zu den Auswirkungen von frühem Streß, Lernexperimente und Verhaltensbeobachtungen beim Kind vor der Geburt einerseits und Erfahrungen über die Aktualisierung von frühen, meist schmerzlichen Erfahrungen in der psychotherapeutischen Situation. Dazu kamen Untersuchungen aus dem Gebiet der Psychohistorie, die zeigen, daß gerade in den emotionalen Reaktionen und Bedürfnissen von Gruppen frühe vorsprachliche Gefühle beträchtliche Bedeutung haben.

All diese Beobachtungen stehen im Widerspruch zu der weitverbreiteten Lehrmeinung, daß das psychische Erleben erst nach der Geburt beginnt. Deshalb haben wir im Bereich der Psychotherapie eine Fülle von Theorien, die nur die nachgeburtliche Entwicklung berücksichtigen, während die Beschäftigung mit vorgeburtlichen und geburtlichen Gefühlen immer noch ein Außenseiterthema ist. Da wir aber alle die ersten neun Monate in einem Mutterleib verbracht haben, kann die Frage nach den Fundamenten unseres Selbst- und Lebensgefühls wie unserer Entwicklung kein Außenseiterthema sein. Es ist eher ein Thema, dessen grundlegende Bedeutung man zwar erahnen kann, das aber noch nicht in hinlänglicher, allgemein akzeptierter Weise beschrieben wurde.

Um solch ein Finden von Worten und ein Formulieren von Inhalten früher Gefühle soll es nun in diesem Buch vor allem gehen und um ein Zusammenführen der bisher unverbundenen Beobachtungen aus verschiedenen Perspektiven. Es soll zu einem klareren Verständnis der lebensgeschichtlichen Bedeutung früher Erfahrungen beitragen. Deshalb ist es weniger ein Fachbuch, sondern mehr ein langer Essay, der für unsere vorgeburtliche und geburtliche Erfahrung Worte, Bilder und Vorstellungen zusammentragen und entwickeln will, damit auch dieser imaginäre Bereich der Erfahrung einen reflektierteren Eingang in unseren allgemeinen gesellschaftlichen Diskurs finden kann.

Entscheidend ist die gleichzeitige Beachtung der frühen Gefühle aus dem Lebensanfang und deren projektiver Gestaltung im gesellschaftlichen Raum, also eine Parallelführung der individualgeschichtlichen und der psychohistorischen Perspektive. Die Neuheit dieses Gesichtspunkts erlaubt nur eine Darstellung in mehreren Ansätzen und in mehreren Annäherungen. Die damit verbundenen Wiederholungen sollen das Wechselspiel zwischen individueller und gesellschaftlicher Ebene in der Verarbeitung früher Erfahrung und Gefühle immer genauer erfassen. Erst wenn wir die lebensgeschichtliche Bedeutung der frühen Erfahrung bei uns selbst und gleichzeitig im gesellschaftlichen Leben zu reflektieren wissen, können wir zu einem konstruktiveren Umgang mit dem Lebensanfang unserer Kinder finden und insbesondere die nächste Generation in der Verantwortlichkeit ihrer Elternschaft wirklich unterstützen.

Heidelberg, im Juni 2000 *Ludwig Janus*

I. Einleitung

In den letzten Jahren hat sich unsere Einstellung zu Schwangerschaft und Geburt wie zu den Erlebnismöglichkeiten des vorsprachlichen Kindes grundlegend geändert. Die primäre biologische und medizinische Sicht wandelte sich zu einer psychologischen Perspektive; die Aufmerksamkeit verschob sich vom Zeugen und Kinderkriegen auf das Erleben der Elternschaft, der Schwangerschaft und Geburt als Tiefendimension der eigenen Existenz. Parallel dazu wuchs die Einfühlung in die Erlebensmöglichkeiten des Säuglings und des Neugeborenen wie auch des Kindes vor und während der Geburt. »Geburt ohne Gewalt« und das »Seelenleben des Ungeborenen« wurden zu Schlagworten für diese neue Einstellung.

Unterschwellig hat dies auch das eigene Selbstverständnis und die eigene Identität beeinflußt. Mit der neuen Erkenntnis, daß Säuglinge und auch die Frühgeborenen und noch fötalen Kinder keine »Reflexwesen« sind, sondern ihr eigenes differenziertes Erleben und ihre »eigene Kompetenz« haben, wird uns ungewollt bewußt, daß wir selbst unsere Erfahrungen im Mutterleib als Urgrund unseres Erlebens und unsere Geburtserfahrung als unerkannte Erinnerung in uns tragen – eine beunruhigende und unheimliche Einsicht. Es wird deutlich, daß unsere eigene Lebens- und Erlebensgeschichte schon im Mutterleib beginnt und die Dramatik des Weltenwechsels der Geburt wie die Ankunft und Eingewöhnung in der Babyzeit umfaßt, die eine Art Übergangsraum zwischen Mutterleib und Familie bildet, bis wir dann als Kleinkind in die Welt krabbeln.

All dies gehört, wie in den letzten Jahren immer deutlicher geworden ist, zu unserer eigenen Erlebens- und Identitätsgeschichte, entgegen der früheren allgemeinen Annahme, wonach das Leben biologisch mit der Zeugung, sozial mit der Geburt und psychologisch mit dem Sprechenlernen beginnt. Gerade in unserer vorsprachlichen Lebensphase machen wir fundamentale Erfahrungen mit unserer Beziehung zu unseren Eltern und der uns umgebenden Welt, die keineswegs vergessen sind, doch von unserem späteren Ich eben nicht als eigene Urerfahrung zu identifizieren sind. Sehr wohl aber sind diese vorsprachlichen Erfahrungen als Lebensgefühl, Ichgefühl, Beziehungsgefühl und als Körperempfindungen, Träume und Handlungsdispositionen gegenwärtig. Durch unsere gewachsene Einfühlung können wir heute unmittelbar verstehen, wenn etwa ein Baby nach einer schwierigen Geburt empfindlich und störbar ist, daß es innerlich noch in den Nachwirkungen dieser Geburt lebt.

Eine kleine Außenseitergruppe von Psychoanalytikern wie Otto Rank, Hans Gustav Graber und Nandor Fodor bemühte sich schon früh um die unmittelbare Erforschung vorgeburtlicher und geburtlicher Gefühle und ihrer späteren Erscheinungsformen. Als Pränatale Psychologie hat sich hier ein breiter Beobachtungs- und Wissensbereich entwickelt. Wichtige Beiträge kamen auch von Therapeuten, die den Fokus in der psychotherapeutischen Situation auf den außersprachlichen Bereich legten, wie den holotropen Therapeuten und den Primär- und Körpertherapeuten. Hier können vorsprachliche Elemente sehr unmittelbar zugänglich werden.

In der Psychoanalyse und in der Psychotherapie stand der sprachliche Austausch im Mittelpunkt; dort verlief die Entwicklung umgekehrt. Ein vertieftes Verstehen der Realität des Kleinkindes führte dazu, auch das Erleben in der Säuglingszeit als bedeutsamen Teil unserer Biographie anzuerkennen. Diese Forschung verbindet sich mit den Namen von Melanie Klein und Donald W. Winnicott.

Die Theoriebildungen in der Psychoanalyse und der Psychotherapie wie auch die Praxisgestaltung stammen weitgehend noch aus der Zeit, als ein Erleben vor und während der Geburt entsprechend der damaligen allgemeinen Ansicht vollständig ausgeblendet wurde. Ohne Zweifel ist die Zeit aber reif für eine Integration der Erkenntnisse der Pränatalen Psychologie in die herkömmliche Psychotherapie. Das ist Ziel dieses Buches.

Aber es geht dabei nicht nur um die Feststellung, daß vorgeburtliche oder geburtliche Erfahrungen und Traumatisierungen im Einzelfall für eine neurotische oder psychosomatische Erkrankung relevant sein können und berücksichtigt werden sollten, sondern auch um eine elementare Erweiterung der biographischen Sichtweise und eine Vertiefung unseres Selbstverständnisses. Deshalb beschäftige ich mich hier ansatzweise damit, wie sich die Koordinaten unseres entwicklungspsychologischen Verständnisses verändern, wenn man diese Erweiterung vornimmt. Im ersten Teil werden zunächst die körperlichen und psychischen Folgen der Geburt behandelt, und anschließend geht es um die Widerspiegelungen und Verarbeitungen früher vorsprachlicher Erfahrungen in der Kindheit und in der Pubertät. Neurotische und psychosomatische Symptome erscheinen dann nicht nur als Folgewirkungen ungelöster ödipaler oder präödipaler Konflikte, sondern wesentlich auch als Nachwirkung unverarbeitbarer vorgeburtlicher und geburtlicher Erfahrung, die in der Adoleszenz die Transformation zum Erwachsenen, den Entwurf eines eigenen Lebens und die Beheimatung in einer eigenen Lebensgestaltung behindern oder unmöglich machen.

Hier soll eine Hintergrundsebene der psychischen Entwicklung und der psychischen Erkrankung dargestellt werden, die für alle verschiedenen Formen von Psychotherapie in gleicher Weise relevant ist. Ich hoffe, dabei auch deutlich zu machen, daß die erwähnte Ausblendung dieser Frühphase des Lebens in Theorie und Praxis eine Ursache für die derzeitige Zersplitterung des therapeutischen Feldes ist. Die Einbeziehung der Psychodynamik des Lebensanfangs kann die innere Einheitlichkeit verschiedener psychotherapeutischer Ansätze dadurch deutlich machen, daß gezeigt wird, daß sie sich auf unterschiedliche Segmente des vorgeburtlichen Entwicklungsraumes beziehen. Die Psychoanalyse umfaßt die metaphorischen Bilder, die Primärtherapie die affektive Dynamik und die Körpertherapie die Körpererinnerungen. Deshalb soll die Geschichte der Entdeckung der vorgeburtlichen und geburtlichen Gefühle, die zugleich die Geschichte ihrer Verleugnung und Abspaltung ist, am Anfang stehen.

II. Geschichte der Entdeckung der vorgeburtlichen und geburtlichen Gefühle

Schon immer gab es ein intuitives Wissen davon, daß das Befinden und Erleben der Mutter während der Schwangerschaft für die spätere Entwicklung des Kindes von Bedeutung ist, aber dies wurde meist magisch als »Versehenstheorie« in dem Sinne interpretiert, daß bestimmte Erlebnisse der Mutter schicksalhafte Vorprägungen zur Folge haben. Oft war dies abergläubisch ausgestaltet: Wenn sich die Schwangere an einem Seiltänzer »versieht«, dann bekommt das Kind schlenkernde Glieder, wenn sie sich an einem Hasen »versieht«, dann bekommt das Kind ein zitterndes Kinn oder eine Hasenscharte.

Im 18. Jahrhundert begann eine systematischere psychologische Reflexion. Dazu sei der heute wenig bekannte Romanautor des »Sturm und Drang«, Johann Karl Wezel, zitiert: »Man hat also angemerkt, daß man nicht alle, doch die meisten gegenwärtig unerklärbaren Erscheinungen, die sich an vielen Menschen zum Erstaunen der Gelehrten und Ungelehrten zeigen, sehr leicht würde erklären können, wenn jemand eine genaue und umständliche Geschichte ihrer Schicksale im Mutterleib, von dem ersten Augenblick ihres Daseins bis nach ihrer Geburt bekannt machte.«[1] Das natürliche Wissen um solche Zusammenhänge formulierte Adam Bernds 1738, wenn er in seiner Autobiographie berichtet: »(...) welches alles [ihre Kriegserfahrungen] sie in große Angst gesetzt, so daß es nicht wundert, daß er ein melancholisches Geblüt und ein zusammengepreßtes Herz auf die Welt gebracht, den die Mutter unter einem neun Monate lang zerknirschten und mit Furcht und Angst beklemmten Herz getragen.«[2]

Das Wissen um die Erlebnisbedeutung der Lebensphase im Mutterleib verschwand im 19. Jahrhundert jedoch aus dem schriftlichen Diskurs unserer Gesellschaften. Daß es trotzdem weiter ein intuitives Wissen gab, wird an der ausführlichen Beschreibung der Dramatik des kindlichen Geburtserlebens durch die englische Hebamme Dorothy Garley »Über den Schock des Geborenwerdens« deutlich, der 1924 in der *Internationalen Zeitschrift für Psychoanalyse* erschien.[3] Das intuitive Wissen einer jungen Frau war auch die Quelle der

Inspiration für Freud zu seiner Annahme, daß die Geburtsangst so etwas wie eine Urangst darstellt. Als junger Assistenzarzt hatte er erlebt, wie eine junge Krankenschwester wegen der Bemerkung, das Kind habe bei der Geburt Angst, bei der Examensprüfung durchgefallen war.[4]

Aber erst die Psychoanalytiker Otto Rank und Hans Gustav Graber beschrieben in einer systematischen Weise in ihren Büchern *Das Trauma der Geburt*[5] und *Die Ambivalenz des Kindes*[6] wesentliche Aspekte der Erlebnisbedeutung der Geburt. Ihr Inhalt rührt an die erschreckenden Erfahrungen der eigenen Geburt, und beide Bücher wurden daher wenig rezipiert. Das Buch von Rank ist erst seit kurzem wieder verfügbar, das Buch von Graber seit Jahren vergriffen. Es hat nahezu 70 Jahre gedauert, bis der Philosoph Peter Sloterdijk in seinem Buch *Weltfremdheit*[7] den epochalen Charakter dieser beiden Werke würdigte und die Grundaussagen wieder in den allgemeinen gesellschaftlichen Diskurs einbrachte.

In einer symbolischen Weise fand und findet das Wissen um die lebensgeschichtliche Bedeutung der Geburt seinen Ausdruck in den magischen Aussagen der Astrologie von der Schicksalsbedeutung der Geburt. Die Grundaussage der Astrologie, der Stand der Sterne am Himmel im Augenblick der Geburt bestimme das Lebensschicksal, läßt sich als Formulierung eines intuitiven Wissens auffassen, daß die Konstellationen und Bündelungen der Kräfte der vorgeburtlichen Entwicklung im »Skript« der Geburt die Koordinaten späteren Erlebens und Handelns in einer hintergründigen Weise mitbestimmen.

Im Nebel dieser jahrtausendealten magischen Vermutungen erfolgten die ersten intuitiven Formulierungen im Kreis der frühen Psychoanalyse zur Erlebnisbedeutung der vorgeburtlichen Phase und der Geburt. Die psychoanalytische Regel, unverstandenes Gegenwärtiges aus Nachwirkungen des unintegrierten Vergangenen zu erklären, hatte die Richtung gewiesen. Lapidar hatte Freud im Jahr 1909 formuliert: »Der Geburtsakt ist übrigens das erste Angsterlebnis und somit die Quelle und das Vorbild des Angstaffektes.«[8] Im gleichen Jahr beschrieb Rank im *Mythos von der Geburt des Helden*[9] kollektive Geburtsbilder und setzte dazu zahlreiche Geburtsträume von Patienten als gewissermaßen individuelle Mythologeme in Parallele. Erst 15 Jahre später war er in der Lage zu zeigen, daß in solchen Bildern und Träumen durchaus auch »Realien« der Geburt enthalten waren.

In intuitiver Weise wurden in der Diskussion der frühen Analytiker Aspekte vorgeburtlicher, geburtlicher und nachgeburtlicher Gefühle formuliert. Weil ich dies an anderer Stelle ausführlich dargestellt habe[10], will ich es nur in Stichworten wiederholen: Bei Adler standen die Minderwertigkeits- und Ohnmachtsaspekte des frühen Erlebens im Vordergrund, während Ferenczi umgekehrt die Aspekte von Allmachtsgefühlen ausformulierte; bei Jung wiederum waren es die regenerativen Möglichkeiten eines regressiven Eintauchens in das eigene archaische Erleben, die im Mittelpunkt seines Interesses standen. Diese Gedanken fanden dann in den Büchern von Rank und Graber ihre systematischere entwicklungspsychologische Formulierung.

Parallel zu diesen Ansätzen im psychologischen Bereich gelang es den Geburtshelfern in den zwanziger Jahren, ein klareres Bild von den traumatischen Elementen der Geburt zu gewinnen. Der bedeutende Geburtshelfer Philip Schwartz faßte in seiner Monographie *Geburtsschäden bei Neugeborenen*[11] seine Erkenntnisse zusammen. Aber diese Entdeckungen und Klärungen erfolgten isoliert voneinander. Erst das Buch von Leboyer *Geburt ohne Gewalt*[12] stellte in den siebziger und achtziger Jahren im öffentlichen Bewußtsein eine Verbindung zwischen körperlicher Beeinträchtigung und kindlichem Erleben her.

So ist es nicht verwunderlich, daß die Diskussion zu den Gefühlen vor und während der Geburt wegen ihrer subjektiven Brisanz in den zwanziger Jahren vorerst steckenblieb. Freud und Rank beschrieben die Gefährdung im Erleben der Geburtsnöte und den regressiven Sog in vorgeburtliche Sicherheit parallel, aber gewissermaßen in verschiedenen Tonlagen. Freud hob die düsteren und verborgenen und Rank die dramatischen und expansiven Aspekte hervor.

Hatte Freud 1924 in »Das ökonomische Prinzip des Masochismus«[13] als Kern des masochistischen Erlebens die Phantasien, geknebelt, gezwungen, in schmerzhafter Weise geschlagen, gepeitscht, irgendwie mißhandelt, beschmutzt und erniedrigt zu werden, beschrieben, so war es ihm doch aus seiner patriarchalen Einstellung und Verleugnung der »bösen Mutter« unmöglich, hierin Spiegelungen und Wiederholungen eines destruktiven Geburtserlebens zu erkennen. Hinter den metaphorischen Formeln vom »Todestrieb« und »Urmasochismus« verbargen sich die dunklen Aspekte der Mutter.

Rank wiederum konnte die Geburtszusammenhänge in Freuds

Formulierungen nicht benennen, weil dies die Orginalität seines »großen Fundes« in Frage gestellt hätte und weil für ihn die Entdeckung der psychologischen Bedeutung der Geburt ja gerade das Mittel zu seiner Befreiung aus der Abhängigkeit von Freud bedeutete. Dieser Konflikt zwischen Freud und Rank reichte so tief, daß die eigentlichen Probleme erst heute in Ansätzen wieder ein diskursives Niveau erreichen.[14]

Das Scheitern dieser Diskussion und die nachfolgenden Spaltungen im Feld der Psychoanalyse und Psychotherapie waren für die allgemeine Forschungsentwicklung bedeutsam. Entsprechend der Ausblendung von Geburt und Schwangerschaft als Teil der eigenen Lebensgeschichte wurden diese Aspekte im Lehrgebäude der Psychoanalyse und allgemeinen Psychotherapie ausgespart. Das hatte zur Folge, daß das ungemein kreative behandlungstechnische Werk von Rank, seine drei Bände zur *Technik der Psychoanalyse*[15], unbeachtet blieben und nur in Ansätzen diskutiert wurden.[16]

Die eigentliche Kernaussage Ranks, daß vorgeburtliche und geburtliche Gefühle die Dynamik der Behandlungssituation und des therapeutischen Prozesses wesentlich mitbestimmen und daß für die Behandlung der kreative Umgang mit dieser Gegebenheit bedeutsam ist, wurde bis heute nicht vollständig erschlossen[17], weil wir hier alle in unserer Wahrnehmung in projektiven Gefühlen und Verleugnungen gefangen sind.

Man kann dies in das Bild fassen, daß Freud der Kolumbus der Entdeckung des vorsprachlichen Seelenraumes war, aber dabei in der Selbsttäuschung gefangen blieb, das immer schon Bekannte der Liebeskonflikte der Geschlechter auf der Ebene des ödipalen Konflikts wiederentdeckt zu haben. Rank wäre dann der Magellan gewesen, der das existentiell andere der Neuen Welt, des vorsprachlichen Seelenraumes, erkannte und durch seine Erkundungen konkretisierte. Wie es nach den Entdeckungen von Kolumbus und Magellan noch Jahrhunderte dauerte, bis die Erde wirklich erkundet und vermessen war, so wird es im Falle von Freud und Rank und der Tiefenpsychologie sicherlich noch Jahrzehnte dauern, bis die neuen Wirklichkeitszusammenhänge, die ihre Entdeckungen erschlossen haben, umfassender verstanden werden. Erst das persönliche Wachstum und die Entwicklung neuer Wahrnehmungsmöglichkeiten erlauben im psychologischen Bereich ein vertieftes Vordringen und erweitertes Erfassen, ganz in der gleichen Weise, wie erst die Fortschritte in

Schiffbau und Astronomie die weitere Erkundung der Erde nach den Erstentdeckungen ermöglichten.

Das geschilderte Scheitern der Diskussion zwischen Freud und Rank hatte neben vielem anderen den entscheidenden Grund, daß beiden ein deutlicheres Konzept von der Wirklichkeit pränataler Traumatisierung fehlte. Es ist das Verdienst des ungarischen Psychoanalytikers Nandor Fodor, hierzu klare Vorstellungen entwickelt zu haben.[18] Er war der erste, der die mystifizierende Idealisierung der intrauterinen Phase bei den meisten Analytikern, Adler ausgenommen, durchbrach und selbstdestruktive Tendenzen, Vernichtungsphantasien und -inszenierungen bei Patienten auf entsprechende dramatische vorgeburtliche Erfahrungen zurückführte. Trotz der Eindringlichkeit und klinischen Klarheit seiner Beschreibungen und vielfältigen Publikation seiner Beobachtungen in wichtigen psychoanalytischen Zeitschriften gelang es ihm nicht, auf Resonanz zu stoßen. Zu dämonisch und ungeheuerlich erschienen seine Ansichten bzw. zu selbstverständlich war die projektive Externalisierung und Inszenierung vorgeburtlicher und destruktiver Erfahrungen in der öffentlichen Meinung in Vernichtungsängsten und Katastrophenerwartungen. Entsprechend gab es für eventuelle Nöte der Kinder vor und während der Geburt keinerlei Einfühlung. Es ist uns heute nicht mehr so klar, wie selbstverständlich und unbedenklich bis zur Verbreitung der Pille mehr oder weniger zielstrebige Abtreibungsversuche waren. Erst in den letzten Jahren haben unter anderem Wolfgang H. Hollweg[19] und John Sonne[20] gezeigt, wie verheerend sich überlebte Abtreibungsversuche auf das spätere Lebensgefühl und die spätere Lebensgestaltung auswirken können.

Man muß feststellen, daß die Entdeckungsgeschichte vorgeburtlicher und geburtlicher Gefühle auch eine Geschichte des Scheiterns und der Verleugnung ist; das Scheitern Ranks und Fodors ist charakteristisch für diese Entwicklung. Deren Scheitern hatte die Folge, daß sich die weitere Erkundung und Erforschung der lebensgeschichtlichen Bedeutung vorgeburtlicher und geburtlicher Erfahrungen, abgesehen von einzelnen wie Béla Grunberger[21] und wenigen anderen[22], im wesentlichen außerhalb der Psychoanalyse vollzog. Es waren Umgestaltungen des therapeutischen Settings hin zur vorsprachlichen Ebene, wie sie Arthur Janov mit seiner Zentrierung auf die Gefühle und Empfindungen vornahm und Stanislav Grof durch die Arbeit mit LSD erreichte. In zahlreichen Beispielen hat Janov die affektive

Dynamik und das Körpererleben von vorgeburtlichen und geburtlichen Gefühlen beschrieben.[23] Grof gelang es, die affektive Dimension des Geburtsprozesses mit den Phasen der Öffnung, der Austreibung und des Durchtritts in den LSD-Imaginationen seiner Probanden zu erfassen.[24]

All diese Zusammenhänge habe ich in meinem früheren Buch *Wie die Seele entsteht*[25] ausführlich dargestellt und will es deshalb bei dieser kursorischen Erwähnung belassen. Aufgrund der Arbeiten von Janov und Grof entwickelte sich ein sehr heterogenes, aber kreatives therapeutisches Feld, das vielen Klienten ermöglichte, die Wurzeln aktueller Nöte in frühesten Verletzungen zu erkennen und zu bearbeiten.

Ein Problem bei diesem Ansatz bestand darin, die Verarbeitung der zugänglich gemachten Tiefenerfahrungen in einer angemessenen Weise zu begleiten. Aber hier wurden in den letzten Jahren große Fortschritte erzielt.[26] Die wachsende Sicherheit im Umgang mit vorgeburtlichen und geburtlichen Gefühlen, ihren Inszenierungen und ihrem Niederschlag in Körperempfindungen und Körperhaltungen ermöglichte die Anwendung der gewonnenen Erkenntnisse in der Behandlung von geburtlich oder vorgeburtlich traumatisierten Säuglingen und Kindern, wie es dem kalifornischen Primärtherapeuten William Emerson gelang.[27]

Auch fehlte in den Konzeptionen von Janov und Grof eine wirkliche Erkenntnis, wie gravierend vorgeburtliche Traumatisierungen sind. Der griechische Psychiater und Psychotherapeut Athanassios Kafkalides hat sie bei seinen Versuchen mit LSD erkannt und in seinem Buch *The Knowledge of the Womb*[28] als »rejecting womb« beschrieben. Katastrophische Unwertgefühle können die Folgewirkung sein. Diese Schwäche der früheren Primärtherapie hat Emerson überwunden; er bezieht das vorgeburtliche Trauma ausdrücklich mit ein.[29]

Die Entdeckungen sind also gemacht. Es geht jetzt um die Umsetzung dieses beachtlichen und facettenreichen Wissens in den traditionellen Formen der Psychotherapie – dazu soll dieses Buch beitragen. Dabei ist es zunächst wichtig, uns die aus der Stammesgeschichte zu erklärenden Eigenheiten der menschlichen Geburt zu vergegenwärtigen, weil dies ein Hintergrund für die Einordnung der neuen Erkenntnisse ist.

III. Besonderheiten der menschlichen Geburt

Psychobiologische Folgen

Nachdem im 19. Jahrhundert die biologischen Grundtatsachen der Schwangerschaft und der Geburt so weit geklärt waren, daß die Geburtshilfe eine neue Handlungsbasis hatte und die perinatale Mortalität von Mutter und Kind gesenkt wurde, konnte man in unserem Jahrhundert damit beginnen, die Besonderheiten der menschlichen Geburt genauer zu erfassen. Zum einen verstand man, daß die Geburt in größerem Ausmaß, als man dies bei einem »natürlichen Ereignis« erwartet hatte, mit Schädigungen verbunden war. Zum anderen ergab sich, daß mit dem aufrechten Gang Besonderheiten in der Gestaltung des Geburtskanals verbunden waren.[30]

Anders als bei anderen Primaten und allgemein bei Säugetieren, konnte das Kind nicht einfach bei der Geburt herausrutschen, sondern mußte sich bei dem querovalen Beckeneingang und längsovalen Beckenausgang in einer komplizierten Weise durch den gebogenen Geburtskanal hindurchwinden. Bei fast gleich großem Becken- und Kopfdurchmesser von etwa 10 cm wird jede zusätzliche Einengung zur gefährlichen Behinderung. Das können schon die Verspannungen wegen der Verunsicherung der Mutter durch eine uneinfühlsame Geburtshilfe sein, wie etwa eine programmierte Geburt sie auslösen kann. Wenn die Mutter entspannt ist und sich unterstützt fühlt, hat das Kind durch die Lockerung der Knorpel der Symphyse und der Darmbein-Kreuzbein-Gelenke deutlich mehr Raum. Trotzdem ist der Ablauf der Geburt beim Menschen, im Gegensatz zu anderen Säugern, auf eine gewisse Verformbarkeit des Kopfes angewiesen, was durch das Offenbleiben der Schädelnähte möglich ist.

Der Grenzbelastungscharakter der menschlichen Geburt wird an dem enormen Druck deutlich, den der kindliche Kopf bei der Geburt auszuhalten hat und der heute durch Messungen und Computersimulation im einzelnen nachvollziehbar ist.[31] Auch subtilere Folgeschädigungen wie Halswirbelsyndrome durch Verstauchungen während der Geburt[32], Fehlstellungen der Kiefergelenke[33] und spannungsreiche Verformungen der Schädelknochen kommen häufiger vor, als man früher annahm.

Diese Angaben sollten anschaulich machen, daß einer solchen mehr oder weniger ausgeprägten Grenzbelastung je nach der Gesamtsituation eine ungeheure Dramatik der Gefühle entsprechen kann, wie man sie bei manchen Geburten auch unmittelbar nach der Geburt als Angst oder Schreck in der Mimik des Kindes beobachtet. Für die Dramatik der Situation spricht auch der Anstieg der Streßhormone, aber eben auch der streß- und schmerzkompensierenden Opioide, wodurch das Kind nach der Geburt wie »high« erscheinen kann. Ob nun Himmel- oder Höllenfahrt, es ist auf jeden Fall ein dramatischer Übergang in eine andere Welt mit einem breiten Spektrum individueller Ausformungen, den sogenannten »Geburtsskripten.«[34] Dementsprechend konnte auch jeder Analytiker nur Einzelaspekte der Dramatik der Geburtserfahrung erfassen, wie etwa Freud die Angst bei und die Hilflosigkeit nach der Geburt, Adler die Schwächung nach der Geburt und Rank die Trennungserfahrung durch die Geburt. Auch wegen dieser Dramatik hat es viele Jahre gedauert, bis der Geburtsprozeß dann von Grof als psychologisches Prozeßgeschehen in seinen Phasen oder »Matrizen« vollständig beschrieben werden konnte. Dabei werden Verschlingungsgefühle und Gefühle des Ergriffenwerdens der Eröffnungsphase zugeordnet, Gefühle, in einer aussichtslosen Falle zu sitzen, und Gefühle von qualvollem Zusammengepreßtwerden mit der ersten Geburtsphase, starke energetische Gefühle und vulkanische Gefühle mit dem Eintritt in das kleine Becken, Gefühle des Durchtritts und der Erleichterung des Neugeborenseins usw. mit der Geburt assoziiert.[35]

Es handelt sich bei Grofs Befunden um die Auswertung zahlreicher LSD-Sitzungen auf der Basis von erlebnismäßiger Plausibilität. Zum Teil gab es aber auch Ansätze zu Verifizierungen durch Vergleiche mit dem realen Geburtsverlauf. Die Gefühle in der LSD-Erfahrung haben einen visionären, dramatisierten Charakter, der aber auch die Zuordnung zu den Geburtsphasen erleichterte, während man bis dahin nur Teilstücke der Geburtserfahrung erfassen konnte. Abgesehen von einer Kritik im einzelnen wird die Grofsche Prozeßbeschreibung im ganzen heute weitgehend akzeptiert.

Wegen der Überlagerung durch spätere und mehr sprachlich vermittelte Gefühle wurden geburtliche und vorgeburtliche Gefühlszustände besonders in den therapeutischen Settings zugänglich, die ganz auf vorsprachliche Inhalte zentriert sind, wie es in der Primärtherapie, der holotropen Therapie, dem Rebirthing, der tiefenpsychologischen Körpertherapie und anderen geschieht. Man kann seine intuitive Wahrnehmung dieser primären Gefühlszustände durch die Lektüre der entsprechenden Bücher und der vielen dort gegebenen Fallbeispiele schulen. Günstig ist natürlich auch eine Selbsterfahrung in einem dieser Settings. Aber es ist für die Psychotherapeuten aus anderen, mehr sprachlich orientierten Settings durchaus möglich, die Beispiele in das eigene Setting zurückzuübertragen und dort Analoges zu erkennen. Ich werde diesen Faden immer wieder aufnehmen.

Besonders über Körperempfindungen kann man, wie der Regressionstherapeut Wolfgang H. Hollweg[36] gezeigt hat, oft sehr unmittelbar an die Geburtsgefühle herankommen. Unter günstigen Bedingungen kann sich ein quälender Kopfdruck in einer Regressionssitzung in seinem Zusammenhang mit einer geburtlichen Notsituation entschlüsseln. Wenn man die körperliche Selbstwahrnehmung durch Geburtsempfindungen stimulierende Berührungen oder gezielten Druck verstärkt, wie der Heidelberger Pränatalpsychologe Terence Dowling[37] oder der kalifornische primärtherapeutische Baby- und Kindertherapeut William Emerson[38] es tun, dann können Geburtsempfindungen und Gefühle aktualisiert werden. Wenn eine Nabelschnurumschlingung vorgelegen hat, dann kann schon ein sehr leichter Druck am Hals die entsprechenden Empfindungen und Gefühle während der Geburt wiederbeleben.

Besonders an phobischen Ängsten kann man, wenn diese ihre Ursache in Komplikationen bei der Geburt haben, die Wahrnehmung für geburtliche Gefühle schulen. Eindrücklich sind natürlich die Fälle, bei denen Geburtsbedingungen und ihre symptomatische Aktualisierung oder Abbildung genau bekannt sind. Anschaulich ist die Beschreibung einer Schlangenphobie in Sibirien bei einer Patientin, die niemals eine Schlange gesehen hatte, bei der aber die Nabelschnurumschlingung bei der Geburt eindeutig belegt war.[39] Auch in den oft sehr bedrängenden Ängsten vor Spinnen können Geburtsgefühle sehr unmittelbar zum Ausdruck kommen und beobachtet werden. Im Sinne des Grofschen Schemas kann man einen Zusammenhang zwischen dem Gegriffenwerden und Vergiftetwerden in der Eröffnungsphase herstellen.

Je nach Setting oder Beobachtungsperspektive können sich also Geburtsgefühle und Geburtsempfindungen unterschiedlich darstellen, wobei sich die verschiedenen Aspekte konstruktiv ergänzen. Wenn man seinen Blick so geschärft hat, dann kann man auch in einem Traum die Geburtselemente unbefangen beobachten. Dazu ein Beispiel von Hollweg: ein Alptraum mit Bezug zu einer Saugglockengeburt. Deutlich ist die Vermischung verschiedener Sinnesqualitäten und Empfindungen:

> »Ich befinde mich in einem Badezimmer. Es ist darin furchtbar eng und feucht-warm, ja dampfig. Der Aufenthalt dort wird mir sehr unangenehm. Ich habe das Gefühl, an dieser feuchten Luft zu ersticken, und möchte unbedingt raus, aber die Tür ist fest verschlossen. Ich kann nichts tun, um sie zu öffnen. Nach einiger Zeit geht im oberen Teil der Tür eine kleine Klappe auf, die ich vorher nicht gesehen habe. Ein Mann in weißer Kleidung greift mit einem Arm durch die Klappe. Er setzt mir eine Mütze auf, die meinen ganzen Kopf bedeckt und daran fest anhaftet. Dann zieht er mich an dieser Mütze durch das enge Loch in der Tür aus dem Bad heraus. Ich habe starke Schmerzen am Kopf, besonders oben an der Schädeldecke, so als würde es mir das Gehirn herausziehen; aber ich bin doch froh, daß ich endlich draußen bin.«[40]

Die genannten Beispiele belegen, daß vorgeburtliche und geburtliche Erfahrungen symbolisierungsfähig sind, ja sogar den Ursprung der Symbolbildung ausmachen, wie dies Rank[41] und Ferenczi[42] nachdrücklich vertreten haben. Mit dieser These konnten sie sich allerdings nicht durchsetzen.

Die Außerachtlassung der vorgeburtlichen und geburtlichen Tiefendimension der Symbolik führte in der Geschichte der psychoanalytischen Symboltheorie zu vielerlei schädlichen Verkürzungen und Abstrahierungen, die auch behandlungstechnisch negative Folgen hatten und noch haben. Eine Aufgabe des Buches wird sein, einen Beitrag zur Freilegung dieser Tiefendimension der Symbolik zu leisten.

Dies wird auch den Blick darauf freigeben, daß das menschliche Phantasieleben in Märchen, Mythen und Riten ganz wesentlich aus den archaischen vorsprachlichen Gefühlen und den urtümlichen Selbst- und Beziehungserfahrungen vor und während der Geburt schöpft. Vieles spricht dafür, daß wir uns in einer unwirtlichen Welt gerade durch unsere urtümlichen vorgeburtlichen Geborgenheits- und Sicherheitsgefühle beheimaten, indem wir den Mikrokosmos vor der Geburt im Makrokosmos unserer Heimatwelt »wiederfinden«. Unbeirrt halten wir in unseren religiösen Vorstellungen daran fest, daß elterliche Schutzwesen diese Welt eigens für uns geschaffen haben und unendlich um uns besorgt sind. Ob es nun Abrahams Schoß oder der Schoß der Kirche ist, es wird uns jedenfalls zugesagt, wir seien in Sicherheit.

Es hat also den Anschein, daß wir mit der Welt auf zwei Ebenen in Verbindung sind, einmal, wie andere Primaten auch, auf der Ebene der instinktiven Bedürfnisse und zum anderen in einer romantischen Umdeutung der Welt als symbolischer Urheimat. Wir werden diese Linie auch später wieder aufgreifen und verfolgen. Jetzt geht es darum, nach den Ursachen für diese doppelte Bezogenheit zu fragen. Sie scheint mit dem »zweizeitigen« Ansatz unseres In-die-Welt-Kommens zu tun zu haben, unserer sogenannten Frühgeburtlichkeit. Zum Verständnis seien einige Überlegungen vorausgeschickt.

Wir kommen gewissermaßen zweimal zur Welt, einmal neun Monate nach der Zeugung als – wie der amerikanische Wissenschaftsjournalist Steven Gould es ausdrückte[43] – »Embryos« oder Babys und dann noch einmal 21 Monate nach der Zeugung, wenn wir beginnen, in die Welt zu krabbeln und laufen zu lernen. Der Mensch hat in seiner Entwicklung eine merkwürdige Reifungsverzögerung, die die Biologen als Neotenie[44] bezeichnen. Das hat eine Verlängerung der Zeit zwischen erster Identifizierung als Mädchen oder Junge mit vier bis fünf Jahren und der Pubertät zur Folge. Freud sprach in diesem Zusammenhang von einem »zweizeitigen Ansatz der Sexualentwicklung«[45], was er mit der Vermutung zu erklären versuchte, wir stammten von einer Affenart ab, die mit fünf Jahren geschlechtsreif war.[46]

Diese Vermutung macht biologisch durchaus Sinn. Die Verlängerung der Babyzeit und der Latenzzeit zwischen Kleinkindheit und Pubertät beginnen schon bei den höheren Affen, prägen aber beim Menschen die Entwicklung und schaffen eine neue Situation. Der Mensch lebt gewissermaßen von Schoß zu Schoß, vom Mutterleib zum Schoß der Mutter und vom Schoß der Familie zum Schoß der sozialen Gruppe und kulturellen Heimat. Anders ausgedrückt: Als Menschen brauchen wir immer noch einen Reserveschoß, um in Balance zu bleiben; das sind im ersten Jahr ganz konkret die Eltern, die das Baby tragen und wärmen, in der Kleinkindheit sind es die Mythen der Familie, in der Latenzzeit die Sinngebungen des familiennahen sozialen Raumes und nach der Pubertät dann die Mythen der sozialen Großgruppe mit ihren Verheißungen und Verankerungen im Jenseits.

Biologen haben den Menschen, der von der Evolution her ein Nestflüchter, von seiner Frühgeburtlichkeit her aber ein Nesthocker ist, als Tragling bezeichnet[47], um seine biologische Mittelstellung zu definieren. Dem Menschen haftet von diesen biologischen Bedingungen her eine Art Unreife an, die sich auch in der Theorie des Biologen Bolk[48] vom Menschen als einem »geschlechtsreif« gewordenen Affenfötus widerspiegelt. Man könnte es auch so ausdrücken, daß der Mensch nie richtig erwachsen wird, wenn Erwachsenwerden im Primatensinne heißt, sich mit der gegebenen Umwelt in ihren Entsprechungen zu den instinktiven Grundbedürfnissen zufriedenzugeben bzw. zu sterben, wenn diese Entsprechungen fehlen. Die Menschen sind in ihrer Geschichte äußerst erfinderisch gewesen, auch noch die unwirtlichsten Weltgegenden zu Ersatzschößen oder Lebenswelten zu machen, die ein Überleben ermöglichen.

»Extrauterines Frühjahr« und »Neotenie« haben unsere Emotionalität und die Struktur unserer Bedürfnisse wesentlich mitgeprägt. Dies wird in den üblichen Triebtheorien, die sich immer auf den unmittelbaren Vergleich mit den Tieren beziehen, vernachlässigt. Es kommt dadurch zu einer unzulässigen Verkürzung auf das Nachgeburtliche, während Menschen in ihren Trieben und Wünschen immer auch noch mehr suchen, was mit Begriffen wie Heil oder Sinn umschrieben werden kann und vielleicht dann gefunden wird, wenn das vorgeburtliche und das nachgeburtliche Bedürfnis zusammen erfüllt werden.

Entwicklungspsychologische Ergänzungen

Die vorgeburtlichen und geburtlichen Gefühle wurden bisher in den entwicklungspsychologischen Entwürfen der Psychoanalyse nicht genügend oder nur in der abstrahierenden Rede vom primären und sekundären Narzißmus und vagen Andeutungen einer urtümlichen »narzißtischen Erschütterung« (Freud) oder »Katastrophe« (Bion) berücksichtigt. Deshalb muß man hier Ergänzungen machen. Rank und Graber haben dazu einige Anregungen gegeben, die allerdings wenig ausgearbeitet sind. Diese Anregungen laufen im wesentlichen darauf hinaus, daß die vorgeburtlichen und geburtlichen Gefühle lebenslang ein psychodynamischer Bezugspunkt bleiben, wie er in unseren Märchen, Mythen und Riten gestaltet ist. Die »jenseitige Welt«, aus der wir kommen und in die wir zurückkehren, macht in unserem Erleben einen stetigen imaginären Bezug aus, d. h., gefühlsmäßig vergessen wir unsere frühesten Erfahrungen nie. Wir haben nur die systematische Schwierigkeit, sie als Erinnerungen an uterines Erleben zu identifizieren, weil sie vor der Sprache liegen, denn real ist für uns nur das, was wir sprachlich identifizieren können.

Zum zweiten erfolgt das Erinnern vorsprachlicher Inhalte durch ein Gegenwärtigwerden des Vergangenen in der Gegenwart, und nicht, wie bei späteren Erfahrungen, durch reflexives Identifizieren in einem Raum-Zeit-Kontinuum. Diese frühere Erinnerungsart entspricht der Erinnerung bei den Tieren, wie die Biologen es heute beschreiben.[49] Die Wut eines Hundes über den Fußtritt eines Postboten vor fünf Jahren wird beim Anblick dieses Postboten wieder Gegenwart, färbt die Wahrnehmung unmittelbar ein und löst einen Angriff aus. Das Vergangene blendet sich in die Gegenwart ein.

Diese Art der Erinnerung ist auch bei uns von wesentlicher Bedeutung, wurde aber durch unsere spätere Identifizierung mit dem sprachlich-reflexiven Ich verkannt, woraus sich systematische Verzerrungen ergaben. Vom Sprach-Ich her schien es ein Erinnern und Erleben erst vom zweiten oder dritten Lebensjahr an zu geben; alles Vorherige war durch Vergessen scheinbar unwirklich geworden und der frühkindlichen Amnesie verfallen. Die ständige Präsenz frühester vorgeburtlicher, geburtlicher und nachgeburtlicher Erfahrung im Erleben des Säuglings und Kleinkindes mußte auf diesem Hintergrund erst wieder neu entdeckt werden.[50] Erleben wird hier im Sinn des englischen »experience« oder »go through« verstanden, als das, was dem Menschen widerfährt, was er durchleidet und was »Erinnerungsspuren«[51] hinterläßt.

Psychologische Babytherapeuten können heute sehr überzeugend zeigen, wie sich vorgeburtliche und geburtliche Erfahrungen im Verhalten, im Erleben und in den Reaktionen des Säuglings und Kleinkindes spiegeln.[52] Eine Verängstigung vor oder während der Geburt kann sich unmittelbar in einer ängstlichen Schreckhaftigkeit vergegenwärtigen. Eine Empfindlichkeit am Hinterkopf eines kaiserschnittgeborenen Kindes kann die Folge des Heraushebelns des

Kopfes an dieser Stelle aus dem kleinen Becken sein. Nachgeburtlich erlittener Schmerz durch medizinische Interventionen kann sich in einer späteren Angst vor weißen Kitteln äußern. Auch die Kindertherapeuten entwickeln in den letzten Jahren eine zunehmende Sicherheit in der Erfassung der Nachwirkungen solcher frühen Erfahrungen.[53]

Beim Erwachsenen sind vorgeburtliche und geburtliche Gefühle am leichtesten bei Angst und Grauen identifizierbar, wie sie etwa in Engesituationen in einem Tunnel, Fahrstuhl und Fahrzeugstau oder bei Dunkelheit, Orientierungsverlust, Schwindel oder auch auf einer Rolltreppe ausgelöst werden können. Die Veranstaltungen des Jahrmarktes mit Karussell, Achterbahn und Geisterbahn beziehen ihre Faszination zu einem großen Teil daraus, daß man sich hier den frühen Gefühlen spielerisch aussetzen und sie gleichzeitig bewältigen kann. Diese Zusammenhänge sind dann besonders überzeugend, wenn es gelingt, Besonderheiten der eigenen Geburt oder frühere Erfahrungen mit solchen Gefühlen in Verbindung zu bringen. Für die weitere Lektüre ist es sicher förderlich, hier ein Stück zu verweilen und nach eigenen Beispielen des Auftauchens früher Erfahrung zu fahnden oder sich auch bewußt imaginativ in die Situation des Kindes vor und während der Geburt zu versetzen. Es können dann auch sehr positive Gefühle einer Gehobenheit, eines Schwebens und bis ins Kosmische gehende Gefühle von Geliebt- und Getragenwerden auftauchen, natürlich ebenso Gefühle des Unheimlichen, des Bedroht- oder sogar Verfolgtwerdens. Manchmal ist es auch möglich, in Träumen vorgeburtliche und geburtliche Situationen zu identifizieren, wie dies der Wiesbadener Psychoanalytiker Friedrich Kruse getan hat.[54]

Von ihm stammt auch ein Beispiel, das die Charakteristik der frühen Gefühle noch einmal plastisch vor Augen führen soll:

> »Eine Studentin erlebte in einem Fieberzustand größte Angst, wie sich etwas in großen Kreisen um ihr Gesicht bewegte. Die Kreise wurden immer kleiner und schneller, plötzlich stürzte etwas mit brausendem Geräusch auf sie zu, so daß sie aufschrie. Als die Mutter von diesen Angstvorstellungen hörte, sagte sie: Ich habe es dem Vater immer gesagt, er solle das nicht tun. Es stellte sich heraus, daß der Vater bei dem nur wenige Tage alten Kind auf folgende Weise eine Reaktion erzielen wollte: Er stellte sich vor das Bett und machte mit der Hand zuerst große, und dann immer schnellere und kleinere Kreise vor

ihrem Gesicht, die damit endeten, daß er mit einem zischenden Geräusch das Kind plötzlich unter dem Kinn kitzelte. Die Mutter hatte dabei beobachtet, daß das Kind jedesmal dabei aufschreckte, und machte den Vater darauf aufmerksam. Selbstverständlich erinnerte sich die Studentin nicht mehr an diese Vorfälle; das Engramm aber war als Trauma gesetzt und kam in einem Zustand herabgesetzter Widerstandskraft und Bewußtseinskontrolle wieder zur Ekphoration.«[55]

Anhand dieser Beobachtungen und Überlegungen will ich nun die psychische Entwicklung in ihrer inneren Verbindung zur Ursprungserfahrung vor und während der Geburt beschreiben. Es geht darum, das Fortleben frühester Gefühle im späteren Erleben intuitiv zu benennen und zu entziffern. Dabei haben wir es mit der Besonderheit zu tun, daß die frühen Gefühle einen mythischen und szenischen Charakter haben und als zentrale Gehalte von Märchenmotiven, Mythen und Riten in unserer Gesellschaft präsent sind. Dies gilt es immer wieder neu mit der individuellen Entwicklung zu verbinden.

Im Übergangsraum der Babyzeit bzw. dem »extrauterinen Frühjahr« inszenieren die Eltern für das Kind durch Tragen, Wärmen, Schaukeln und Schützen eine symbolische vorgeburtliche Situation, die ihm ein mehr oder weniger starkes Gefühl vom Himmel oder auch von der Hölle vermittelt. Intensivste Hoffnungen auf Schutz und Geborgenheit und auf die Anwesenheit mächtiger elterlicher Personen werden erfüllt oder enttäuscht. Abgründige Ängste, ins Bodenlose zu fallen, in Stücke zu zerbrechen, verlassen zu sein, kraftlos zu werden, aus der Welt zu fallen, vergiftet zu werden, im Schmutz umzukommen, sich in Unordnung und Chaos zu verlieren oder gefressen und verschlungen zu werden, werden aufgefangen, besänftigt und integriert, oder sie werden bestätigt, verstärkt und enden in qualvoller Überwältigung. All diese Gefühle bilden den Wurzelgrund unserer Mythen und dichterischen Phantasie, wie Freud dies durch ein Zitat von E. T. A. Hoffmann erläutert hat: »E. T. A. Hoffmann pflegte den Reichtum an Gestalten, die sich ihm für seine Dichtungen zur Verfügung stellten, auf den Wechsel der Bilder und Eindrücke während einer wochenlangen Reise im Postwagen zurückzuführen, die er noch als Säugling an der Mutterbrust erlebt hatte.«[56]

Bedeutsam an dieser menschentypischen Mutterleibsinszenierung im ersten Lebensjahr ist, daß sie uns für unser Selbsterleben eine Kontinuität vorgeburtlichen »Allmachtsgefühls«[57] vermittelt. Wenn die Bedürfnisse auf eine scheinbar magische Weise erkannt und befriedigt werden, wenn auf Hunger Nährung folgt, auf Langeweile Anregung, auf Frieren Wärmung, auf Einsamkeit Ansprechen und Körperkontakt, kann sich der Säugling wie eine kleine Prinzessin oder wie ein kleiner Prinz fühlen: »his majesty – the baby« (Freud). Der Kampf der Geburt erscheint dann als Sieg über den mythischen Drachen durch den allseits bejubelten Helden, der im Glanz seines Heldentums noch an der zeitlosen »Unsterblichkeit« vor der Geburt teilhat.

In den mythischen Helden und Königen lebt immer etwas von dem grandiosen Selbstgefühl aus der Lebensfrühzeit weiter. Auch unsere Institutionen, die von mächtigen Königen gestiftet wurden, zehren noch von der Magie der frühen Gefühle. Wegen der Not der Kinder und Mütter in unseren historischen Kulturen und der geringen wirtschaftlichen und technischen Möglichkeiten zur Herstellung einer sicheren Welt, die nicht ständig von Hungersnöten und Seuchen bedroht ist, wurden frühe Gefühle von Grandiosität und Macht weitgehend pauschal in die sozialen Inszenierungen von Helden und Königen externalisiert und projiziert. Die damit verbundene Entfremdung wurde erst nach der Rücknahme dieser projektiven Inszenierungen nach der Französischen Revolution 1789 und der damit verbundenen Absetzung und Entwertung der Könige, in Deutschland nach 1918 mit der Absetzung des Kaisers spürbar und formulierbar und schließlich in vollem Ausmaß in Frankreich nach 1871 und in Deutschland nach 1945 und 1968.

Die vorsprachliche Gläubigkeit, in die wir uns beim staunenden Säugling einfühlen und die wir auch beim sich wohlfühlenden frühgeborenen und eigentlich noch fötalen Kind spüren können, ist das Fundament auch für ein späteres Vertrauen gegenüber unseren sozialen Institutionen. Von den urtümlichen Folgereaktionen des Säuglings sehe ich eine innere Verbindung zur späteren Bereitschaft zum gläubigen Gehorsam gegenüber unseren sozialen Autoritäten, bis hin zum fatalen »Führer befiehl, wir folgen dir.«

Umgekehrt kann sich eine vorgeburtliche Geschichte von Ohnmacht, Grauen, Qual und Vergiftung in einer geburtlichen und nachgeburtlichen Unglücksgeschichte fortsetzen, wie es uns in den Mythen und sozialen Inszenierungen von Strafen, Foltern und Kriegen nur zu vertraut ist. Wenn die heiligen Regeln und Gesetze oder heiligen Räume als Symbol für die vorgeburtliche Sicherheit gefährdet und bedroht sind, dann bleibt nach der Logik der Ursprungserfahrung nichts anderes übrig, als über eine Reinszenierung des Geburtskampfes zu einer neuen sichereren Welt und neuen Identität zu finden.[58] So destruktiv und dysfunktional solche kriegerischen Reinszenierungen geburtlichen Leides sind, so haben sie durchaus auch den transformatorischen und initiatischen Aspekt der Geburt als Weg zu einer neuen Welt und einer neuen Identität. Die Hoffnung für die Zukunft wäre gerade, durch ein mehr selbstverantwortliches und weniger projektives Ausleben solcher transformativer Prozesse die Krisen von Veränderungen und Entwicklungen konstruktiver zu bewältigen.

In den Monaten nach der Geburt erweitert das Kind über Krabbeln, Laufen und motorische Geschicklichkeit die Kontrolle über sein Verhalten und lernt, mit den frühen Beziehungspersonen gesteuert umzugehen. Durch die Riten, Gewohnheiten und die erzählten Geschichten in der Familie werden wir in die mythische Verfassung des Reiches unserer Familie eingeführt, in dem Vater und Mutter noch ganz unumschränkt als König und Königin herrschen und wir als Prinz oder Prinzessin oder kleine Helden agieren. Auf einer neuen Stufe geht es um Sicherheiten und symbolische Regenerationen durch pränatalsymbolische Leckereien und ebenfalls wundersame primäre Heilsgefühle symbolisierende Geschenke zum Geburtstag und an Weihnachten und andere Beglückungen, wobei sich etwas von der vorgeburtlichen Zeitlosigkeit, Verbundenheit und Unermeßlichkeit vergegenwärtigt.

Insofern sich in den familiären Ritualen etwas von den gesellschaftlichen widerspiegelt, finden hier auch schon kollektive Vorprägungen in Mustern von Macht und Unterwerfung und den Wegen zu Akzeptanz und Opposition statt. Umgekehrt können sich in dieser Zeit frühe Unglücksgeschichten weiter fortsetzen und erfahrene Gewalt- und Ohnmachtsmuster in neuer Weise auf der familiären Ebene in Form von Aufsässigkeit, Stören und subversiver Unterwerfung ausdrücken. Mißtrauen und Entwertung können die Spielbreite sozialer Aktionsmöglichkeiten einengen.

Mangelnde Einfühlung bei den Eltern aus Unwissen kann die Erlebnisdynamik des Kindes in die früher fast regelhaften und auch heute noch sehr häufigen sogenannten kinderneurotischen Symptome wie Daumenlutschen, Bettnässen, Dunkelangst, Unruhezustände, Tics und anderes abdrängen. Hier leben sich dann frühe, unter den gegebenen Umständen nicht integrierbare Impulse und Ängste aus.

Wir müssen uns immer vor Augen halten, daß es erst seit kurzem ein einigermaßen vollständiges Wissen von den Entwicklungs- und Beziehungsbedürfnissen des Säuglings und Kleinkindes gibt. Ganz unreflektiert wurde die kleinkindhafte Gewalttätigkeit in den Eltern ungefiltert durch Schlagen, Alleinlassen und Mißhandeln an die Kinder weitergegeben, ohne daß diese die Chance zu einer Verarbeitung hatten. Entwicklungspsychologisch bedeutete das, daß man hier mit den Eltern reflexhaft verbunden blieb, was eine kindhafte Unselbständigkeit als Erwachsener gegenüber den sozialen Eltern-Institutionen zur Folge hatte. Die merkwürdige dumpfe Folgsamkeit früherer Generationen gegenüber autoritärer Beherrschung findet hier eine Erklärung. Umgekehrt bietet der heute mehr unterstützende und bestätigende Umgang mit kleinen Kindern ganz neue Möglichkeiten zu späterer selbstverantwortlicher Lebensgestaltung.

Die frühen Unglücksgeschichten, die zu späteren dissozialen Entwicklungen führen, finden in der frühen Zeit ihren ersten Ausdruck, indem die einzige »Sicherheit« nur in Gewalt, Mißhandlung und Opfer gefunden wurde: besser Gewalttäter oder Opfer sein als gar nicht sein.

Das Kindergartenalter bietet dann den Übergang in den sozialen Raum und in die ersten Identitätserfahrungen als Junge oder Mädchen. Spiele und Geschichten vermitteln in immer neuer Weise die zeittypischen Formen einer mythischen Verankerung in einer primären Welt, die aus der durch die Tradition symbolisierten Vorwelt heraus der Gegenwart Sinn gibt.

Vorgeburtliche und geburtliche Symbolik ist in den Jenseitsreisen der Märchenheldinnen oder Märchenhelden zum Wasser oder Baum des Lebens und den geburtssymbolischen Kämpfen und Befreiungen enthalten. Auch in den Treppen-, Leiter- und Labyrinthspielen geht es um Kämpfe und den geburtssymbolischen Sieg. Beim Hüpfspiel hinkelt man sich von der Erde durch die Hölle in den Himmel und aus dem Himmel wieder durch die Hölle auf die Erde zurück, eignet sich auf diese Weise Urgestalten menschlicher Regression und Progression spielerisch an und integriert frühe Erfahrung in komplexere Zusammenhänge. Grundformen sozialer Interaktionen werden so mit primärem Vertrauen und der Kraft der frühen Erfahrung aufgeladen.

Umgekehrt kann eine frühe Unglücksgeschichte die Kindergartenzeit zur Strapaze machen oder ein Hineinkommen überhaupt verhindern. Der Eintritt in die neue Welt des Kindergartens kann durch die Aktualisierung von Geburtsängsten behindert sein; primäres Mißtrauen kann den sozialen Anschluß verhindern.

Das Erleben autonomer Kompetenz in den symbolischen Spielen und Interaktionen bestärkt die Selbstentdeckung als Mädchen oder Junge und den Zauber einer neuen Beziehungsebene. Aus den gesellschaftstypischen mythenhaften Vorprägungen gewinnen die Geschlechtsrollen ihre jeweilige Ausprägung und bedeuten eine Sicherung des Selbstgefühls. Die Anfänge geschlechtlicher Anziehung in der Beziehung zur Familie konstellieren auch im Ansatz das genetisch vorgegebene Inzesttabu, das schlagwortartig besagt, daß die, die einander kennen, nicht heiraten. Familienangehörige untereinander werden »normalerweise« durch eine angeborene Inzesthemmung an der Realisierung von sexuellen Beziehungen gehindert.[59] Dadurch bahnt sich der Schritt zum sogenannten Latenzalter an. Die größere Autonomie im Verein mit der immer noch bestehenden Elternabhängigkeit und Folgsamkeit macht das Kind in unserer Kultur schulfähig.

In der Schulzeit erfolgt auf dieser Basis die Einübung in die zeittypischen Kulturfähigkeiten, die in früheren Kulturen dadurch ihr Charisma gewannen, daß sie den Menschen von Göttern und göttlichen Helden gebracht wurden, also eine Art überzeitlichen pränatalsymbolischen Ursprung hatten. Ich erkläre dies dadurch, daß in den historischen Zeiten wegen der real erfahrenen Not in den kindlichen Frühbeziehungen aufgrund von Mangel, Unwissen und Traumatisiertheit der Eltern einerseits und auf der realen sozialen und wirtschaftlichen Hilflosigkeit andererseits kollektive Verantwortung nur durch eine projektive Stütze in einer pränatalsymbolischen göttlichen Urkraft behauptet werden konnte, die in religiösen Ritualen durch symbolische Ursprungserfahrungen immer wieder aufgeladen werden mußte.

In den früheren Lateinschulen bestand dieser Bezug auf das Überzeitliche der Theologie und des Klassischen Altertums noch ganz im Vordergrund. Im 19. und 20. Jahrhundert wandeln sich dann die Erziehungsideale in Richtung auf persönliche Fähigkeiten und Eigenverantwortung. Individualität und Beziehung werden zu den kollektiv geteilten und mythisch aufgeladenen Leitidealen.

Das Kind hat in der Schule bis zur Pubertät Zeit, sich die grundlegenden Kulturtechniken anzueignen. Gleichzeitig kommt es mit den Widersprüchlichkeiten der Eltern, der sozialen Gruppe und der Gesellschaft insgesamt in Berührung, leidet in gewissem Maß an ihnen und gewinnt von hier den Impuls zu einer Änderung.

Das körperliche Wachstum und die sexuelle Reifung stellen die schülerhafte Einstellung, Einordnung und Unterordnung unter die Eltern, Lehrer und Erwachsenen auf natürliche Weise in Frage. Alle bisherigen, noch auf Abhängigkeit von Elternfiguren setzenden Lösungen, immer neuer Beheimatung als Baby, Kleinstkind, Kindergartenkind und Schulkind werden in Frage gestellt. Nun wird die Gefahr, durch die Reifungsvorgänge aus der vertrauten Welt zu fallen, doch noch real. Im Pubertätsprozeß, wie ihn der Psychoanalytiker Peter Blos[60] so überzeugend beschrieben hat, kommt es durch Einschmelzung all dieser Bindungen oder durch Abnabelung aus diesen sekundären Beheimatungen über den »transitorischen Narzißmus« zum Entwurf einer eigenen Identität und eines eigenen Lebens, indem gerade aus den Widersprüchlichkeiten der früheren Erfahrungen kreative neue Ideale geschaffen werden können.[61]

Dabei spielt die Annahme, daß es sich beim sogenannten »transitorischen Narzißmus« um einen Rückzug in von der Alltagswelt abgetrennte mutterleibssymbolische Eigenwelten als Kraftquell für den nächsten Lebensschritt handelt, die entscheidende Rolle.[62] Aus dieser Tiefenregression und dem inneren Kontakt zu den Ursprüngen der eigenen Vitalität in der vorgeburtlichen Zeit gewinnt der Jugendliche die Kraft und den Mut zu Entwürfen für die verschiedenen Lebensfelder. Damit erschafft er sich eine neue Heimat, die nun von ihm selbst ausgestaltet wird, und zwar in der Auseinandersetzung mit den kollektiven Großgruppen – Idealbildungen, wie sie im psychohistorischen Prozeß im Wechselspiel von Projektion und Retrojektion in den Jahrhunderten gestaltet wurden. Wir bleiben also lebenslang in unseren persönlichen Lebensfeldern und in der Gesamtheit der Gesellschaft in der Dialektik zweier Welten, wie sie unsere Ursprungserfahrung geprägt hat.

Der wesentliche Gesichtspunkt ist, daß uns die frühe Lebenserfahrung von Anfang an stets begleitet und daß wir immer aus der Gesamtheit unserer Lebenserfahrung heraus leben und erleben. Schon der Säugling lebt aus seiner Lebenserfahrung seiner vorgeburtlichen Lebenswelt. Durch die Frühgeburtlichkeit des Menschen entsteht hier die besondere Situation, daß die Eltern während des »extrauterinen Frühjahrs« der Babyzeit etwas vom Referenzsystem der vorgeburtlichen Zeit aufrechterhalten und dadurch die Fiktion begründen, das vorgeburtliche Referenzsystem gelte weiter und gleichzeitig sei man in der realen Welt. Diese doppelte Verankerung in der realen postnatalen Welt und in der fiktiven vorgeburtlichen ist so etwas wie ein Existential menschlichen In-der-Welt-Seins, das in den späteren Lebensgestaltungen immer wieder durchgespielt wird, und zwar in unserer modernen Welt in immer komplexeren symbolischen Wechselspielen. Auch unsere Fähigkeit, für uns zu sein, allein zu sein, dürfte einen Bezug zur vorgeburtlichen Selbstgenügsamkeit haben.[63] Dies wäre ein weites Feld für kulturpsychologische Reflexionen, das hier allerdings nur insoweit verfolgt werden soll, wie es für die psychotherapeutische Themenstellung bedeutsam ist.

Dabei sind es gerade die Menschen mit sogenannten neurotischen Konflikten, die uns zu solchen kulturpsychologischen Reflexionen zwingen. Wegen ihrer widersprüchlichen ersten Erfahrungen kommen sie mit den ihnen von der Familie oder der Gesellschaft vorgeschlagenen Kompensationen nicht zurecht. In ihrer schmerzlichen Zerrissenheit sind sie auch mit den früheren kollektiven Heilssystemen der Religion, des Nationalismus usw. nicht mehr zufrieden. Sie haben aber eine so ausgeprägte Wahrnehmungsmöglichkeit, daß sie die lebensgeschichtliche Verwurzelung ihrer Schwierigkeiten spüren und sich deshalb an einen Psychotherapeuten wenden.

Der neue Gesichtspunkt ist der, daß unsere Erlebensgeschichte vor der Geburt beginnt, und dies ist für unsere Art, in der Welt zu sein, entscheidend, weil wir wegen unserer Frühgeburtlichkeit lebenslang das Bedürfnis nach dem Referenzsystem einer anderen Welt haben. Diese Balance zwischen der diesseitigen und der jenseitigen Welt muß immer wieder neu gefunden und in zeittypischen Symbolen verstanden werden.

Lesern, die mit den Erscheinungsweisen vorgeburtlicher und geburtlicher Gefühle weniger vertraut sind, sei jetzt empfohlen, im Vorgriff das Kapitel VIII mit den praktischen Beispielen aus der Psychotherapie zu lesen und dann zu den Kapiteln IV bis VI zurückzukehren, in denen es um die mehr theoretisch orientierte Darstellung der Rolle der vorgeburtlichen und geburtlichen Gefühle bei neurotischen Symptombildungen und bei Beziehungskonflikten geht. In Kapitel VII geht es dann um die Geschichte der Einbeziehung der vorgeburtlichen und nachgeburtlichen Gefühle in die psychotherapeutische Arbeit, was dann zum Praxiskapitel VIII hinleitet. Das IX. und letzte Kapitel zeigt dann, wie in den letzten 200 Jahren in der Literatur und der Bildenden Kunst geburtliche und vorgeburtliche Gefühle immer weniger auf der Ebene mythischer Projektion und immer mehr auf der Ebene persönlicher Lebenserfahrung formuliert werden.

Gesellschaftliche Organisation früher Erfahrung

Meine Ausgangsvorstellung ist die, daß die Tiere ihre Lebenswelt so nehmen, wie sie ist, und daß diese deshalb auch auf die instinktiv vorgegebenen Lebensmöglichkeiten begrenzt ist. Der Mensch hat die Möglichkeit, diese Begrenzung durch seine Intelligenz und die Erfindung von Werkzeugen aufzubrechen, kann sich deshalb einerseits eine weitere und unbekannte Welt erschließen, auf die er andererseits affektiv nicht vorbereitet ist, insbesondere nicht auf die elementaren Erfahrungen von Verlassenheit, Unsicherheit, Ausgesetztsein und Ohnmacht wegen seines realen Unwissens jenseits des Wissens der Instinkte. Eine Kompensation wäre dann die Rettungsphantasie von einem sicheren, kraftspendenden, urvertrauten Raum, wie es der vorgeburtliche Raum war.

Der fremdartige und feindliche Makrokosmos erscheint dadurch gefühlsmäßig als Wiederkehr des vorgeburtlichen Mikrokosmos – in der gleichen Weise gibt es hier durch das Totem unentwegte Stärkung durch die Urkraft des Mana, wie der Fötus unentwegte Stärkung durch die plazentare Nahrungszufuhr erhielt. Die totemistische Weltanschauung ist in diesem Verständnis eine Projektion eigener vorgeburtlicher Urerfahrung, um sich im Sinne einer Rettungsphantasie eine unwirtliche und feindliche Umwelt vertraut zu machen und dadurch überhaupt erst ertragen zu können.

Wie uns Rank[64] gezeigt hat, läßt dann der Künstler diese Fiktion durch sein Kunstwerk wirklich erscheinen, etwa durch die Gestaltung eines Totems oder eines Totempfahles. Er bringt die Gegenwart des Jenseitigen oder der vorgeburtlichen Sicherheit in der Gegenwart zum Ausdruck. Dabei ist eine Paradoxie wirksam, die auch heute noch gilt, daß diese Bedeutung affektiv verstanden wird, aber nicht rational. Andernfalls würde sie ihre Wirksamkeit verlieren.

Da diese projektiven Weltanschauungen zwar einerseits affektiv funktionieren, andererseits aber wegen ihres fiktiven und illusionären Charakters auch immer wieder versagen, kommt es zu immer wieder neuen Aufklärungsbewegungen in der Menschheitsgeschichte, von der unsere Aufklärung am Ende des 18. Jahrhunderts nur ein besonders exemplarisches und nahes Beispiel ist, wo die Fiktion des Königssystems seine projektive Macht verliert, weil es in der entwickelteren arbeitsteiligen Gesellschaft der Frühindustrialisierung dysfunktional geworden ist. Friedrich der Große soll geäußert haben, eine Krone ohne die Magie der Krone sei nur ein Hut, in den es hineinregnet.

Offenbar hat der ungeheure reale Zuwachs an Macht, Einfluß und Steuerungsmöglichkeit in der Außenwelt durch die Erfindung von Ackerbau und Viehzucht den kulturellen Sprung in die frühen Königssysteme ermöglicht. Der Zuwachs an Macht und Ernährungsmöglichkeiten bedeutete wegen des real sehr geringen Wissens um die biologischen Vorgänge bei Pflanzen und Tieren, der begrenzten technischen und organisatorischen Möglichkeiten und der gesundheitlichen Gefährdungen durch eine zunehmend unnatürliche Lebens- und Ernährungsweise eine Zunahme von existentieller Gefährdung durch Hungersnöte und Seuchen. Die ungeheure Hilflosigkeit und existentielle Angst in den frühen Hochkulturen wird für mich deutlich in den offenbar exzessiven Opferungen von Kindern und Gefangenen und zum Teil der Könige selbst, wie wir sie aus der Frühgeschichte kennen,[65] und ebenso durch Augenzeugenberichte aus den indianischen Hochkulturen.[66]

Das wesentliche Gestaltungs- und Sicherungsprinzip dieser Königskulturen scheint mir die Inszenierung einer pränatalen Phantasie mit einem fötalen, allmächtigen König in der Mitte, schützenden Palästen und Stadtmauern darum herum und den mütterlich nährenden und schützenden Bürgern, die sich dadurch wieder von ihm geschützt und genährt fühlen. Im ägyptischen Pharaonensystem mit dessen Kornkammern und schützender Allmacht sind diese pränatalen Symbole eines Bezugs zwischen Fötus und Mutter noch unmittelbar lebendig und nachweisbar, wie ich dies an anderer Stelle ausgeführt habe.[67]

Die Art, wie solche Rettungsphantasien oder »Gruppenphantasien«, wie der amerikanische Psychoanalytiker und Psychohistoriker Lloyd DeMause[68] diese kollektiven Phantasien genannt hat, ausgestaltet werden, prägt die psychische Struktur und das Selbstverständnis des einzelnen Mitglieds einer bestimmten Gesellschaft. Die Menschheitsgeschichte ist als psychische Evolution zum Teil als Rücknahme von solchen Projektionen beschrieben worden, was jedoch zu kurz greift. Angemessener scheint mir die Beschreibung eines Prozesses von Projektion und Retrojektion und einem zunehmenden Durcharbeiten und Funktionalermachen der »Weltanschauung«. Gab die Fiktion von Macht und magischer Einflußnahme im totemistischen System auch den psychischen Anreiz, sich mit diesen Inhalten als eigenen Realisierungsmöglichkeiten im Jagd- und Fruchtbarkeitszauber zu befassen, so gab das Königssystem mit der Inszenierung von Macht und Steuerung den psychischen Anreiz, eigene Kontroll- und Steuerungsmöglichkeiten zu entwickeln, wenn man so will, einer künstlerischen oder kreativen Selbstgestaltung.

Ähnlich wie unsere Mythen Spiegelungen und erfinderische Konkretisierungen eigener Urerfahrung sind, so sind auch unsere Identitätssysteme Widerspiegelungen und Konkretisierungen eigener Urerfahrungen. Oder anders ausgedrückt, die Menschheitsgeschichte ist eine Geschichte erfüllter und unerfüllter Träume und Wünsche. Was wir uns in unseren mythischen Wünschen ausmalen, kann in einer kreativen Weise handlungsleitend und ich-potentialsteigernd wirksam werden. In der Formulierung Ranks ist diese im Ich erlebte Kraft der »zeitliche Repräsentant der kosmischen Urkraft« im Sinne der pränatalen Vitalität, und – so formuliert er eine seiner zentralen Ideen – »die Stärke dieser im Individuum repräsentierten Urkraft nennen wir Wille«.[69] Diese pränatale »Urkraft« oder »Urvitalität« war in der Menschheitsgeschichte anfangs auf das Totem und dann auf den Gottkönig projiziert, was gleichzeitig ein Ausdruck früher Beziehungshaftigkeit war.

Die »Aufklärung« des fiktiven und magischen Charakters der Königsinszenierung und seiner weltlicheren Nachfolgemodelle der totalitären Diktaturen machte den Weg für die demokratische, individualistische und beziehungsorientierte Gestaltung unserer modernen Gesellschaften frei. Auch dies kann man als Rücknahme der Ich-Projektion in die Könige in die eigene Person verstehen. Die Abdankung des Königs bedeutete die Aufrichtung königlicher Macht und Steuerungsfähigkeit im eigenen Ich, ein Heraustreten aus der in den König projizierten Elternverantwortung in die Selbstverantwortung.

So wurzeln Individualität und Gemeinschaftsgefühl im pränatalen Referenzsystem, haben aber im Durcharbeitungsprozeß der Geschichte eine enorme Funktionalität und Komplexität gewonnen. Der Fortschritt vom Einbaum zum Ozeandampfer spiegelt dieselben Elemente projektiver Erfinderintelligenz, das fremdartige Wasserelement durch eine konstruktive, uteroplastische Konstruktion schiffbar zu machen, aber eben auf einer unendlich komplexeren Ebene differenzierter Steuerungs- und Wirkungsmechanismen. Es ist darin wohl auch etwas von einer urtümlichen Begeisterungsfähigkeit des Menschen zu erkennen, in der fremden Welt, auf der fremden See eine neue Beheimatung und Handlungsfähigkeit zu finden. Ähnlich nutzt das magische Ich des Mitglieds eines totemistischen Stammes die gleichen Prinzipien wie das durchtrainierte, flexible und »mehrdimensionale« moderne Ich. Es ist die gleiche Paradoxie von fiktiver Handlungsillusion und praktischer Funktionabilität im Kreis der gemeinsam geteilten Kultur und ihrer Gruppenphantasien, aber eben auf der Ebene einer ungeheuer gesteigerten Komplexität. Bedeutsam in diesem ganzen kulturellen Evolutionsprozeß ist die Verbesserung, Entwicklung und Zunahme der Empathie in den frühen Eltern-Kind-Beziehungen, wie sie die psychohistorische Forschung nachgewiesen hat.[70]

Rücknahme und Differenzierung von Projektionen sind nur möglich auf dem Hintergrund elterlicher Begleitung in das Erwachsenenleben, und diese ist im Verlauf der Geschichte wesentlich vollständiger geworden. Bis in die Neuzeit hinein hatten Kinder durch Tod der Eltern, Krankheit, wirtschaftliche Not und Weggegebenwerden nur bruchstückhafte Elternbeziehungen, wie dies der Frankfurter Psychohistoriker Ralph Frenken am Beispiel deutscher Autobiographien überzeugend gezeigt hat.[71]

Und damit sind wir wieder bei unserem eigenen Thema der Psychotherapie angelangt, die notwendig wird, wenn eine Person die elterliche Unterstützung und Begleitung mehr oder weniger entbehren mußte, die sie für eine Ich-Entwicklung im Rahmen unseres Kulturniveaus braucht, um sich konstruktiv am gesellschaftlichen Leben zu beteiligen. Je unvollständiger die elterliche Hilfestellung ist, desto unvollständiger die Integration unserer archaischen Gefühle in die zeittypischen Gruppenphantasien. Im Grunde ist dies das Thema der psychotherapeutischen Theorien insgesamt. Hier soll es speziell darum gehen, wie sich frühe Überforderungen in der vorgeburtlichen Zeit und während der Geburt durch Traumatisierung und Desintegration auf die spätere Entwicklung auswirken und wie diese Auswirkungen mit späteren Belastungen und Entwicklungsschritten in Wechselwirkung treten können.

IV. Frühe Gefühle in der Entwicklung von Kindern und Jugendlichen

Kinderneurotische Symptome

Auffälligkeiten und Störungen im Reagieren und Verhalten eines Kindes haben die Psychoanalyse als sogenannte Kinderfehler und »Unarten« von Anfang an beschäftigt. Als kinderneurotische Symptome galten sie als Vorboten späterer neurotischer Erkrankung. Die Erklärung als Folgewirkung eines »Kastrationskomplexes« schien irgendwie unvollständig, bis es Rank[72] gelang, hier ein wirkliches Verständnis zu erschließen. Seine Beobachtung, daß in der psychotherapeutischen Situation die vorgeburtliche Urbeziehung gesucht wird und daß am Ende von Therapien das Geburtserleben wieder auftaucht, ermöglichte ihm, die in den »Fehlern« oder »Unarten« der Kinder zum Ausdruck kommenden Nöte zu verstehen.

Wenn es schon beim Erwachsenen in einer verborgenen Weise ein Urwissen, Urängste und Urbedürfnisse um die Erfahrungen aus der vorsprachlichen Zeit vor und während der Geburt gab, dann galt dies um so mehr für die kleinen Kinder, bei denen diese Zeit erst so kurz zurückliegt und einen so großen Teil ihrer Lebenszeit ausmacht. Für ein 18 Monate altes Kind liegt ein Drittel der Lebenszeit und für ein dreijähriges Kind immer noch ein Viertel seiner Lebenszeit vor der Geburt. Die Transformation ihrer Lebenserfahrung auf den sprachlichen Familienhorizont hat erst im zweiten Lebensjahr begonnen und betrifft erst kleinere Areale des inneren Erlebens und äußeren Verhaltens.

Rank erkannte, daß die Erfahrungen vor und während der Geburt, vor allem die durch die Trennung von der Mutter erfahrene Ängstigung dem Kind innerlich immer noch gegenwärtig sind. Nach seinen Beobachtungen war jedes Kind hiervon betroffen. Dies wirft die Frage auf, ob die Ängstlichkeit der Kinder damals größer war als heute, wofür nach meinem Eindruck einiges spricht. Die größere Gefährdung des Kindes und die im realen Unwissen begründete größere Ängstlichkeit der Mütter bedingte eine Orientierung an äußeren Regeln und viel Fremdheit im Umgang mit dem Baby und

Kleinkind. Der Ausdruck »Fehler« und »Unart« für die Nöte des Kindes zeigt die geringe Einfühlung und die Orientierung an der Funktion.

Ich verweile etwas länger bei diesen Zusammenhängen, weil sie die Größe der Erkenntnis und Einfühlung zeigt, die Rank mit seinen Einsichten bewies. Da solch entfremdende Früherfahrungen und entsprechende Abspaltungen alle betrafen, rührte ein verstehendes Benennen der Kindernöte unmittelbar an eigene traumatische Urerfahrung und wurde mit entsprechender Gegenwehr oder auch Verleugnung beantwortet.

Über Kinderfehler auf der theoretischen Ebene von Komplexen und Triebverdrängungen zu diskutieren war schon Herausforderung genug. Wie weit der Weg zu einer wirklichen Einfühlung in das Baby und Kleinkind auch heute immer noch ist, da wir selbst eine solche Einfühlung und ein solches Verstehen nicht erfahren haben, zeigt die an sich so begrüßenswerte Einrichtung der sogenannten »Schrei-Ambulanzen«. In diesen geht es nach meinem Eindruck aber immer noch zu sehr um das Schreien in seinem aktuellen Kontext und um das Problem für die Eltern als um das Schreien aus dem Schmerz unverarbeiteter vorgeburtlicher und geburtlicher Gefühle und Erfahrungen. Deutlich wird aber sicherlich der psychohistorische Fortschritt an Einfühlung. Galt früher das Schreien als förderlich für die Lungenfunktion, es »reinigt die Lungen«, so wird heute das Schreien des Säuglings als ernstzunehmende Schwierigkeit wahrgenommen, so wie im Anfang des 20. Jahrhunderts die Kinderfehler Gegenstand wissenschaftlicher Diskussion werden konnten.

Rank hat in seinen Fallbeispielen gezeigt, wie die vorsprachliche Erinnerung an vorgeburtliche und geburtliche Erfahrungen durch situative Auslöser in Gang gesetzt werden kann, z. B. eine Dunkelangst durch ein Alleinsein im dunklen Raum. Diese Situation kann das Kind vorsprachlich und unmittelbar an die vorgeburtliche Situation »erinnern« und zur Vergegenwärtigung damals erlebter Angst führen. Dies ist die schon erwähnte Erinnerung durch Vergegenwärtigung, die im menschlichen Erleben eine so große und wegen unserer Zentrierung auf das Sprach-Ich zu wenig gewürdigte Bedeutung hat. Dieser Umschlag der Erlebensebene vom Sprach-Ich zum Erlebens-Ich ist von systematischer Bedeutung. Das Kind ist in dieser Dunkelangst unfreiwillig in ein »Primal« geraten, wie Janov[73] dies später nannte. Aber die Angst des Kindes ist kein Symbol oder keine

Metapher, auch wenn sie in diesem Sinne verwendet werden kann, sondern etwas von unmittelbarer archaischer Erfahrung.

Ich nehme die Dunkelangst als Beispiel für eine Konstruktion, um die Zusammenhänge zu verdeutlichen. In der Dunkelangst könnte eine Verängstigung im Mutterleib durch eine nächtliche Beunruhigung der Mutter wiederkehren oder eine Angst vor Kontaktverlust, weil die Mutter sich vor der Geburt wegen irgendeines Kummers vom Kind zurückgezogen hatte. Eine solche mit Dunkelheit und Stille assoziierte Ängstigung oder ein Verlassenheitsgefühl könnte nachgeburtlich in vielerlei Spielen vom Verschwinden im Dunkeln und Wiederfinden aufgefangen und verarbeitet werden. Wenn es jedoch nicht dazu kommt, kann die unverarbeitete Angst aus der Phase im Mutterleib in einer solchen Kinderangst im Dunkeln wieder auftauchen. Bei einem Verstehen der Zusammenhänge kann die Dunkelangst und ihre Mitteilung als Angebot oder Bitte um Hilfe bei der nachträglichen Verarbeitung aufgenommen werden, wie es etwa in einer Kindertherapie geschehen kann.

Rank gibt uns durch Beispiele Anregungen zum Verständnis der Kinderängste. Die großen Tiere z. B. können durch ihren Leibesumfang an die Gravidität erinnern, die Raubtiere durch die Vorstellung des »Gefressenwerdens« angstvolle Vorstellungen im Zusammenhang mit Wünschen, in den Mutterleib zurückzugelangen, auslösen. Diese Angstvorstellungen können auch auf den Vater verschoben sein. Die kleinen Tiere aktualisieren ähnliche Vorstellungen durch ihre Fähigkeit, in Erdlöchern zu verschwinden.

Er veranschaulicht dies durch ein kleines Beispiel:

> »Ein kleines Mädel von 5½ Jahren, das sich ebenso oder mehr vor kleinen als vor großen Hunden fürchtet, hat auch Angst vor Insekten (Fliegen, Bienen usw.). Auf die Frage der Mutter, warum sie sich vor diesen kleinen Tieren, die ihr ja gar nichts tun könnten, fürchte, erwidert die Kleine ohne Zögern: ›Sie können mich doch schlucken.‹ Dabei macht sie beim Herannahen kleiner Hunde die gleichen charakteristischen Abwehrbewegungen wie etwa eine Erwachsene gegen eine Maus; sie beugt, indem sie die Beine fest zusammenpreßt, die Knie so tief, daß sie ihr Kleidchen bis ganz zum Boden ziehen und sich damit bedecken kann, als wollte sie das ›Hereinschlüpfen‹ verhindern. Ein andermal, direkt um die Ursache ihrer Bienenangst von der Mutter befragt, erklärt sie widerspruchsvoll, sie wolle in den Bauch der Biene hinein und doch wieder nicht.«[74]

Entwicklungspsychologisch und neurosenpsychologisch bedeutsam ist der von Rank am Beispiel der kindlichen »Masturbation« herausgearbeitete Zusammenhang einer Verschiebung der Mutterängste auf den Vater. Wegen der systematischen Bedeutung sei hier Rank noch einmal ausführlich zitiert:

> »Der Versuch (des kleinen Jungen), das angstbesetzte (mütterliche) Genitale sexuell zu besetzen, macht Schuldgefühl, indem die maternale Angst nach dem Mechanismus der Phobie an den Vater gebunden wird. Auf diesem Wege erfolgt die teilweise Verwandlung der Urangst in (sexuelles) Schuldgefühl, wobei man oft sehr schön beobachten kann, wie die ursprünglich mütterliche Tierangst in die deutlich auf Sexualverdrängung beruhende Vaterangst übergeht, die durch Verschiebung auf Räuber, Einbrecher (Schwarzer Mann usw.) einwandfrei im Sinne des phobischen Mechanismus rationalisiert werden kann.«[75]

Diese Verschiebung hat deshalb systematische Bedeutung, weil entsprechend der auch heute noch wirksamen patriarchalen Kulturverzerrung alle wichtigen Angst- und Schutzvorstellungen mit dem Vater verbunden und auf diesem Wege die existentielleren Schutz- und Gefährdungserfahrungen in der frühesten Mutterbeziehung verleugnet werden. Dies wurde zu einer Klippe in der psychoanalytischen Forschungsgeschichte, weil die Vaterängste die paradigmatische Bedeutung für die Neurosenentstehung bekamen, was als systematischer Bezug trotz aller mehr additiv hinzugefügter Mutteraspekte immer noch eine verzerrende Wirkung ausübt, indem auch heute noch die vorgeburtlichen, geburtlichen und oft auch noch nachgeburtlichen Existentialerfahrungen nicht ausreichend gewürdigt werden. Dies kann klinisch äußerst relevant werden, wenn etwa eine Abtreibungsangst in der Verschiebungsstufe auf die Vaterebene als Vaterangst analysiert wird, auf der sie nicht auflösbar ist. Hier liegt einer der Gründe für die sogenannten »unendlichen Analysen«. Wegen dieser systematischen Bedeutung will ich diese perinatale Ebene bei sogenannten ödipalen Konflikten an zwei Krankengeschichten Freuds erläutern, wie ich dies bereits an anderer Stelle ausführlicher getan habe.[76]

Prä- und perinatale Aspekte in zwei Krankengeschichten Freuds

In der berühmten Krankengeschichte des »Kleinen Hans«[77] schildert Freud die Erkrankung und beratende Behandlung des 4³/4jährigen Sohnes eines Bekannten, der an der phobischen Angst litt, »daß ihn auf der Gasse ein Pferd beißen werde«. Dem ging ein Angsttraum voran, den der kleine Hans seiner Mutter erzählte: »Wie ich geschlafen hab', hab' ich gedacht, du bist fort und ich hab' keine Mami zum Schmeicheln«. In der Interpretation geht Freud ganz einlinig vom Vateraspekt der kindlichen Gefühlsverwirrung aus. Die Angst vor dem Pferd entspricht einer Angst vor dem Vater wegen der Kastrationsdrohung im Zusammenhang mit seinen zärtlich-erotischen Gefühlen für die Mutter. Der Geburt der kleinen Schwester, als der kleine Hans 3 1/2 Jahre alt war, wird nur begrenzte Bedeutung beigemessen.

Auf der Mutterebene hat das Pferd jedoch Mutterbedeutung. Die beladenen Wagen symbolisieren dann die Schwangerschaft, das angstvoll erwartete Umfallen des Pferdes entspricht der Niederkunft. Damit ist die Angst, »das Pferd wird ins Zimmer kommen«, eine imaginative Aktualisierung der Geburtsangst. Der beißende, ängstigende Rachen des Geburtskanals kommt in das bergende Zimmer der mit der Mutter in der kindlichen Frühbeziehung wiedergefundenen primären Sicherheit.

Möglicherweise spielen auch pränatale Aspekte eine Rolle. Es entwickelt sich eine Angst vor der Badewanne. Dabei ist folgende Vorstellung wichtig: »Ich bin in der Badewanne, da kommt der Schlosser und schraubt sie los. Dann kommt er mit einem großen Bohrer und stößt mich in den Bauch.« Nach allem, was wir über die physiologischen Irritationen beim vorgeburtlichen Kind durch Geschlechtsverkehr der Eltern wissen, kann man wohl die Annahme wagen, daß hierin eine Widerspiegelung der Erfahrung eines bedrohlichen Geschlechtsverkehrs der Eltern vor der Geburt eine Rolle spielt.

Der weiteren Fülle von prä- und perinatalen Anspielungen, die als solche in der Krankengeschichte nicht thematisiert, aber durchaus benannt werden, will ich hier nicht nachgehen. Doch ergibt sich überdeutlich die Evidenz, daß die Geburt der Schwester und das reale Umfallen eines Pferdes mit seinem Wagen die Auslöser für eine neue und mit Ängsten verbundene Beschäftigung mit dem eigenen Zur-Welt-gekommen-Sein sind.

Die Art, wie Freud und der Vater des kleinen Hans damit umgehen, spiegelt die patriarchale Verzerrung in einer bürgerlichen Familie um die Jahrhundertwende wider. Nur der Vater ist wichtig, sein Schutz oder seine Drohung, wie dies auch in der Autobiographie seines Sohnes Martin *Mein Vater Sigmund Freud*[78] zum Ausdruck kommt.

Gleichzeitig jedoch wenden sich beide Männer intensiv den Ängsten des kleinen Hans zu und beschäftigen sich anteilnehmend mit ihnen. Das war ein großer Schritt der Einfühlung in einer Zeit, als Kinder üblicherweise vor allem zu parieren hatten. Diese Anteilnahme und Zuwendung hat offenbar therapeutisch ausgereicht, daß der kleine Hans Abstand von seinen Ängsten bekommen konnte, verstanden hat er sie, wie wir vermuten dürfen, nicht. Es war mehr eine Art wohlwollendere Einübung in die zeittypische patriarchale Verzerrung menschlicher Beziehung und Selbstwahrnehmung.

Ausgeprägter als beim kleinen Hans sind die Hinweise auf erhebliche früheste Traumatisierungen in der Krankengeschichte vom »Wolfsmann«[79], in der es um die Darstellung der Kinderneurose eines erwachsenen Patienten mit einer vielgestaltigen und schweren neurotischen Symptomatik geht. Zentraler Inhalt der Kindheitsneurose war eine Wolfsphobie. Mit vier Jahren hatte der Patient einen Traum, wie sich im Winter das Fenster von selbst öffnet und er mit großem Schrecken auf einem Nußbaum vor dem Fenster ein paar weiße Wölfe sitzen sieht. Mit großer Angst, von den Wölfen aufgefressen zu werden, erwacht er. Die Wolfsangst verbindet sich dann mit dem Bild aus einem Märchenbuch, einer Illustration zu dem Märchen vom »Wolf und den sieben Geißlein«.

Freud führt die Angst des Kindes aus vielfältigen Andeutungen auf die Beobachtungen eines Coitus a tergo mit 1½ Jahren zurück. Der Wolf ist der Vater, der der Mutter Gewalt antut. Das Aufgehen des Fensters entspricht dem nächtlichen Öffnen der Augen beim Aufwachen durch die Geräusche des Geschlechtsverkehrs der Eltern.

Es ist also die Beobachtung der »Urszene«, die der kleine Junge emotional nicht verarbeiten kann, was aber erst mit vier Jahren in der Zeit der sich entwickelnden männlichen Identität, nach einer Verführung durch die kleine Schwester und die in diesem Alter erwachende Männlichkeit des Patienten Bedeutung gewinnt. Dadurch und auch wegen der zu leistenden Identitätsveränderung wird die Auseinandersetzung mit der Urindividuation der Geburt und den damit verbundenen Gefühlen berührt. In diese Richtung hatte sich auch Freud geäußert: »Seine Sexualforschung war vor dem Traum darauf vorbereitet und hatte es während des Traumvorganges begriffen, daß der Sexualakt das Rätsel der Herkunft der kleinen Kinder löse.«[80]

Der entscheidende Punkt ist, daß wir dies auf einer vorsprachlichen Ebene selbst erfahren haben, weil wir selbst Hergekommene sind. Unsere Herkunft ist existentiellste Erfahrung, die sich unseren Gefühlen und Erwartungen eingeprägt hat und von der wir in unserem Umgang mit uns selbst und der Welt unmittelbar ausgehen. Zum Rätsel wird dieses vorsprachliche Herkunftswissen bei seiner Transformation auf die Sprachebene. Dem Sprach-Ich ist die vorsprachliche Ebene ein Rätsel, das es in immer neuen Anläufen zu lösen versucht. Freud gab eine Lösung in der Widerspiegelung auf der Vaterebene, Jung auf die Ebene der Mythen und Adler auf der Ebene des sozialen Verhaltens. Jahrzehntelange psychoanalytische und psychotherapeutische Forschung in anderen Richtungen hat uns heute die Erscheinungsweisen des vorsprachlichen Raums so zugänglich gemacht, daß wir die Probleme des Wolfsmannes nicht nur monothematisch auf die Vaterangst zentriert interpretieren können.

Der Wolfsmann war durch Ereignisse, die wir nicht kennen, schon in der Babyzeit in seinem Lebenswillen geschwächt und reagierte mit lebensgefährlicher Nahrungsverweigerung. Darin kann man eine Art Regressionsinszenierung in den pränatalen Zustand sehen, als er noch durch die Nabelschnur ernährt wurde und nicht essen mußte, wie dies bei frühen Eßstörungen der Fall sein kann.[81] Diese frühe Weltflucht erhielt sich offenbar in einer weltflüchtigen Grundeinstellung des Patienten, wie er sie in einer Phantasie des Ungeborenseins zum Ausdruck brachte, die lautete, »daß ihm die Welt durch einen Schleier verhüllt sei«.[82] Dieser Schleier entschlüsselt sich als die Amnionhülle, »die Glückshaube«, in der er zur Welt kam.

Der entscheidende Gesichtspunkt der neueren Forschung ist, daß solche primären Eindrücke bei der Geburt mit fast fotografischer Genauigkeit gespeichert und später erinnert werden können.[83] Freud hat mit der Metaphorik gespielt, wenn er feststellt: »Die Glückshaube ist der Schleier, der ihn vor der Welt und ihm die Welt verhüllte. Seine Klage, die Welt sei durch einen Schleier verhüllt, ist eigentlich eine erfüllte Wunschphantasie. Sie zeigt ihn wieder in den Mutterleib zurückgekehrt, allerdings die Wunschphantasie der Weltflucht. Sie ist zu übersetzen: Ich bin so unglücklich im Leben, ich muß wieder in den Mutterschoß zurück«.[84]

Die zu ergänzende entwicklungspsychologische Rekonstruktion wäre, daß der Eindruck des Schleiers ein wesentlicher erster Eindruck des Patienten war und daß er von den intensiven sensorischen Eindrücken bei der Geburt her nicht wirklich in eine vertrauende und Sicherheit bietende Beziehung zur Welt gelangte. Deshalb bleibt seine Weltbeziehung unsicher, und er regrediert in Konflikt- und Notsituationen auf die primären Eindrücke, die noch am ehesten den Zusammenhang zur Ursituation wiederherstellen.

Die frühe Ungeborgenheit und der Selbsthaß spiegeln sich in seiner Aversion gegen Kinder und in seiner Neigung, kleine Tiere zu quälen. Für mich hat die Vermutung einiges für sich, daß er hier negative vorgeburtliche Erfahrungen reinszeniert, wofür auch folgende Szene spricht: »Er hatte die kleinen Kinder schon vor dem Traume nicht gemocht. Einmal fand er einen kleinen, nackten Vogel, der aus dem Nest gefallen war, hielt ihn für einen kleinen Menschen und es grauste ihm vor ihm. Die Analyse wies nach, daß all die kleinen Tiere, Raupen, Insekten, gegen die er wütete, ihm kleine Kinder bedeutet hatten.«[85] Hierin äußert sich ein verdüstertes Lebensgefühl, das – wie wir aus der Analyse von ungewollten Kindern in vielen Beispielen kennen – seine Wurzel in vorgeburtlichen Ungewolltheitserfahrungen haben kann.[86] Aus den Verhaltensbeobachtungen der italienischen Psychoanalytikerin Alessandra Piontelli[87] bei Kindern in der Zeit vor der Geburt bis in die ersten Lebensjahre wissen wir heute, daß sich in Spielszenen von Kindern unmittelbar bestimmte Verhaltensweisen vor der Geburt wiederholen können. Ein Kuscheln mit einem Kissen wiederholt ein Kuscheln mit der Plazenta, ein Spiel mit einer Vorhangkordel wiederholt ein Spiel mit der Nabelschnur usw.

Das Bild, das der Wolfsmann von seinem Traum entwarf, zeigt eine karge, kalte Winterlandschaft mit einem mehr oder weniger abgestorbenen Baum, in dem sich vorgeburtliches Lebensgefühl sehr unmittelbar ausdrücken kann, wie wir aus den Forschungen des Pränatalpsychologen Terence Dowling[88] wissen. In das Erleben eines Baumes kann sich die Erfahrung der Planzenta als Teilobjekt der frühen Muttererfahrung hineinprojizieren, wodurch der Baum magisch zum »Lebensbaum« aufgeladen wird, wie wir ihn aus allen Mythologien als zentrales Element kennen. Umgekehrt kann sich auch vorgeburtliche Unglückserfahrung in das Bild eines beschädigten Baumes projizieren.

Die Angst vor dem Gefressenwerden durch den Wolf hatten wir, Rank folgend, schon als Symbolisierung einer Geburtsangst verstanden. Ähnlich wie beim kleinen Hans die Geburt dadurch symbolisiert wird, daß das fressende Pferd ins Zimmer kommt, wird beim Wolfsmann die Geburtsangst in der Form symbolisiert, daß das fressende Tier, der Wolf, ins Zimmer kommt. Man kann den Traum so verstehen, daß der kleine Junge und später Freuds Patient in den ängstigenden Traumbildern von der kalten Winterlandschaft, dem abgestorbenen Baum, dem bedrohlichen Wolf den unverarbeiteten vorgeburtlichen und geburtlichen Verängstigungen nachsinnt, die ihm den Lebensmut nehmen oder einen solchen Mut erst gar nicht aufkommen lassen.

Auch fällt auf, daß Freud trotz der zahlreichen Hinweise auf Elemente der frühen Mutterbeziehung, die durchaus auch benannt werden, ganz einseitig auf den Vater zentriert: »Die Angst vor dem Vater war das stärkste Motiv seiner Erkrankung gewesen, und die ambivalente Einstellung zu jedem Vaterersatz beherrschte sein Leben wie sein Verhalten in der Behandlung.«[89] Der eher magere Behandlungserfolg beim Wolfsmann hängt sicher vor allem mit der Tiefe der Grundstörung und der sehr beeinträchtigten Elternbeziehung zusammen, hat aber vielleicht auch einen Teilgrund in der so unvollständigen Erfassung und Würdigung der frühen Lebensrealität des Wolfsmannes. Auch hier läuft die Behandlung wesentlich auf eine zeittypische Einpassung in eine patriarchale Kulturorientierung hinaus.

Die seit den Pioniertaten von Freud und Rank geleistete psychotherapeutische Forschungsarbeit ermöglicht uns heute ein viel unmittelbareres Verstehen von sogenannten Symptomen bei Kindern als unmittelbare Inszenierung früher Notsituationen, die für den Therapeuten gleichzeitig Angebote zu einem verständnisvollen und integrationsfördernden Mitspielen sind. Sensible Mütter können heute ganz unmittelbar den Zusammenhang etwa eines Steckenbleibens ihres Kindes bei einem Tunnelspiel mit einer besonderen Geburtsbedingung verstehen und nachvollziehen. Eine Ängstlichkeit bei engem Kragen kann heute unmittelbar als Aktualisierung einer Nabelschnurkomplikation aufgefaßt und muß nicht mehr als Unbotmäßigkeit sanktioniert oder als Schwäche verurteilt werden. Ein nächtliches Einnässen kann als Streßsignal beim Eintreten in eine neue Lebenssituation und als Fluchtbewegung in die Babyzeit oder die Zeit vor der Geburt verstanden werden, wo man sich einfach gehenlassen konnte und aufgehoben war.

Ein solches Verständnis ermöglicht ein Einfühlen in das Erleben des Kindes, ein Erfassen seiner aktuellen Notsituation und eine Unterstützung bei der Bewältigung. Im Grunde geht es dann darum, das Symptom in ein Spiel zu verwandeln, das Schwindelgefühl in ein Schaukelspiel, die Raumangst in ein Tunnelspiel, die Angst, sich fallenzulassen, in ein Rutschspiel, die ängstliche Erstarrung in ein Hüpfspiel usw. Dies macht uns auch bewußt, daß es in unserem Erleben immer um einen Ausgleich der verschiedenen Ebenen unserer Lebenserfahrung, von vorgeburtlicher und nachgeburtlicher Erfahrung, von Babyerfahrung und Kindererfahrung usw. geht. Ursprung und Gegenwart stehen immer in lebendiger Wechselwirkung.

Wenn die Familie mit der Verarbeitung einer frühen Verletzung überfordert und die Störung durch ein »Symptom« zu ausgeprägt ist, dann ist es sinnvoll, therapeutische Hilfe in Anspruch zu nehmen, wie sie heute in der Kinderpsychotherapie zur Verfügung steht. Ermutigend ist, daß unser gewachsenes Wissen uns heute auch erlaubt, schon Babys und Kleinkinder bei der Verarbeitung von frühen Verletzungen und Verunsicherungen verstehend zu begleiten und ihnen bei der Verarbeitung von schwierigen Erfahrungen zu helfen.[90] Darauf werde ich später zurückkommen.

Entwicklungsdynamik in der Kindheit und der Pubertät

In der überlangen Entwicklungszeit vom Kleinkind zum Erwachsenen gibt es beim Menschen den langen Entwicklungsraum der Kindheit von fünf bis zur Zeit zwischen 12 und 14 Jahren, in dem das Kind einerseits schon durchaus selbständig und handlungsfähig, gleichzeitig aber real und emotional abhängig von seiner Familie ist. Diese Reifungsverzögerung zwischen der Ausbildung einer ersten geschlechtlichen Identität als kleiner Junge oder kleines Mädchen zwischen drei und fünf Jahren und der Umsetzung dieser Geschlechtsidentität als junge Frau oder junger Mann durch die Reifungsvorgänge in der Pubertät schafft eine entwicklungsbiologische Besonderheit der verlängerten Kindheits- oder Latenzzeit im Vergleich zu anderen Primaten. Dadurch entsteht eine Art Übergangsraum besonderer Abhängigkeit, der eine gewisse Parallele zur Babyzeit hat. Durch die Frühgeburtlichkeit wie auch durch die Reifungsverzögerung ist das Kind mehr und länger abhängig, als es bei den anderen Primaten der Fall ist.

Eine weitere Besonderheit besteht darin, daß sich die Wirkungen von Babyzeit und verlängerter Latenzzeit im Sinne einer gesteigerten und intensivierten Abhängigkeit addieren. Dabei gilt aber auch, daß die Befriedigung innerhalb einer solchen Abhängigkeit nie ganz vollständig ist und der Mensch deshalb nach Kompensation sucht. Dazu hat der Analytiker Donald W. Winnicott die These entwickelt: »Die geistig-seelische Aktivität verwandelt eine ausreichend gute Umwelt in eine vollkommene Umwelt, d. h. sie macht aus dem relativen Versagen bei der Anpassung einen Anpassungserfolg. Nach dieser Theorie hat also der Geist in der Entwicklung jedes Individuums eine – vielleicht seine wichtigste – Wurzel im Bedürfnis des Individuums (im Kern des Selbst) nach einer vollkommenen Umwelt.«[91] Ich würde dies in dem Sinne konkretisieren, daß diese »vollkommene Umwelt« ihr Vorbild in dem animalischen Integriertsein in die naturhafte Situation der vorgeburtlichen Lebenszeit hat.

Die Präsenz in der Erinnerung eröffnet einen imaginativen Raum, in dem die Eltern etwas vom Abglanz der Ursituation repräsentieren, wie wir dies u. a. in den Märchen in ihrer Schilderung als König und Königin erkennen können. Dies ist auch ein Grund, warum menschliche Ablösungsprozesse so schmerzlich sind, weil Beziehungen für den Menschen immer noch ein Stück Präsenz des Ewigen im Zeitlichen bedeuten.

Diese Zusammenhänge finden eine gewisse Wiederholung in der verlängerten Latenzzeit, insofern hier das in der Reifungsverzögerung begründete Mißverhältnis zwischen verlängerter Abhängigkeit auf der einen Seite und größerer Handlungspotentiale auf der anderen Seite kompensiert wird durch das Angebot familiärer und sozialer Traditionen, die die Sehnsucht nach einer »vollkommenen Welt« nur zum Teil befriedigen können. Ähnlich wie in der Babyzeit kommt es zu tiefen Identifikationen, die dem eigenen Handeln einen das Instinkthafte überschreitenden überzeitlichen Sinn geben, der die Lebenslösungen der früheren Generationen und insbesondere der Elterngeneration repräsentiert, in denen man sich aufgehoben fühlen kann und muß, weil man noch existentiell abhängig ist.

Kinder in diesem Alter, die noch ganz in der Familie oder in gesellschaftliche Institutionen integriert sind, werden meist dann zum Kindertherapeuten gebracht, wenn sie diese Integration wegen störenden Verhaltens, sozialer Scheu, Verweigerungen oder persistierenden bzw. neu aufgetretenen psychosomatischen Symptomen nicht ausreichend leisten können. Das gleiche gilt, wenn sie sich nicht in die vorgegebenen Ordnungen einfügen oder notwendige Entwicklungsschritte und Veränderungen nicht vollziehen können, etwa weil sie so ängstlich sind oder die geforderte Aufmerksamkeit nicht erbringen können. In all diesen Fällen können neben den üblichen neurosepsychologischen Faktoren auch vorgeburtliche oder geburtliche Verletzungen die Ursache sein.

Dabei kann sich ein »Urmißtrauen« aus einer frühen Ablehnung oder Überlastung bei der Geburt direkt im Verhalten durchsetzen, z. B. daß das Kind mißtrauischer Außenseiter bleibt oder sich bedroht fühlt und ängstlich ist. Es kann aber auch der Fall sein, daß ein früher Schrecken durch übermäßiges »Bravsein« und hohe Leistungen kompensiert wird. Es ist bedeutsam, daß Anpassungsschwierigkeiten und Symptome auch diesen frühen Zusammenhang haben können.[92]

Durch die biologischen Reifungsprozesse in der Pubertät kommt es zu körperlichen Veränderungen, der Entwicklung ganz neuer Verhaltensmöglichkeiten als Frau oder Mann und damit auch grundlegenden neuen Verhaltens- und Rollenmöglichkeiten in den sozialen Gruppen. Diese Veränderungen bedeuten auch bei anderen Primaten eine deutliche Zäsur in der Entwicklung, gewinnen aber beim Menschen durch die oben beschriebenen tiefen Identifikationen mit der Familie und den sozialen Traditionen der Gruppe eine ganz besondere Dramatik und bergen spezifische kreative Potentiale.

Menschenkinder haben durch die überlange Kindheit viel Zeit, sich mit wesentlichen Elementen der Grundmuster sozialer und familiärer Beziehungen und insbesondere deren Widersprüchlichkeiten vertraut zu machen. Aufgrund ihrer verlängerten Abhängigkeit sind sie gleichzeitig stark mit der Herkunftsfamilie und der sozialen Heimatgruppe identifiziert. Diese symbolisiert teilweise die primäre Sicherheit, wie man sie in der vorgeburtlichen Zeit im naturhaften Enthaltensein in der Mutter erlebt hat. Gerade wegen dieses Schutzes durch Familie und Gruppe können sich Kinder sehr wohl und angstfrei fühlen.

All diese mehr oder weniger subtilen Passungen werden durch die biologischen Reifungsprozesse in Frage gestellt. Der Jugendliche fällt wie bei der Geburt aus scheinbar vorgegebenen und unbegrenzten Sicherheiten heraus. Dann beginnt das Individuationsabenteuer der Adoleszenz oder des Erwachsenwerdens, das die Menschen von jeher zutiefst bewegt hat. Es ist in unendlichen Varianten, aber in immer gleichen Grundformen, in Märchen und Dichtungen geschildert worden und war in den Stammeskulturen und frühen Hochkulturen Anlaß zu dem Großereignis der Initiationsriten. Lapidar charakterisieren die Märchenforscher Märchen als Reifungserzählungen:

> »Zaubermärchen sind im wesentlichen zweigliedrige Erzählungen, in deren erstem Teil sich die Hauptgestalten als Heranwachsende von ihren Eltern lösen, um ihren eigenen Weg zu gehen. Die erste Partnerbindung, die sie auf ihrem Weg zu sich selbst erleben, zerbricht jedoch wieder aus ihrer Unreife; es bedarf eines außerordentlichen Einsatzes – Thema des zweiten Teils –, sich endlich doch als verläßlicher Partner zu erweisen und die Beziehung für ein Leben tragfähig zu machen.«[93]

Es ist gerade die Tiefe der vorangehenden Identifikationen mit den zeittypischen Geschlechtsidentitäten in der ödipalen Zeit, wie sie von Vater und Mutter repräsentiert werden, und die Tiefe der Identifikationen mit der Familienidentät und den sozialen Traditionen, die die Pubertät so bewegend werden lassen kann, weil die imaginären Sicherheiten aus diesen Identifikationen von den biologischen Reifungsveränderungen erschüttert werden.

Der Analytiker Peter Blos[94] hat die Phasen der Adoleszenz sehr übersichtlich geschildert und gegliedert: Sie beginnt mit dem Unsicherwerden der Bindungen in der Kinderwelt in der Präadoleszenz mit einer regressiven Suche nach Halt an den frühen Elternfiguren in einem Schwanken zwischen kleinkindhafter Abhängigkeit und forcierter Unabhängigkeit. Die Bewegung geht dann über die Frühadoleszenz mit einem Aufgeben der Eltern und einem äußerlichen oder innerlichen Rückzug hin zu der Übergangsphase des »transitorischen Narzißmus«, einer symbolischen Mutterleibsregression als Ort der Wandlung und Wiedergeburt, sei es nun in einer echten, geheimnisvollen Höhle, einer verschworenen Subkultur, einem uterusymbolischen Ort oder einer restitutiven archaischen Klangerfahrung in unseren modernen Techno-Tempeln. Diese Vergewisserung der eigenen Vitalität in der Ursprungserfahrung gibt den

Mut zur Suche nach selbstbestimmten Idealen und eigenen Idealbildungen, die in immer neuen Schritten konkreter ausgearbeitet werden, woraus sich dann in der Postadoleszenz die Entwicklung eines eigenen Lebensplanes ergeben kann.

Ganz unmittelbar wird in vielen Märchen die geburtliche Notsituation mit der Pubertätsnot in Verbindung gebracht, wenn etwa in *Dornröschen* die Verwünschung bei der Geburt bei der Wiederbegegnung mit dieser bedrohlichen Mutterseite in der Pubertät zu der im Schlaf symbolisierten Entwicklungslähmung führt oder wenn bei *Rapunzel* das vorgeburtliche Eingeschlossensein in der extremen Notlage der Mutter sich dann in der Pubertät in einem aussichtslosen Eingeschlossensein im Bann eines bösen Mutteraspekts wiederholt oder wenn bei einem männlichen Helden wie in *Hans mein Igel* die vorgeburtliche Verwünschung des Vaters zu einer deprivierten und abgelehnten Kindheitssituation wird; der Haß setzt sich in Häßlichkeit um, so daß der Held sich nur in einer verlängerten Pubertätsexistenz in einem mutterleibssymbolischen Waldleben ganz allmahlich restituieren kann. Auch dann noch ist seine weitere Individuation von Ablehnung und Kämpfen begleitet, die diese frühe Traumatisierung wiederholen und abarbeiten.

Ich will dieses Thema hier nicht weiter verfolgen, weil die Märchen in ihren vorgeburtlichen und geburtlichen Symbolismen gut bekannt sind, denn alle Märchenhelden begegnen den bösen Aspekten früher Elternfiguren als Hexen oder Zauberern oder müssen sich dann auf einer Jenseitsreise in bedrohlichen Situationen und Prüfungen bewähren, um zu den Insignien vorgeburtlicher Ursprungsvitalität mit dem Wasser des Lebens und dem Baum des Lebens zurückzufinden und sich hieraus zu erneuern, um den Mut zu einer eigenen Existenz zu finden.[95] Wir haben jedoch Schwierigkeiten, das Eindeutige der frühen Bezüge, wie es sich in den Märchenbildern und Ereignissen vermittelt, so unmittelbar anzunehmen. Ich will dies an der Rezeption des Ödipus-Mythos durch Freud erläutern.

Ödipus war hiernach ein ungewolltes, bei der Geburt ausgesetztes und verstoßenes Kind, das durch Zufall und Hilfe von anderen überlebte. Eine solche Atmosphäre von paranoider Gewalttätigkeit ist die Ausgangsbasis für spätere dissoziale Karrieren gewalttätiger Impulsivität und inzestuöser Mutterabhängigkeit, wie sie in der Geschichte von Ödipus entwickelt werden, einschließlich der Gewaltkompensation durch herrschaftliche Macht, damit ihm keiner gefährlich werden kann. Großartig ist die mythische Gestaltung dieser Unglückserfahrungen einer Kindheit in der Antike[96], die gleichzeitig ein Stück Bewußtwerdung über die reine rituelle Wiederholung in Opferhandlungen hinaus darstellt.

Das Merkwürdige im Rückblick besteht darin, daß in der Rezeption in der Psychoanalyse nur die spätere Ebene des Elternkonfliktes des drei- bis fünfjährigen Kindes und nicht die Rekapitulation des frühesten Unglücks insbesondere in der vorgeburtlichen und geburtlichen Zeit gesehen wird. Spätere Analytiker haben auf die sogenannte präödipale Vorgeschichte des Ödipus hingewiesen, aber dabei mehr die von Freud ausgesparte Bedeutung der Mutter angesprochen. Aber die vorgeburtliche und geburtliche Traumatisierung, wie sie aus den Bildern des Mythos spricht, wurde nicht klar benannt. Auch heute noch wirkt diese Verleugnung nach, wenn mit ödipalen Störungen reife Störungen aus dem vierten und fünften Lebensjahr benannt werden, während Ödipus geradezu die Inkarnation einer sogenannten Frühstörung ist.[97] Diese so unvollständige Rezeption des Inhalts des Ödipus-Mythos in der frühen Psychoanalyse zeigt, wie zu dieser Zeit die Wucht früherer Traumatisierung kaum nachempfunden, sondern zu angeblichen Urwünschen verklärt wurde.

Offenbar kann nur ein Wahrnehmen und Würdigen von frühem Unglück auch die großen Kräfte am Lebensbeginn wieder erschließen. Wir sind hier an der Übergangsstelle zwischen individuellen und kollektiven Identitätsgefühlen.

Psychohistorische Aspekte der Pubertät

Wie einige Märchen mit ihren Jenseitsreisen zeigen, folgt der Adoleszenzprozeß der Formel einer Erneuerung aus dem Ursprung. Darin liegt die Chance, daß jede Generation ihre Ideale neu bestimmen kann. Dabei wird die im Generationenverhältnis so bedeutsame Kraft wirksam, daß sich die Eltern darum bemühen, daß es ihren Kindern besser geht, als es ihnen selbst gegangen ist, oder anders ausgedrückt, bestrebt sind, ihre Kinder mit weniger Belastungen aufwachsen zu lassen. Diese Zusammenhänge wurden von dem amerikanischen Psychohistoriker und Psychoanalytiker Lloyd DeMause[98] herausgearbeitet. Er erklärte hiermit die Zunahme an Empathie in den Eltern-Kind-Beziehungen und den sozialen Beziehungen, wie wir sie im Laufe der Geschichte beobachten können.

Der Frankfurter Psychoanalytiker und Psychohistoriker Ralph Frenken hat dies am Beispiel von deutschen Autobiographien vom Mittelalter bis ins 18. Jahrhundert gezeigt.[99] Bis zum 16. Jahrhundert etwa wurden alle Kinder in diesen Autobiographien sehr früh weggegeben. Kontinuierlichere Elternbeziehungen gab es erst in den Autobiographien aus den Jahrhunderten danach. Für unseren Zusammenhang ist es wesentlich, daß die Umsetzung der entsprechend den Bemühungen der Eltern erfahrenen besseren Situation als Kind in eine neue Idealbildung in der Pubertät erfolgt, in der die eigene Kindheitserfahrung in ein neues Ideal umgeformt wird. Der nicht leicht zu verstehende, aber doch bedeutsame Zusammenhang liegt darin, daß ich in meinem Lebensideal etwas von der primären Sicherheit und Aufgehobenheit der Ursprungserfahrung suche. Hier kommen individuelle Ursprungserfahrung und Lebensideal zusammen, was später weiter verfolgt werden soll.

Entscheidend ist, daß der Pubertätsprozeß der Umsetzungsprozeß der Idealbildung von einer Generation in die nächste, und damit so etwas wie der emotionale Motor der Geschichte ist. Wie der Philosoph Peter Sloterdijk meines Erachtens überzeugend herausgearbeitet hat, befinden wir uns dabei am Übergang von einer Bedrohtheitskultur zu einer Bestätigungskultur.[100] Die Kindheit ist in den letzten 200 Jahren entscheidend besser, d. h. weniger traumatisierend geworden.

Entscheidend ist dabei, daß sich die allgemeinen Lebensbedingungen durch die Verbesserungen in der Landwirtschaft (Kunstdünger) und die Erschließung von Energiereserven (Kohle, Erdöl) grundsätzlich verbessert haben. Diese Verbesserungen haben nicht dazu geführt, daß die destruktiven Urwünsche von Mord und Inzest, wie sie Freud aus seinen Beobachtungen bei Patienten erschloß, mit neuer Kraft durchgesetzt werden, sondern daß umgekehrt trotz aller katastrophischen Kriegseinbrüche insgesamt eine Verbesserung der Kindheit in den westlichen Gesellschaften auch zu einer Verbesserung unserer sozialen Verhältnisse und Umgangsformen bis hin zur Entwicklung der modernen demokratischen Rechtsstaaten geführt hat.

Der Wandel von der Bedrohtheitskultur zur Bestätigungskultur hat sich nach einer langen Vorlaufzeit in den letzten zwei oder drei Generationen vollzogen, so daß mir als älterem Menschen die frühere

Modalität einer offenen Bedrohung der Kinder durch Strafe und Schläge und der moralischen Disziplinierung und Ermahnung der Erwachsenen durch die kulturellen Autoritäten in der Erinnerung noch ganz gegenwärtig ist. Der in meiner Jugend selbstverständliche Satz, eine Tracht Prügel habe noch niemandem geschadet, wirkt aus heutiger Sicht, nach dem Übergang zur Bestätigungskultur, fremdartig und bizarr. Der turbulente Umschlagspunkt war wahrscheinlich die 68er-Bewegung, durch die ein demokratisches und rechtsstaatliches Fühlen und Denken in unserer Gesellschaft wirklich Fuß gefaßt hat.

Die imaginative Dimension und das Lebensgefühl aus der vorgeburtlichen Erfahrung und ihrer ersten Umsetzung und Neuinszenierung in der Babyzeit stehen in intensiver innerer Wechselwirkung mit unseren gesellschaftlichen Lebensgefühlen und Imaginationen, oder wie DeMause diese nennt, unseren Gruppenphantasien. Unsere Erfahrungen am Lebensanfang haben wegen ihrer Nähe zum Biologischen und Kreatürlichen eine Art »kollektiven« Aspekt und können deshalb in den kollektiv geteilten Gruppenphantasien zusammenfließen. Wegen ihres vorsprachlichen Charakters sind die Wechselwirkung und die vorsprachliche Herkunft unserer Gruppenphantasien und der affektiven Ladung unserer Ideale für uns nicht unmittelbar identifizierbar.[101]

Die über Jahrzehnte gewachsene psychotherapeutische Erfahrung ermöglicht es heute, unmittelbar die Wurzeln von Lebenseinstellungen in vorsprachlichen Erfahrungen zurückzuverfolgen und die Wechselwirkung in der aktuellen therapeutischen Beziehung zu verfolgen, etwa wenn ein Patient, der von seiner Mutter nicht akzeptiert wurde, den Eindruck gewinnt, der Therapeut wäre ihn gern los, oder insgesamt den Schluß zieht, er sei im Leben überflüssig und besser nicht vorhanden. Umgekehrt können positive Ursprungserfahrungen, auch wenn es nur kleine Inseln sind, ein Glücksquell für das Leben sein, wie schon vor langer Zeit die Psychoanalytikerin Lou Andreas-Salomé in kritischer Abgrenzung gegen Freud herausgearbeitet hat.[102]

Verformungen im Adoleszenzprozeß

Insofern der Adoleszenzprozeß eine Wiederbelebung von geburtlichen und vorgeburtlichen Gefühlen mit sich bringt, werden damit schwierige vorsprachliche Erfahrungen vom Lebensanfang wiederbelebt und entweder wiederholend in Lebenseinstellungen umgeformt oder konstruktiv mit neuen Erfahrungen verbunden und umgearbeitet. Im Falle einer späteren neurotischen Erkrankung war dies jedoch nicht möglich; die Wiederbelebung von traumatischer Früherfahrung blockierte statt dessen den Weg ins Erwachsenwerden und die Entwicklung zu einem eigenen Lebensentwurf. Der Inhalt psychotherapeutischer Behandlung bei Erwachsenen besteht im wesentlichen darin, steckengebliebene Adoleszenzprozesse im therapeutischen Prozeß wieder lebendig werden zu lassen, blockierende frühe Traumen aufzuarbeiten und dadurch eine spontane Nachreifung und Weiterentwicklung zu ermöglichen. Eine andere und spätere Umsetzungskrise ist die Problematik der Lebensmitte, die ebenfalls therapeutische Unterstützung erforderlich machen kann.

Die Dynamik eines Adoleszenzprozesses ist jedoch zutiefst in den gesamtgesellschaftlichen Kontext eingebettet. Besonders deutlich ist dies bei den verschiedenen genitalen Verstümmelungen, den sogenannten Beschneidungen, die ein selbstbestimmteres Erwachsenwerden beeinträchtigen oder unmöglich machen können. Besonders auf dem Niveau von Stammeskulturen ist gut zu erkennen, wie sich der frühe Umgang mit dem Säugling in späteren Lebenseinstellungen und Gruppenphantasien widerspiegelt. So konnte der amerikanische Psychoanalytiker Erik H. Erikson anschaulich zeigen, wie ein sadistisches Abstillen sich später in autoaggressive Pubertätsrituale umformt, die dann wieder in eine aggressiv-jägerische Einstellung umgearbeitet werden, während eine deprivierende Säuglingsbehandlung in einer Fischergesellschaft später in eine abwartend-sehnsuchtsvolle Lebenseinstellung umgesetzt wird.[103]

In unseren Kulturen ist die Situation unübersichtlicher, doch spricht einiges dafür, daß die Grausamkeiten im Umgang mit Säuglingen (frühe Trennungen, Schreienlassen, Alleinlassen) entscheidend zur Entwicklung späterer Gewalttätigkeit in den Gruppenphantasien der mitteleuropäischen und osteuropäischen Völker beigetragen haben und Voraussetzung für die destruktiven Regressionen der beiden Weltkriege waren. All dies ist Thema psychohistorischer Forschung und bislang erst in Grundzügen angedacht.

Aber es wird deutlich, welch ungeheure Verantwortung eine Gesellschaft beim Umgang mit Schwangerschaft, Geburt, Säuglingszeit und früher Kindheit für ihre gedeihliche Entwicklung trägt. Hier liegen Entwicklungspotentiale zur Vermittlung guter Basiserfahrungen, die dann im Adoleszenzprozeß in konstruktive Lebenseinstellungen und Ideale umgesetzt werden können.

Eigener Lebensentwurf

Die Stammeskulturen und frühen Hochkulturen nutzten die Kraft der in der Initiationsdynamik enthaltenen Ursprungserfahrung, um das Unwandelbare, Ewig-Gleiche des Lebens und der Wirklichkeit zu beschwören. Das Leben ist um die Kraft heiliger Mittelpunkte versammelt, die Riten beschwören die Nähe zum Ursprung, wie dies der Kulturhistoriker Mircea Eliade eindrucksvoll beschrieben hat.[104] Er zeigt an vielen Beispielen, »daß für den archaischen Menschen die Wirklichkeit eine Funktion der Nachahmung eines himmlischen Urbildes ist, (...) wie die Wirklichkeit verliehen wird durch die Teilhabe an der ›Symbolik des Mittelpunktes‹, Städte, Tempel, Häuser, werden wirklich, weil sie dem ›Mittelpunkt der Welt‹ ähnlich gemacht werden.«[105] Das Leben folgte einem göttlichen Plan und gewann dadurch seine Sicherheit.

Es ging darum, durch den Bezug auf den Ursprung Sicherheit in einer weitgehend unsicheren, unbeeinflußbaren und unberechenbaren Welt herzustellen. Diese Sicherheit wurde durch den Rückbezug auf die vorgeburtlich erlebte und nachgeburtlich wiederholte Sicherheit und kollektive Gleichheit der frühesten Elternbeziehung hergestellt. Dieser pränatalpsychologische Aspekt wird bei Eliade nicht direkt benannt, ist aber unausgesprochen unmittelbar greifbar. Sein Buch *Die Religionen und das Heilige – Elemente der Religionsgeschichte*[106] kann man geradezu als ein Übungsbuch in pränatalpsychologischer Symbolik lesen. Gerade der Psychotherapeut sollte dies tun, um sich die Grundgestalten dieses Wissens menschlicher Urerfahrung, die in den religiösen Mythen verdichtet sind, wieder zu erschließen.

Das Heraustreten aus dem zeitlosen In-sich-selbst-Kreisen der mythischen frühen Kulturen, wie sie sich im jüdisch-christlich-antiken Kulturkreis in einer linearen Streckung der Zeit von einer Anfangs- zu einer Endzeit hin vollzog, brachte eine Neugier auf das Neue, das dann nach dem Ende des Mittelalters in der »Neuzeit« einen paradigmatischen Wert bekam. Aber wir treten erst in den letzten 200 Jahren aus den statischen Formen heraus, in denen der wesentliche Lebensrahmen und die Abfolge des Lebens durch die Geburt vorbestimmt war. Dem entspricht, daß die Pubertät als eine wichtige Lebensphase erst von Rousseau erkannt und erst Ende des 19. Jahrhunderts von Stanley Hall systematischer beschrieben wurde.[107]

Wegweisend scheint mir die Aussage des amerikanischen Analytikers Eissler[108], daß der Mensch ohne die Pubertät nie über die Erfindung von Faustkeilen hinausgelangt wäre. Damit benennt er gerade das kreative Potential, das in dem Neukonstituierungsprozeß der Adoleszenz für neue Entwürfe liegt. Die Pubertät ist gewissermaßen die Schaltstelle im intergenerationellen Lernprozeß, der sich durch die Individualisierung in den letzten Jahrhunderten zunehmend intensiviert und dynamisiert. Die gesellschaftliche Entwicklung der letzten 100 Jahre hat gezeigt, daß dieser Trend zu einem eher selbstbestimmten Leben jenseits der kollektiven Vorgaben von Kirche, Weltanschauung und Partei von der Gesellschaft wirklich gewollt ist.

Die Psychotherapien sehe ich im wesentlichen als moderne Individuationshilfen, die einen ins Stocken geratenen Adoleszenzprozeß wieder in Gang setzen, um eine selbstbestimmte Lebensplanung zu erreichen. Dazu gibt es zwei große Entwürfe von Freud und von Rank. Freud nimmt die Individuationsbedingungen in einer immer noch vom Gottesgnadentum bestimmten Monarchie zum Ausgangspunkt, in der letztlich eine wirkliche Individuation nicht möglich war, sondern nur eine möglichst kompromißhafte Anpassung an die Mächte der im Über-Ich repräsentierten Tradition.

Die Schwäche des Ichs zwischen den überhöhten Traditionsmächten und den ungestalteten Triebmächten schildert eine Sozialisationssituation übermächtiger Eltern- und Sozialautoritäten, die der Impulsivität und den Wünschen des Kindes nicht wirklich bestätigend begegnen, was sich auf der Ebene der sozialen Inszenierungen in dem heillosen Verhältnis zwischen sakral autorisierten Hoheiten und völlig rechtlosen Untertanen wiederholt. Aber dieses Ich beginnt, sich seiner unterdrückten Kräfte bewußt zu werden und für diese in einem heilsamen Beziehungsprozeß mehr Verantwortung zu übernehmen, ohne sich jedoch wirklich aus den archaischen Gebundenheiten der »kastrierenden« gesellschaftlichen Bedingungen, die im phylogenetisch begründeten »Kastrationskomplex« ihren Mythos gefunden haben, befreien zu können.

Der Freudsche Aufstand im Namen der Urkräfte der Libido hat im transgenerationalen Übermittlungsprozeß zu seinem Schüler Rank auf der neuen Ebene der demokratischen Verfassung und bürgerlicher Grundrechte der zwanziger Jahre eine neue Formulierung gefunden. Die in jedem Menschen vorhandene vitale Urkraft war keine Bedrohung mehr für ein aus sekundären Identifizierungen geformtes Ich durch seine als Triebe verzerrten und entfremdeten eigenen Kräfte, sondern Bereicherung und Intensivierung eigener Wirk- und Willensmöglichkeiten. Wie Rank enthusiastisch formulierte, war vielleicht die analytische Situation »die erste Situation in der Weltgeschichte«, in der »Erleben und Erkennen im gleichen Moment möglich waren«.[109]

Menschen mit sogenannten Neurosen waren noch bis in unser Jahrhundert hinein oft der Abwertung ausgesetzt, sie seien »degeneriert«, »Lebensschwächlinge« usw. Tatsächlich waren es Menschen, die sich unter dem doppelten Druck traumatischer Verzerrungen ihrer eigenen Lebensgeschichte und traumatisierender Einflüsse durch die Gesellschaft nicht in einem dauerhaften Gleichgewicht oder die widersprüchlichen Einflüsse nicht zu einer zu den gesellschaftlichen Normen passenden Lösung bringen konnten. Damit lebten sie aber gleichzeitig Widersprüchlichkeiten aus, die auch Widersprüchlichkeiten der gesellschaftlichen Situation waren – nur wenn die Therapie glückte, fanden sie zu neuen Lösungen, die den gesellschaftlichen Prozeß im Sinne eines Rechts auf selbstbestimmte Lebensplanung vorantrieben.

Die Einsichten und Formulierungen Ranks zu einer Psychoanalyse auf dem von der Zeit her möglichen demokratischen Niveau waren nur möglich, weil er die Ursprungssituation der Geburt und vorgeburtlichen Zeit und die Erneuerungskraft, die in dieser Ursprungsdynamik liegt, wirklich ernst nahm. Ein therapeutischer Prozeß ist wie jeder Individuationsprozeß immer in der Gefahr, auf der Ebene einer kompromißhaften Schutzidentifikation abgefangen zu werden oder ins Stocken zu geraten, ohne daß eine wirkliche Erneuerung oder ein »Neubeginn« stattfand. Dabei muß ein in einer Art Analyse oder Psychotherapie angestoßener Individuationsprozeß keineswegs auch in der therapeutischen Situation zu Ende geführt sein, sondern die Therapie bahnt einen Prozeß der Eigenentwicklung an, der sich dann später in eigenen Gestaltungen weiterentwickelt.

Bei der Lebensplanung bilden natürlich die Lebenslösungen und Ideale der älteren Generation einen entscheidenden Bezugspunkt, aber auch einen Hintergrund, auf dem das Eigene sich dann artikulieren kann. Im Grunde sind die Lebensgrundmuster durch unser Primatenerbe vorgegeben, denen ich konkret oder auch symbolisch in irgendeiner Weise entsprechen muß. Daneben gibt es aber eine imaginäre soziale Dimension oder die Dimension der Gruppenphantasien und des Zeitgeistes. Daraus ergeben sich Engagements und archaische Befriedigung durch Zugehörigkeit zu einem größeren Ganzen, die einen Lebensentwurf zutiefst beeinflussen und mittragen können.

Von diesem Aspekt her stehen wir in einem Zusammenhang von generationsübergreifender kultureller Evolution und der persönlichen Evolution von Selbst- und Lebenskonzepten, die Teil der biologischen Evolution sind, in der alle Lebewesen stehen. Die Besonderheit der Neuzeit, insbesondere nach Darwin, besteht darin, daß wir diesen Evolutionsprozeß allmählich überschauen, ihn selbst miterleben und Wege der verantwortlichen Mitgestaltung entwickeln können. Die Zeit der sich absolut setzenden Theokratien, die ein Gefühl der Sicherheit in einer unsicheren Welt schaffen, sind vorbei – wir stehen am Beginn neuer Paradigmen der Menschenrechte, der individuellen Selbstbestimmung, die neue Rahmenbedingungen für den eigenen Lebensentwurf setzen.

Rank hat die Psychotherapie als eine Schule im Fühlen bezeichnet. Es gibt Familiensituationen und gesellschaftliche Situationen, wo es unmöglich ist, seine Gefühle wirklich zu erleben und zu integrieren. Man kann vermuten, daß in früheren Zeiten, etwa im Mittelalter, die Basisbedingungen des Lebens so ungesichert, Krankheit, Tod und Verbrechen so sehr Bestandteil des Alltags waren, daß eine Kontinuität für die eigene Lebensgeschichte nicht möglich war. Ein großer Teil der eigenen Persönlichkeit war in den sozialen Rollen, den hierarchischen Abhängigkeiten in der Gesellschaft und im religiösen Raum untergebracht. Der Kern des eigenen Selbst war in den weltlichen und geistlichen Autoritäten externalisiert, die die Lebensregeln vorgaben. Ein Über-Ich mit persönlichen Schuld- und Schamgefühlen in unserem Sinne gab es nicht. Große Teile des Über-Ich waren externalisiert, Schuldgefühle wurden in äußeren Bußübungen und Wallfahrten ausgelebt, aber nicht innerlich auf einer Gefühlsbühne ausgetragen und verarbeitet.

Der Historiker Richard van Dülmen[110] sieht in den grauenvollen, öffentlich vollzogenen Strafritualen des Mittelalters und der frühen Neuzeit erste Über-Ich-Übungen, die einen Verinnerlichungsprozeß vorbereiten, der im 18. Jahrhundert zu greifen beginnt, so daß sich eine innere Verantwortlichkeit mit den entsprechenden reflexiven Gefühlen entwickeln kann. Im 19. Jahrhundert wird im psychologischen Roman eine Bühne der Gefühle errichtet und in allen Facetten durchgespielt, an der man dann seine Emotionalität auslebt. Psychoanalyse und Psychotherapie im 20. Jahrhundert entwickeln dann die Individualbühne der Beziehungsauseinandersetzung.

Diese ganze psychologische Kultur einer emotionalen Reflexivität konnte sich nur unter Bedingungen äußerer Sicherheit in den Basisbedürfnissen entwickeln. Erst wenn der Kampf ums Überleben entfällt, kann der Kampf um die innere Entwicklung und die innere Selbstachtung, Kontinuitiät und Integrität beginnen. Doch hier zeigte sich, wie schwierig ein Gefühl für die innere Lebenskontinuität zu gewinnen ist, wenn sich die Sprache als Raum der Vermittlung reflexiver Emotionalität erst mit 1 1/2 bis 2 Jahren entwickelt. Zunächst schien es so, als ob man die Emotionalität des Säuglings oder gar noch des Kindes vor der Geburt ausblenden dürfe, in der Hoffnung, sie könne implizit in der Reflexion späterer Gefühle mitverhandelt werden. Wegen der Bedeutsamkeit dieser Fragen sei diesen Zusammenhängen noch ein eigenes Kapitel gewidmet.

Präsenz von Früherfahrung im späteren Erleben

Menschliche Emotionalität ist deshalb so komplex, weil sich in einer unerkannten Weise vorgeburtliche, geburtliche und Baby-Gefühle in unsere spätere Emotionalität hineinblenden und diese mitbestimmen. Anders ausgedrückt, in der menschlichen Emotionalität geht es immer um die Balancierung von archaischen und aktuellen Gefühlslagen. Peter Sloterdijk hat kürzlich sehr eindrucksvoll die Präsenz pränataler Beziehungsgefühle in einer Liebesbeziehung anschaulich und konkret gemacht, wenn er etwa von der »magischen Hingerissenheit im erotischen Gegenseitigkeitszauber« spricht.[111]

Diesen »Gegenseitigkeitszauber« gibt es auch in der Beziehung zwischen dem Führer und der Masse, was Freud auf den »Zauber« der frühesten Vater-Sohn-Beziehung zurückführte.[112] Dabei nahm er an, daß die phylogenetische Vorprägung dieser Gefühle ihre Wucht und Wirkungsdynamik erklärt. Es erscheint mir nun sehr einleuchtend, diese Gefühle zwischen Führer und Masse mit dem »magischen Gegenseitigkeitszauber« in der frühesten vor- und nachgeburtlichen

Mutterbeziehung in Zusammenhang zu bringen.[113] In diesem Verständnis wären auch unsere Gefühle zum Makrokosmos der Welt eigentlich Widerspiegelungen unserer Gefühle im vorgeburtlichen Mikrokosmos.[114] Dies bedeutet ein Stück Aufhebung der patriarchalen Verzerrungen, die unsere Kultur aus ihrer Geschichte von Kämpfen unter Männern prägen. Die »Sphären«-Bücher Sloterdijks sind gewissermaßen Einübungen in diese neue Sichtweise.

Die entscheidende These lautet, daß fötale Gefühle unser Welt- und Selbstgefühl mitbestimmen. Wir machen uns die Welt dadurch vertraut, daß wir sie als fötalen Sicherheitsraum fühlen und sie dann fötal-symbolisch umgestalten, was in den Stammesgruppen sehr deutlich ist, aber in gleicher Weise für unsere Gesellschaftsgefühle gilt. Die Wirklichkeit der Stammesgruppe besteht in der magischen Gebundenheit untereinander und zur manahaften Kraft eines nabelschnur-symbolischen Totempfahls. Der ungeheure Machtzuwachs durch die Erfindung von Ackerbau und Viehzucht führte zu einer Veränderung der Gruppenphantasie in dem Sinne, daß ein allmächtiger fötaler König das Weltganze magisch zusammenhält.

Dieses System hat sich in der Geschichte im wesentlichen nicht verändert, sondern nur unendlich ausdifferenziert. Es sind dieselben archaischen Abhängigkeitsgefühle und Heilserwartungen, die die frühen und die heutigen Gesellschaften zusammenhalten und ihr Überleben ermöglichen.

Die fötale Basis dieser Gefühle erklärt meines Erachtens auch die unglaubliche Abstimmungsfähigkeit und Abstimmungsbereitschaft in menschlichen Gesellschaften, die als »Supertribes«[115] alle natürlichen Gruppengrößen, Wahrnehmungs- und Handlungsmöglichkeiten aus unserem Primatenerbe in einer phantastischen Weise überschreiten.

Diese projektiven Modelle des Totemismus und der theokratischen Monarchien waren so erfolgreich, weil sie ganz neue Handlungsmöglichkeiten jenseits unseres Instinktfeldes ermöglichten. Der Handelnde war nicht mehr in das wechselseitige Ergänzungsfeld von Instinkt und Umwelt eingebunden, sondern gewann über die fötale Projektion »kosmische Handlungsmöglichkeiten«. Er besiedelte gewissermaßen die durch eine fötale Projektion vertraut gemachte unbekannte Welt mit dem Ensemble seiner Handlungstendenzen und Affekte aus dem Primatenerbe. So beschränkt sich etwa das Neugierverhalten eines Primaten auf den instinktiv vorgegebenen Lebenskreis, während menschliches Neugierverhalten unbegrenzt die ganze Erde und den Kosmos erkunden will.

Die Begrenzung instinktiven Verhaltens durch die »triebverzehrende Endhandlung«[116] ist beim Menschen zum Teil dadurch entkoppelt, daß dieser durch die Befriedigung seiner Triebe und Wünsche auch primäre Sicherheit und Heil anstrebt. Ein Affe ist mit dem Verzehr von einigen Bananen zufrieden, ein Mensch erst mit einigen zusätzlichen Kisten Bananen, die ihm die fötalen Wünsche nach unendlichen Nährungsmöglichkeiten erfüllen.

Wenn dies auch alles spekulativ erscheinen mag und im wesentlichen bisher nur angedacht ist, so ist es doch für die Psychotherapie bedeutsam, diese Zusammenhänge mitzubedenken, weil die neurotische Symptomatik wesentlich auch durch die ständige Überaktivierung von archaischen Gefühlen bedingt ist. Wenn wir uns vergegenwärtigen, daß eine Beziehung und ein soziales Verhältnis insgesamt immer auch Garanten der Befriedigung fötaler Sicherheitsgefühle sein sollen, dann ist verständlich, wie Zweifel und Widerstand in Beziehungen und Konflikte eine solche Tiefendynamik von archaischen Gefühlen bis hin zu Mord und Krieg in Gang setzen können.

Diese archaischen Gefühle wurden im Laufe der Geschichte zunächst szenisch und rituell, etwa als Opferungen bei grenzüberschreitenden Handlungsschritten, ausgelebt. Wenn man eine riskante Unternehmung plante, aktualisierte dies wegen der primären Sicherheitsbedürfnisse archaische Geburtsgefühle, deren Konkretisierung als Opfer gewissermaßen beruhigte.[117] Wie man bei der Geburt Handlungsfähigkeit dadurch gewinnt, daß man das Liebste opfert, so meint man in einer symbolischen Weise durch symbolische Wiederholungen dieses ersten Opfers später Handlungsfähigkeit in widrigen Umständen zu gewinnen.

In bezug auf die tiefen fötalen Zusammengehörigkeitsbedürfnisse einer Gesellschaft kann eigenständiges Handeln, das diese Zusammengehörigkeit in Frage stellt, in eruptiver Weise geburtstraumatische Gefühle und traumatische Erfahrungen aus dieser Zeit aktualisieren, wie uns die Christenverfolgungen und die mittelalterlichen Strafrituale vor Augen führen. Gleichzeitig ermöglichten diese Inszenierungen Ansätze zur Verinnerlichung. So stärkten die Märtyrertode das innere Selbstbewußtsein des Christenmenschen, die Strafrituale der frühen Neuzeit bereiteten die neuzeitliche Entwicklung eines inneren Gewissens vor. Die Entstehung des Gewissens im Protestantismus und die damit wachsende Verantwortlichkeit für das eigene Tun waren, wie gesagt, die Voraussetzung für die reiche Gefühlswelt, die der psychologische Roman im 19. Jahrhundert entfaltet.

Gewissensbildung und individuelle Handlungsmächtigkeit machten auch eine projektive Externalisierung des fötalen Willens-Ich im König weniger bedeutsam und führten zur Verinnerlichung archaischer Allmachtsgefühle in eine eigene verantwortliche Handlungsfähigkeit. Unsere deutschen Klassiker haben diese Vorgänge sehr intensiv reflektiert und mitvollzogen, wie der Vers von Schiller zeigt: »Nehmt die Gottheit auf in euren Willen, und sie steigt von ihrem Weltenthron.«[118]

Um diesen psychohistorischen Verinnerlichungsschritt und die damit verbundene Aktualisierung geburtlicher Gefühle, wie er sich äußerlich in dem Revolutionsgeschehen und innerlich in Erschütterungen vollzog, zu verdeutlichen, sei Schillers Gedicht hierzu noch ausführlicher zitiert. Es geht in meiner Interpretation um das Wechselspiel von den vorgeburtlichen Gefühlen des Heiligen, geburtlichen Abgrunds- und Nichtigkeitsgefühlen und den Versuchen eines erstarkenden Ichs, dazu eine Einstellung diesseits der Ich-Projektion in eine höhere Autorität zu finden:

Wenn dem Heiligen die Schuld sich naht,
Da erblasse vor der Wahrheit Strahlen
Eure Tugend vor dem Ideale
Fliehe mutlos die beschämte Tat.
Kein Erschaffner hat dies Ziel erflogen
Über diesen grauenvollen Schlund
Trägt kein Nachen, keiner Brücke Bogen
Und kein Anker findet Grund.
Aber flüchtet aus der Sinne Schranken
In die Freiheit der Gedanken
Und die Furchterscheinung ist entflohen,
Und der ew'ge Abgrund wird sich füllen;
Nehmt die Gottheit auf in euren Willen.
Und sie steigt von ihrem Weltenthron.
Des Gesetzes strenge Fessel bindet
Nur den Sklavensinn, der es verschmäht.
Mit des Menschen Widerstand verschwindet
Auch des Gottes Majestät.[119]

Schiller beschreibt hier Verinnerlichungsprozesse von pränatalen, bisher projizierten Ich-Qualitäten in das aktuelle Ich und die damit verbundene Aktualisierung von perinatalen Ängsten. Dieser Verinnerlichungsschritt erfolgt aber noch in der Symbolik der bekannten mythologischen Gestalten des Christentums und der griechischen Antike. Der nächste Schritt in der inneren Kulturentwicklung ist das um die Wende vom 19. zum 20. Jahrhundert in der modernen Kunst und auch Psychotherapie beginnende unmittelbare erlebnismäßige Zulassen von frühester vorsprachlicher Erfahrung. Was in der Kunsttheorie als Abstraktion und Surrealismus bezeichnet wird, ist dem Wesen nach ein imaginärer Konkretismus und »Hyperrealismus«, wie Dali sich ausdrückt, der die frühen vorsprachlichen Empfindungen und Imaginationen in der künstlerischen Gestaltung unmittelbar darstellen will.[120] Dies gilt auch für Edvard Munch, der in dem Jahrhundertbild »Der Schrei« den perinatalen Schrecken ganz unmittelbar ausdrückt.[121]

V. Frühe Wurzeln neurotischer und psychosomatischer Symptombildungen

Geschichte der Hypothesen zu den Ursachen neurotischer und psychosomatischer Symptome

Die Psychoanalyse hatte von Anfang an unter dem Terminus »Neurosenätiologie« die Ursachen für neurotische Symptome und Fehlentwicklungen zu fassen versucht. Eine Teillösung dieser Frage war eine Zuordnung zu den verschiedenen Phasen der Frühentwicklung, die als orale, anale und ödipale Phasen bezeichnet wurden. Man maß dabei zunächst dem Konflikt zwischen den triebhaften Wünschen und den verbietenden Instanzen das Hauptgewicht bei. Dann wurde deutlich, daß es einen eigenen Bereich von Störungen im Selbstwertgefühl gab, die Freud in Zusammenfassung der Diskussion in der frühen psychoanalytischen Gruppe als narzißtische Störungen einordnete. Die weitere Beobachtung machte deutlich, daß archaische Ängste bei der Entstehung neurotischer Störungen eine Rolle spielen, insbesondere Vaterängste, deren archaischen Charakter Freud in phylogenetisch vorgeprägten Vaterängsten begründet sah. Spätere Spekulationen wie Überlegungen zu einem Todestrieb oder zur Triebfeindlichkeit der Kultur gingen über das Klinische weit hinaus. Hier geriet die Forschung der Freudschen Psychoanalyse im engeren Sinne ins Stocken.

Spätere Analytiker richteten ihr Interesse auf die frühe vorsprachliche Mutter-Kind-Beziehung und ihre Störungen. Die Ergebnisse in diesem Forschungsfeld hat der Heidelberger Psychoanalytiker und Psychotherapieforscher Gerd Rudolf im Konzept des »depressiven Grundkonflikts« zusammengefaßt.[122] Es geht dabei um die Sehnsucht nach einem frühen wichtigen Objekt, die nicht erfüllt wird und in Enttäuschung bis hin zur Verzweiflung des Selbst umschlägt. Neurotische und psychosomatische Symptome werden als unterschiedliche Verarbeitungsformen des depressiven Grundkonflikts verstanden. Analoge Konzepte wären die »Grundstörung« (Balint), die »neurotische Urangst« (Karen Horney) oder der »Urschmerz« (Janov).

Unabhängig von dieser herrschenden Lehrmeinung entwickelten sich die pränatalpsychologischen Annahmen zur Neurosenätiologie, die die vorgeburtlichen und geburtlichen Gefühle und ihre Verarbeitung in die Betrachtung mit einbezogen. Hierbei ergaben sich verschiedene Ansatzpunkte, um früheste vorsprachliche Erfahrung faßbar zu machen.

Beim psychoanalytischen Vorgehen kam alles auf eine szenische Intuition und Sensibilität für das frühe Erleben an, wie Rank und Graber sie zeigten. Hemmungen im Lebensprozeß wurden als Aktualisierungen von Schwierigkeiten und Traumatisierungen bei der Geburt und ihrer Verarbeitung verstanden. Ein großer Fortschritt war die Entdeckung des pränatalen Traumas durch den ungarischen Psychoanalytiker Nándor Fodor.[123] Wegen der großen Widerstände im psychoanalytischen Feld gegen die pränatalpsychologischen Ansichten bleibt der Einfluß dieser Forscher begrenzt. Erst 1971 kam es zur Gründung der Internationalen Studiengemeinschaft für Pränatale und Perinatale Psychologie und Medizin (ISPPM)[124], einem Forum für diese von der Psychoanalyse ausgehende Forschung.

Die Problemlage forderte neue Wege, wie sie außerhalb der Psychoanalyse von Janov[125], Grof[126], Kafkalides[127], und Lake[128] beschritten wurden. Das methodisch Neue war der entschiedene Wechsel auf die vorsprachliche Ebene.

Hilfreich war dabei die kontrollierte Verwendung von LSD, z. B. von Grof, Lake und Kafkalides, das die imaginative Tiefe und Fülle vorgeburtlicher, geburtlicher und nachgeburtlicher Gefühle erlebbar und nachvollziehbar machte. Das von dem Göttinger Psychoanalytiker und Psychiater Hanscarl Leuner mitbegründete Europäische Collegium für veränderte Bewußtseinszustände (ECBS) bot hier mit seinen Tagungen und Jahrbüchern ein hilfreiches Forum. [129] Die Erforschung der Tiefenschichten unserer Emotionalität mit den psychoaktiven Substanzen hatte paradigmatische Bedeutung, insofern sie unmittelbar die Präsenz frühester Erfahrung im aktuellen Erleben anschaulich erfahrbar machte.

Es ist immer noch zu bedauern, daß es durch mißbräuchliche Verwendung dieser Substanzen zu einem staatlichen Verbot kam, das weitere Forschungen, insbesondere Selbsterfahrung, blockierte. Wenn einige psycholytische Selbsterfahrungssitzungen selbstverständlicher Bestandteil psychotherapeutischer Ausbildung wären, dann hätten sich manche jahrelange Diskussionen zur Erlebnisrealität früher Erfahrung von selbst erledigt, und manche Ausblendungen der Präsenz früher Erfahrungen in der psychotherapeutischen Situation wären nicht haltbar.

Der auf Selbsterfahrung basierende Teil der Psychotherapieforschung hat dadurch viel von dem Schwung verloren, den er in den siebziger Jahren hatte. Die Innovationen Janovs[130] mit seiner rigorosen Abwendung von der Sprachebene und Hinwendung zur Ebene des Fühlens und Empfindens sorgte seinerzeit für sensationelles Aufsehen. Seine anschaulichen Beispiele zeigten, wie man durch Intensivierung aktueller Gefühle oder Empfindungen allertiefste Schichten früher bedeutsamer Erlebnisse unmittelbar erreichen konnte. Ein Kopfschmerz oder eine Druckempfindung konnte unmittelbar als Nachwirkung einer realen Druckerfahrung bei der Geburt evident werden.

Der Begriff »Primal« faßte die Beobachtungen dieser Aktualisierungserlebnisse früher Erfahrung konstruktiv zusammen. Solche Primals können in einer therapeutischen Situation angeregt werden, sich aber auch ganz spontan in einer Situation innerer Spannung oder äußerer Belastung ereignen, etwa das plötzliche Gefühl, in einem Raum eingeschlossen zu sein. Janov hat mit seinen Büchern entscheidend dazu beigetragen, daß heute die Geburtszusammenhänge einer solchen Empfindung nicht mehr so befremdlich sind, wie sie es seinerzeit waren. Seine zahlreichen Fallbeispiele veranschaulichen, wie vielgestaltig das Phänomen ist.

Für die beste Einführung halte ich immer noch sein Buch *Frühe Prägungen.*[131] Das Forum für den wissenschaftlichen Austausch der Primärtherapeuten ist die International Primal Association und die Zeitschrift *Primal Renaissance.*[132] Janov hat mit seinen Büchern eine ganze Therapeutengeneration inspiriert. Bedeutende Therapeutenpersönlichkeiten im Bereich der Pränatalpsychologie wie Barbara Findeisen[133] und William Emerson[134] verdanken ihm entscheidende Anregungen. Auch einzelne Analytiker wie Wolfgang H. Hollweg[135] nahmen seine Anregung, von der Sprachebene auf die Ebene der Empfindungen und Gefühle zu gehen, auf.

Die Anregungen dieser Forscher sind in einer sehr unübersichtlichen Form von den verschiedensten Psychotherapeuten aufgenommen und als Teilaspekt in ihre Arbeit integriert worden, im Bereich der Humanistischen Psychologie mehr, im Bereich der analytischen Psychotherapie weniger. Mit meinen Überlegungen in diesem Buch will ich die weitere Rezeption dieser wertvollen Anregungen, die immer noch nicht wirklich verarbeitet sind, unterstützen. Die Grundannahme der genannten Autoren, die frühe vorsprachliche Emotionsschicht habe grundlegende determinierende Bedeutung für unser Selbst- und Weltgefühl, hat immer noch den Augenschein gegen sich, weil die Säuglinge, mehr noch die vorgeburtlichen Kinder so klein und hilflos erscheinen, daß es schwer ist einzusehen, ihre Erfahrungen sollten das Fundament unserer Weltanschauungen bilden.

Es geht darum, hier eine neue Sicht auf die Bedeutung unserer anfänglichen Existenzbedingungen und ihrer Langzeitwirkung zu entwickeln. Die Psychologie wird hier in der Langzeitperspektive durch die Ergebnisse der physiologischen Erforschung der Langzeitwirkung von Streß[136] und der medizinischen Forschung zur Langzeitwirkung vorgeburtlicher Beeinträchtigungen unterstützt.[137] Vorgeburtlicher Streß bei Mensch und Tier hat eindeutig Einfluß auf den späteren Gesundheitszustand. Bestimmte Erkrankungen wie Diabetes, Hochdruck und andere werden durch ihn ausgelöst oder gefördert.

Psychodynamik der frühen Ebene bei der neurotischen und psychosomatischen Symptombildung

Aus der Sicht der Pränatalen Psychologie formulieren die vorherrschenden Krankheitsmodelle Störungen auf nachgeburtlicher Ebene, etwa die Spaltungsprozesse bei Melanie Klein, die Grundstörung bei Balint, die Störungen in der Wiederannäherungsphase bei Margaret Mahler oder der depressive Grundkonflikt in der Formulierung von Rudolf, um nur einige wichtige Modelle zu nennen. Die Verletzlichkeit des Säuglings und seine Angewiesenheit auf den Rückhalt in einer tragenden und unterstützenden Eltern- und insbesondere Mutterbeziehung beleuchtet einen bedeutsamen Teilaspekt, der aber die Frage nach der Bedeutung davorliegender Einflüsse offenläßt.

Meines Wissens war der englische Pränatalpsychologe David Wasdell[138] der erste, der diese Fragen in bezug auf Melanie Klein diskutiert hat, und der Pränatalpsychologe Terence Dowling[139] der erste, der diese Probleme in bezug auf C. G. Jung verhandelte. Auch ich selbst bin diesen Zusammenhängen, insbesondere in bezug auf

Freud, in meinem Buch *Psychoanalyse der vorgeburtlichen Lebenszeit und der Geburt*[140] und in mehreren Artikeln[141] nachgegangen.

Das Resümee dieser Arbeiten ist, daß die genannten psychoanalytischen Gründergestalten entsprechend dem zeittypischen Common sense, für den die Annahme eines vorgeburtlichen oder geburtlichen Lebens einfach nur absurd war, die von ihnen durchaus beobachteten Aktualisierungen von vorgeburtlichen und geburtlichen Gefühlen mythologisiert haben, etwa bei Freud als phylogenetisch vorgeprägte Vaterangst statt verschobener Mutterangst, Kastrationsangst statt Beschneidungsangst, Todestrieb statt prä- oder perinatale Vernichtungsgefühle usw.; bei Jung Archetyp der Wandlung statt positives Geburtsgefühl, Archetyp der verschlingenden Mutter statt verschlingendes Geburtsgefühl, Archetyp des Baumes statt vorgeburtliche Erfahrung der Plazenta usw.; bei Melanie Klein Todestrieb statt Vernichtungsangst vor oder während der Geburt, böse Brust statt Vergiftungserfahrung mit der Plazenta bei der Geburt, Vaters »erstickender und zerstörender« Penis statt negative Nabelschnurerfahrung bei der Geburt oder vorgeburtlicher gewalthafter Geschlechtsverkehr usw.

Ähnliche Ableitungen ließen sich auch für andere Autoren machen, doch kommt es hier auf den systematischen Aspekt an, daß vorgeburtliche und geburtliche Gefühle in der beschriebenen Weise mythologisiert wurden. Der offensichtlich problematisch-spekulative Charakter dieser Mythologisierungen löste Skepsis aus, was aber leider auch zur Verwerfung der hinter ihnen stehenden Beobachtungen führte. So beschränkte sich die spätere Ätiologiediskussion weitgehend auf die postnatalen Gesichtspunkte, obwohl man hier auch bei einzelnen Autoren eine pränatalpsychologische Intuition in ihren Formulierungen finden kann, die aber nicht explizit gemacht wird. So formuliert etwa Rudolf über die frühe Objektsehnsucht: »Ist das gesuchte frühe Objekt noch nicht personifiziert, sondern eher medial atmosphärisch, dann gewinnen die ersehnten Personen übermenschliche Züge (ein Gott, eine Göttin, ein Engel, eine gute Fee usw.) oder es wird etwas »ersehnt«, das sich schwer in Worte fassen läßt – das Glück, die Erfüllung, die Erlösung, das absolut Gute.«[142]

Ich würde hier durchaus auf dem Hintergrund von Erfahrungen in therapeutischen Situationen und den Anregungen von Grof, Janov und anderen die Präsenz vorgeburtlicher Gefühle annehmen. Jung hätte in mythologisierender Weise vom Archetyp der großen und der guten Mutter gesprochen und Freud vom »Glückstrieb.«[143] Wegen der Mutterverleugnung ist bei Freud die frühe Mutterbeziehung gewissermaßen im Triebkonzept implizit enthalten.[144]

Diese Überlegungen führen zu dem Schluß, daß auch schon die Gründergestalten der Psychoanalyse gerade beim unbefangenen Erstblick auf den neuen Kontinent des Unbewußten implizit die Präsenz vorgeburtlicher und geburtlicher Gefühle feststellten, dies aber nicht direkt ausdrücken konnten, weil der Widerstand des Zeitgeists zu groß war. Noch 1926, als Rank diesen Gesichtspunkt für die »analytische Situation« im ersten Band seiner *Technik der Psychoanalyse*[145] praktisch und anschaulich konkretisierte, war dies der Anlaß für den endgültigen Bruch mit Freud. Gleichzeitig lief eine intensive und verborgene Rezeption seines Werkes, für die es durchaus verläßliche Hinweise gibt[146], so daß verkürzte Elemente seiner Darstellung in unsystematischer Weise in die spätere psychoanalytische Behandlungstechnik, die Objektbeziehungspsychologie und die Narzißmustheorien Eingang gefunden haben.[147] Das Problem war jedoch, daß mit der Verleugnung seiner Urheberschaft auch gleich die von ihm gemachten Beobachtungen zur Bedeutung der vorgeburtlichen und geburtlichen Dimension der von ihm eingeführten Konzepte »Präödipalität« und »analytische Situation« zum Schaden der Psychoanalyse mitverleugnet wurden.

In seiner Entwicklungspsychologie, die er »Genetische Psychologie«[148] nannte, gab er die theoretische Erklärung für seine Beobachtungen in der analytischen Situation damit, daß die Mutterbeziehung vor der Geburt beginnt und diese vorgeburtlichen Beziehungswünsche in unserem späteren Erleben in unseren Beziehungen und in unserem Verhältnis zur Welt insgesamt eine fundamentale Rolle spielen.

Gerade in der Kunst ist der Tiefenbezug unserer Emotionalität vielleicht besonders direkt faßbar, wie Rank es formuliert:

> »Das Kunstwerk stellt also (...) auch in seiner Wirkung und nicht nur in seiner Schöpfung eine Einheit her, die in diesem Falle eine seelische Einheit zwischen dem Künstler und dem Empfänger bedeutet. Diese Einheit ist freilich nur eine temporäre und symbolische, aber die daraus entspringende Befriedigung deutet darauf hin, daß es sich nicht nur um die vorübergehende Identifizierung zweier Individuen handelt, sondern um die potentielle Wiederherstellung einer einmal bestandenen und verlorenen Einheit mit dem All. Die individual-

psychologischen Wurzeln des Einheitsgefühls habe ich seinerzeit im ›Trauma der Geburt‹ (1924) in dem vorgeburtlichen Zustand gefunden, dessen Wiederherstellung das Individuum im Sinne der Unsterblichkeitssehnsucht anstrebt (...) Den individuellen Drang nach Wiederherstellung dieser verlorenen Einheit habe ich seinerzeit als einen wesentlichen Faktor zur Schaffung menschlicher Kunstwerke aufgezeigt.«[149]

Über diese Unterlagerung unseres Erlebens durch vorgeburtliche Gefühle hat Peter Sloterdijk in seinen *Sphären*-Büchern in höchst kreativer und eindrücklicher Weise nachgedacht, gewissermaßen in einer Art Überredungskunst für eine Vertiefung unseres Lebensgefühls. In den verschiedensten Lebenssituationen wird dieses Ursein beschworen, in der Zusammenkunft von Gruppen, in der Gestaltung der Natur zu Gärten, im Errichten von Wohnungen, im Anlegen von Städten, überall wird die Welt einem vorgeburtlichen Ursprungsgefühl entsprechend gestaltet. Es ist nicht oder nicht entscheidend nachgeburtliche Bedürfnishaftigkeit, die hier gestaltend wirksam ist, sondern vorgeburtliches Elementarbedürfnis einer Beschwörung von Sicherheit in einer unsicheren Welt, der Sieg einer höheren oder tieferen Wirklichkeit über die Bedrohungen der äußeren Welt.

Die pränatale Dimension in der psychotherapeutischen Beziehung hat vor einigen Jahren der französische Psychoanalytiker Béla Grunberger[150] dargestellt. Sloterdijk bezieht sich in dem Kapitel »Urbegleiter«, in dem es auch um eine Tiefendimension im Erleben des Patienten in der therapeutischen Situation geht, auf die Darstellung des therapeutischen Zusammenseins bei Grunberger und formuliert: »Wer also, oder was – ist der Analytiker in dieser Szene? Er vertritt, wie es scheint, ein archaisches unpopuläres Organ, dessen Aufgabe es ist, dem fatalen Prä-Subjekt als Partner im Dunkeln zur Verfügung zu stehen.«[151]

Aus unseren herkömmlichen Denkschablonen haben wir eine systematische Schwierigkeit, uns diese Tiefenebene unserer Emotionalität in unseren Beziehungen zu vergegenwärtigen, die in gleicher Weise in der Psychoanalyse wirksam ist, wie der Philosoph Thomas Macho erläutert[152], den Sloterdijk zustimmend mit der Feststellung zitiert:

»(...) daß die Psychoanalyse selbst in ihrer Theoriesprache eine Gefangene der altabendländischen Grammatik geblieben sei, auch wo sie in

> ihren Begegnungs-Arrangements längst Gründe entdeckt hätte, die scheinbaren Subjekt-Objekt-Beziehungen in mediale Prozesse aufzuheben. Erst nach einer grundbegrifflichen Revision könnte die Psychoanalyse – immer noch die ihrem theoretischen wie therapeutischen Potential nach interessanteste interpersonale Nähe-Praxis in der modernen Welt – sich auch in der angemessenen Nähe-Sprache darstellen. Von da an könnte sie offen ansprechen, daß jede Beseelung ein Medienereignis ist – daß alle seelischen Störungen Teilhabeverzerrungen sind, man könnte sagen Medienkrankheiten. Die Fixierung an die Objekte ist selbst die logische Matrix der Neurose.«[153]

Bei dieser vielleicht etwas umständlich erscheinenden Einleitung geht es darum, eine Perspektive auf neurotische und psychosomatische Symptomatik zu gewinnen, die die Wechselbeziehung von vorgeburtlicher und nachgeburtlicher Lebenswelt und die Geburtsdynamik selbst als Bezugspunkt im Blick behält, einfach deshalb, weil dieses Wechselverhältnis und die Dynamik der Geburt basal unser In-der-Welt-Sein und unser Verhältnis zu uns selbst bestimmt und formt. Dies soll nun an einzelnen Symptomen beispielhaft erläutert werden.

Das Symptom als Ausdruck einer Beziehungsüberforderung

Neurotische und psychosomatische Symptome als Ergebnis von Überforderung in Beziehungen aufzufassen, erscheint als sehr allgemeine Formel, in der verschiedene Aspekte bisheriger Theorien zur Psychodynamik von Symptomen untergebracht werden können. In der frühen Psychoanalyse war der entscheidende Aspekt zunächst die Sexualunterdrückung durch eine überwertige und verständnislose Moralvorstellung; das Symptom war Ausdruck einer Sexualverdrängung wie im Konversionssymptom der Hysterie oder Ausdruck übermäßiger Disziplinierung wie in der Zwangsneurose. Dabei stand die Vaterbeziehung im Vordergrund.

Durch die Überlegungen Adlers[154], daß das Symptom die Verarbeitung einer frühen Ohnmachts- und Entwertungserfahrung und ein Aufbegehren dagegen zum Ausdruck bringt, rückte auch die Mutterbeziehung ins Blickfeld. Freud versuchte, sich gegenüber diesen neuen Gesichtspunkten mit seiner These vom primären Narzißmus zu behaupten, der durch die Geburt verlorengeht, wobei es in den Bemühungen des sekundären Narzißmus darum geht, eine möglichst große Nähe zum primären Narzißmus wiederherzustellen.[155]

Der primäre Narzißmus war im Verständnis Freuds Ausdruck einer guten pränatalen Zuständlichkeit, »wo Trieb und Ich noch friedlich beisammen sind«. Adler wiederum sah als Wurzel des Minderwertigkeitsgefühls nicht nur die Beeinträchtigung in der Säuglingsbeziehung, sondern im Grunde die pränatale Beeinträchtigung: »Die Minderwertigkeit ist embryonalen Ursprungs.«[156] Auch in den Formulierungen Jungs zur Urlibidio und pränatalen Regression im archetypischen Bezug[157] geht es um die pränatale Dimension neurotischen Konfliktgeschehens.

Alle drei Schulengründer gehen in ihrer psychologischen Intuition von einer zentralen Rolle der pränatalen Situation aus. Diese korrekte Setzung der Grundkoordinaten ist meines Erachtens ein Hauptgrund für die Stärke ihrer Theorien durch die Jahrzehnte bis in unsere Zeit, weil sie die neurotische Konfliktdynamik bis zu ihren Ursprüngen ausgelotet haben. Das Problem war, daß die frühe Mutterdimension damals in einer patriarchal verfaßten Gesellschaft nur sehr schattenhaft wahrgenommen werden konnte, weshalb die Schulengründer die Rolle von Vermittlern geheimnisvoller Botschaften übernahmen und die Anhänger wie einen Geheimbund an sich ketteten.

Als dann Rank die vorgeburtlichen und geburtlichen Zusammenhänge neurotischer Symptomatik im *Trauma der Geburt* offen aussprach, indem er Asthma und Kopfschmerzen unmittelbar als Rückgriff auf perinatale Erfahrungen auffaßte, gab er so etwas wie ein Betriebsgeheimnis preis, was im Tabu um unsere Geburt verborgen war. Er hatte etwas ausgesprochen, das in den dunklen Reden der Meister geahnt, aber nicht für jedermann verständlich ausgesprochen werden durfte. Die danach erfolgte Ausgrenzung führte dazu, daß in direkter Weise über die vorgeburtlichen und geburtlichen Wurzeln neurotischer Symptome nur noch in der pränatalpsychologischen Hintergrundstradition von mutigen Einzelgängern gesprochen wurde, etwa von Phyllis Greenacre, Fodor, Winnicott und wenigen anderen, wie ich dies an anderer Stelle dargestellt habe.[158]

Nach den intuitiven Einsichten der Gründergeneration, die mit ihren radikalen Annahmen das Eis für einen Diskurs seelischer und körperlicher Beschwerden gebrochen hatten, erfolgte die spätere Diskussion im Mainstream, dem vorherrschenden patriarchalen Zeitgeist entsprechend, zunächst in dem von Freud und Adler eröffneten Raum nachgeburtlicher Entwicklung von ödipaler Phase bis zur Säuglingszeit[159], also vom ödipalen Konflikt bis zum depressiven Grundkonflikt.

Hier wurde in immer neuen Anläufen und auf immer sorgfältiger gegeneinander abgegrenzten Ebenen die Störungsdynamik und ihre Folgewirkungen vermessen. Immer genauer wurde die Analyse früher Beziehungstraumatik in der aktuellen therapeutischen Situation und im Wechselspiel der Gefühlsdynamik zwischen Therapeut und Patient, Übertragung und Gegenübertragung.

Dabei hat es den Anschein, daß die Psychoanalyse im engeren Sinne den Vorteil einer systematischeren Theoretisierung des Geschehens hat, während andere Verfahren wie Körpertherapie, Atemtherapie, funktionelle Entspannung usw., in denen die vorsprachliche Dimension des Settings expliziter ist, oft die frühe vorsprachliche Ebene direkter erreichen und deshalb im Einzelfall therapeutisch sehr rasch hilfreich sein können, insofern der Therapeut beim Patienten dort ansetzen kann, wo sich die frühe Beziehungsentgleisung ereignet hat. Korrigierend kann er das vermitteln, was damals fehlte, z. B. spezifische Berührung und Sicherheit, nicht im Sinne einer Ersatzbemutterung, sondern im Sinne eines Angebots eines für den jeweiligen Patienten spezifischen Nachentwicklungsraumes, von dem aus er einen Neubeginn wagen kann.

In bezug auf die Analyse heißt es, sie werde in der Abstinenz durchgeführt. Dabei wird aber übersehen, daß im analytischen Arrangement mit den regelmäßigen Stunden, der gleichmäßigen Zuwendung und dem aufnehmenden Verstehen genau und intensiv das gegeben und eingeräumt wird, was in der frühen Situation der Beziehungskatastrophe verlorenging. Es wird ein Beziehungs- und Nachentwicklungsraum angeboten, und das von den verschiedenen Therapien in sehr ähnlicher Form, so unterschiedlich auch die Theorien sein mögen. Hier sehe ich auch einen wesentlichen Grund für die große Ähnlichkeit der Therapieergebnisse. Das große Problem scheint mir zu sein, daß die pränatale Dimension im therapeutischen Arrangement ausgeblendet ist und deshalb auch diese Dimension in der Symptombildung nicht erkannt werden kann. Damit komme ich auf die Psychodynamik der Symptombildung zurück, um dann an späterer Stelle die therapeutischen Gesichtspunkte zu behandeln.

Aus der pränatalpsychologischen Sicht ist für eine gute Entwicklung entscheidend, daß in den Wechselfällen von Beeinträchtigungen und Nöten, sei es vor, während oder nach der Geburt, nicht die Erlebniskontinuität verlorengeht.[160] Am Beispiel der Geburt geht es darum, das gute Vorgeburtliche – Geborgenheit, Sicherheit und Zuwendung – im Nachgeburtlichen wiederzufinden. Schon sehr wenig kann ausreichend sein. Wir sind erstaunlich robuste Wesen. Aber wenn es zu einem Bruch dieser Erlebniskontinuität kommt, dann tritt die Überforderung in der Beziehung ein, die ein Referenzpunkt für die weitere Entwicklung ist, insofern als sie in der Bemühung um nachträgliche Bewältigung immer wieder in Abwandlungen wiederholt oder rekapituliert oder auf alle mögliche Arten vermieden wird.

Solch ein Bruch kann ein pränatales Trauma sein, wie etwa bei überlebten Abtreibungsversuchen[161], ein perinatales Trauma wie eine schwierige Zangengeburt oder ein postnatales Trauma wie Verlassenheit. Da nun die Faktoren, wie z. B. eine elterliche Ambivalenz, die vor der Geburt wirksam war, auch häufig später wirksam sind, so kann es immer wieder zu gleichsinnigen Belastungen kommen, die sich gegenseitig verstärken. An anderer Stelle habe ich dies als »kumulatives Trauma«[162] bezeichnet. Dann ist scheinbar vom älteren Kind oder Erwachsenen her gesehen die Geburt eines Geschwisters, ein Umzug, ein Streit der Eltern, eine Zurücksetzung in der Schule oder im Beruf die »Beziehungskatastrophe«, die einen aus der Bahn geworfen hat. Die früheren traumatischen Ereignisse blenden sich in einer unerkannten Weise in dieses Ereignis hinein und laden es auf.

Der Analytiker versucht, die früheren Ereignisse aufzudecken, um dann nacheinander eine Verarbeitung zu ermöglichen. Doch war schon in der Frühzeit der Analyse aufgefallen, daß man bei diesem Vorgehen auf archaische Urkonflikte und Urängste stößt, die nicht im Biographischen zu begründen waren, weshalb Freud die Hypothese der phylogenetischen Vorprägung zu Hilfe nahm. Heute ist jedoch die Erforschung der Auswirkung von frühen Traumen so fortgeschritten, daß wir die Hypothese der phylogenetischen Vorprägung einer Kastrationsangst als Projektion einer katastrophischen Beschneidungserfahrung erkennen können. In den verschlingenden Ogern und Monstern, die Jung beschreibt[163], erkennen wir heute aufgrund der breiten klinischen Erfahrung bei der Aktualisierung früher perinataler Erfahrung eindeutig eine Symbolisierung von Geburtsnöten und -ängsten.

Der entscheidende Gesichtspunkt ist, daß gemäß Freud es bei jeder Symptombildung auch um die primärnarzißtische Dimension und die Urverdrängung geht oder um die Wiedergeburt, um es mit Jung zu sagen, um die Wiedergewinnung der Selbstachtung, die durch früheste Beeinträchtigung verlorenging, wie Adler es beschrieb, oder um die Freisetzung kreatürlicher und kreativer Vitalität im eigenen Willen, die sich unter ungünstigen Bedingungen nur im negativen »Kunstwerk« der Neurose ausleben konnte, wie Rank es konzipierte.

Diese Formulierungen sollten deutlich machen, wie am Beginn der Psychoanalyse die Tiefendimension des Lebensanfangs in den Formulierungen der Symptombildung gegenwärtig ist, zum Teil mehr in intuitiver und spekulativer Form, weshalb man sich später in dem Bemühen, die Theorie praxisnah und nachvollziehbar zu machen, mehr auf den postnatalen Entstehungsbereich beschränkte. Diese Perspektive läßt jedoch außer acht, daß wir immer aus der Gesamtheit unserer Lebensgeschichte heraus leben, daß vorgeburtliche und geburtliche Gefühle lebenslang entscheidende Referenzpunkte bleiben. Sloterdijk hat in seinen *Sphären*-Büchern gezeigt, daß zentrale Elemente unserer Theologien und Philosophien im Versuch, »das Ganze zu denken«, von jeher in einer imaginären Form diesen Bezug zu vorgeburtlichen Seins- und Bindungsgefühlen hatten.[164]

Zum einen dienen diese vorgeburtlichen Gefühle als eine Art Reservewelt, auf die man sich in der Not beziehen kann, zum anderen erlaubt der Bezug darauf kreative Neuschöpfungen in der äußeren Welt und das Erreichen neuer Lebenslösungen. Dabei ist das neurotische Symptom so etwas wie eine Kurzschlußlösung. Eine Auseinandersetzung um Einfluß in einer Partnerbeziehung, in der man sich nicht durchsetzen kann, wird in Aktivierung eines Geburtsgefühls zur Angst, vom anderen verschlungen zu werden. Auf der frühen Ebene der Geburt war der Mut zur Durchsetzung durch eine überwältigende Eröffnungsphase zum entmutigenden Gefühl des Verschlungenwerdens geworden und behinderte später die Durchsetzungskraft. So beruhen unsere sozialen Interaktionen auf Urgebärden archaischer Handlungsgestalten, die in unendlichen Alltagsinteraktionen normalerweise ganz verborgen bleiben und durch

Realbezüge verdeckt sind, die aber im »Notfall« auch immer wieder freigelegt werden können und dann wie »Symptome« wirken. Kurz: Aus der Freiheit unseres symbolischen Handelns und Fühlens wird der Zwang des Symptoms.

Vom Patienten her gesehen ist das Symptom Ausdruck eines Selbstheilungsversuches in einer aktuell unlösbaren Situation, deren »Lösung« zunächst die Aktivierung einer dahinterstehenden von früher her noch wirksamen analogen Situation ist. Die Spannungen dieser früheren Situationen konstituieren dann das Symptom. Eine Frau verliebt sich in einen Mann, der dadurch nicht erreichbar ist, daß er sich von seinen Eltern lenken läßt. Die Frau reagiert mit einem Rückzug in die Depression, mit Gefühlen des Grauens und der Entfremdung. Die dahinterstehende ungelöste frühere bzw. früheste Situation war, daß sie als Kind unwillkommen war und nach der Geburt von einer Tante versorgt wurde, weil die Mutter berufstätig war, wodurch das Verhältnis zur Mutter nachhaltig gestört wurde. Heute hat sie Zweifel am eigenen Wert und der eigenen Bedeutung. Um die Konfliktsituation mit dem Mann konstruktiv zu entwickeln, wäre sie gerade auf ein intaktes Selbstgefühl angewiesen. Ein solcher Konflikt ist kaum aus eigener Kraft zu lösen. Hier ist eine Therapie anzuraten, wo die Patientin etwas von der Trauer, dem Grauen und der Entfremdung aus der Situation des Unerwünschtseins durchleben, nachträglich integrieren und gerade aus der Bewältigungserfahrung mit dem Therapeuten ein neues Selbstvertrauen aufbauen kann. In der therapeutischen Situation kann sie erleben, daß ihre scheinbare Schwäche Ausdruck einer vitalen Reaktion auf die frühe Beeinträchtigung war, und damit zu den Quellen ihrer kreatürlichen Vitalität zurückfinden.

Es ist bedeutsam, daß das sogenannte Symptom die Bedeutung als Krankheitszeichen nur auf der Ebene sozialer Funktionsfähigkeit hat und besagt, daß diese durch das Symptom einer Raumangst oder einer Depression in einem solchen Ausmaß eingeschränkt ist, daß eine Psychotherapie sinnvoll ist und eine Krankenkasse entsprechend den geltenden Richtlinien die Kosten übernehmen wird. Auf der vertikalen Ebene der Lebensgeschichte und der Therapie ist das Symptom kein Krankheitszeichen, sondern Ausdruck eines Selbstheilungsversuches und zugleich ein Angebot an den Therapeuten, die frühe Szene und die in ihr zum Ausdruck gebrachte Not verstehend aufzunehmen, ihr einen eigenen Raum zu schaffen und den Patienten dabei zu unterstützen, sie kreativ zu entwickeln. Dies wird später im einzelnen erläutert.

Die Krankheitslehre der ursprünglichen Psychoanalyse stammt noch aus der Zeit einer hierarchischen Kluft zwischen Arzt und Patient als Verhältnis zwischen einem Gesunden und einem Kranken. Die Not des Patienten wurde erst einmal als Krankheit und nicht, wie in der späteren Psychoanalyse, als Beziehungsangebot aufgefaßt. Trotzdem wird die objektivierende Krankheitslehre immer noch als Lehre aufrechterhalten, was für praktische Ordnungsbedürfnisse hilfreich und auf der Ebene der sozialen Funktionsfähigkeit ausgesprochen nützlich sein kann. Aber in bezug auf die therapeutische Situation sind diese Kategorien, die in der Anfangszeit der Psychoanalyse hilfreiche Orientierungssysteme und Mittel zur Organisierung sehr komplexer und schwieriger Erfahrungen waren, nur hinderlich. Hier kommt es gerade darauf an, eine Not wirklich zu verstehen, nachzuvollziehen und konstruktiv anzunehmen.

Das Problem ist, daß die Ursachen dieser Not weit im Vorsprachlichen, Geburtlichen und Vorgeburtlichen liegen können, weil wir in der vorgeburtlichen und geburtlichen Zeit basale existentielle Gefährdungen, welcher Art auch immer, durchlebt haben und diese in Notsituationen wieder aktualisiert werden können. Nach der Geburt und dann besonders von der Kleinkindzeit an haben wir ganz andere Handlungsspielräume und Freiheiten. Für das Kind vor und während der Geburt geht es aber sehr häufig auch rasch um Leben oder Tod. Sensible Geburtshelfer können heute sehr wohl nachvollziehen, was es für die vitalen Gefährdungsgefühle eines Kindes bedeutet, wenn die Herztöne schwächer werden, die Sauerstoffsättigung sinkt, der Druck auf den Kopf steigt oder wenn das Kind vor der Geburt keine spontanen Bewegungen mehr macht.

Wie schon an früherer Stelle dargelegt, haben die Psychotherapien, die mit einem vorsprachlichen Setting arbeiten, hier einen Vorteil, weil sie die Aktualisierung der vorsprachlichen Situation gewissermaßen pur erfassen. Dies ist auch der Grund, warum in diesem Feld sehr konstruktive Symptomkategorien entwickelt worden sind, die leider jedoch wegen der Zersplitterung im psychotherapeutischen Feld keinen Eingang in die Diskussion mit der etablierten Krankheitslehre der Psychoanalyse gefunden haben. Es ist dies die Kategorie von Janov einer »ersten Ebene« tiefer vegetativ-affektiver Symptome mit frühen Wurzeln im ersten Lebensjahr bis zurück in die Zeit vor der Geburt.[165] Ähnlich anregend sind die Einteilungen von Grof aus seinen Beobachtungen bei der LSD-Selbsterfahrung von sogenannten COEX-Systemen, eine Abkürzung für Condensed-Experience-Systeme, Konglomerate von verdichteten Erfahrungen, meist von Gefährdungs- und Noterfahrungen, die ihre Wurzeln in vorgeburtlichen, geburtlichen und nachgeburtlichen Schlüsselsituationen haben können.[166]

Diese Koordinaten zur Symptomerfassung, die ganz aus der klinischen Situation der regressiven Erfahrung in der Primärtherapie oder der LSD-Therapie entwickelt worden sind, haben den Vorteil einer großen klinischen Erfahrungsnähe und sind deshalb therapeutisch sehr konstruktiv, weil sie genau die Problemaspekte hervorheben, die für den Therapeuten zur Orientierung bedeutsam sind. Ohne Zweifel können hier gerade auch analytisch orientierte Psychotherapeuten viel von den Therapeuten mit vorsprachlichem Setting lernen – das gilt ganz allgemein und nicht nur für Beobachtungen in der Primärtherapie oder der LSD-Therapie, sondern ebenso für Beobachtungen in der Kunst , Körper- oder Atemtherapie. Tilman Moser hat hier mutigste Pionierarbeit geleistet.[167] Nur zu einem Teil ist die Verstehensebene der Deutungen wichtig. Ebenso bedeutsam, wenn nicht im therapeutischen Sinne bedeutsamer, ist, wie Rank herausgearbeitet hat, das therapeutische Erlebnis[168], weil vorsprachliche Erfahrung sich nur im Erleben, Reagieren und Verhalten mitteilen kann und in den sogenannten Symptomen auch so ausgedrückt wird. Diese sind sehr häufig unmittelbare Erinnerungen oder Aktualisierungen aus der vorsprachlichen Ebene.

Der Regressionstherapeut Wolfgang H. Hollweg hat hier den konstruktiven Terminus »Erinnerungssymptom«[169] geprägt und die vielfältigen Erscheinungsformen dieser Erinnerungssymptome an vielen klinischen Beispielen demonstriert. Der Erinnerungsaspekt von Symptomen, der praktisch und therapeutisch so bedeutsam ist, kann sich maskieren, wenn die vorgeburtlichen und geburtlichen Ursachen der Symptome, die die Aktualisierung prägen, nicht in Betracht gezogen werden. Leider sind die Forschungsbereiche in ihren eigenen Subkulturen zur Zeit noch so weit voneinander getrennt, daß eine befruchtende, grenzüberschreitende Diskussion der Wechselwirkungen zwischen »First-line-Symptomen« bei Janov und »somatoformen Körpersymptomen«, wie sie von den Psychosomatikern Gerd Rudolf und Peter Henningsen[170] dargestellt wurden, nicht stattfindet. Dabei werden nach meinem Eindruck dieselben Symptome beschrieben, bei Janov auf der Ebene ihrer Erscheinungsweise in einer primärtherapeutischen Sitzung und bei Rudolf und Henningsen auf der Ebene der Erscheinungsweise einer konventionellen Arzt-Patienten-Ebene mit magischen und imperativen Heilserwartungen.

VI. Frühe Wurzeln von Beziehungskonflikten

Geschichtlicher Wandel im Verständnis des Wesens menschlicher Beziehungen

Die Umschichtungen in der europäischen Mentalität im Zuge der Aufklärung im 18. Jahrhundert, die eine Rücknahme von Projektionen und eine damit verbundende Ich-Stärkung war, bedeutete gleichzeitig, eine Tiefendimension menschlicher Beziehungshaftigkeit bei sich selbst zu erfassen, die bis dahin in den religiösen und den auf den König bezogenen Heilsgefühlen untergebracht war. Es war die Entdeckung des »tierischen Magnetismus« oder der hypnotischen Beziehungsebene, die diesen Umschwung in der Mentalität markierte. Es war insbesondere der amerikanische Psychotherapie-Historiker Ellenberger, der die wissenschaftsgeschichtliche Bedeutung von Mesmer herausstellte und beschrieb.[171] Die geistesgeschichtliche Dimension der Entdeckung Mesmers wurde von Sloterdijk im *Zauberbaum* ausgelotet; eine persönliche Würdigung gab Stefan Zweig, und die konkrete »tiefenpsychologische Bedeutung« wurde von Terence Dowling dargestellt.[172]

Immer wieder hatten Autoren des 19. und 20. Jahrhunderts intuitiv die hypnotische Beziehung als »magnetischen Kreis«, als Beziehung zwischen der schwangeren Frau und ihrem Fötus, als »Zurückfallen in den primären Ruhezustand, der während des fötalen Lebens besteht«, und als »Regression der Psyche auf den fötalen Zustand« interpretiert. Diese Meinung wurde nach einiger Diskussion auch von Ferenczi und Rank vertreten.[173] Damit ist eine vorsprachliche Tiefendimension menschlicher Beziehungshaftigkeit benannt, die für jede Psychologie und Psychotherapie immer wieder eine erneute Herausforderung ist. Die von Ferenczi[174] geforderte Klärung der Zusammenhänge durch eine »Fötaltheorie« erwies sich als wesentlich schwieriger, so daß wir immer noch mit den Fundamenten einer solchen Theorie beschäftigt sind.

Entsprechend seiner Ausblendung des frühen Mutterbezuges konnte Freud diese Tiefenebene der Beziehung nur in ihrer Reflexion im Rahmen einer reiferen Beziehung, insbesondere auf der Ebene der Vaterbeziehung fassen, deren Aktualisierung in der analytischen Situation bei ihm ganz im Vordergrund stand. Die hierher gehörende primärnarzißtische Dimension war in einer merkwürdigen Weise als eine Nichtbeziehung charakterisiert. Man kann und sollte wegen der systematischen Bedeutung, die die Kategorisierungen Freuds haben, durchaus über die Ursachen in Belastungen in seiner frühesten Mutterbeziehung nachdenken, die für diese Verzerrungen und Ausblendungen in der Wahrnehmung des Mütterlichen und Weiblichen bedeutsam sind.[175] Dabei war sich Freud rational durchaus darüber im klaren, daß es bei der Übertragung um die gleichen Kräfte geht, die auch im tierischen Magnetismus und in der Suggestion wirksam sind.[176] Die Untersuchung dieser Tiefenkräfte in der menschlichen Beziehung auf der sprachbezogeneren Vaterebene ermöglichte wiederum die so konstruktive Reflexivität von Tiefenemotionen, wie sie in der analytischen Literatur dargestellt ist.

Es geht hier also um die magische Ebene in menschlicher Beziehung, die ihre Wurzeln in der vorgeburtlichen und frühen vorsprachlichen Beziehungserfahrung hat. Diese magische Beziehungsebene war, so möchte ich vermuten, zu einem großen Teil in den sozialen Beziehungen inszeniert. Die Magie der Krone und das Numinosum der heiligen Verrichtungen der Priester waren Ausdrucksformen einer pränatalsymbolischen sozialen Trance, die von den zwischenmenschlichen Bezauberungsmöglichkeiten der Romantiker und des psychologischen Romans abgelöst wurden. Es ist dies ein erstaunlicher Verinnerlichungsprozeß, der mit der Entwicklung der modernen Psychotherapien und der modernen Kunst noch einmal eine neue Dimension gewonnen hat. Man könnte auch sagen, daß in der Aufklärung und in der Romantik der Jugendliche in uns selbst, in der Psychoanalyse das Kind in uns selbst, in der Säuglingsforschung der Säugling in uns selbst entdeckt und schließlich in den Schriften der Pränatalen Psychologie und in den philosophischen Darstellungen Sloterdijks so etwas wie ein Gewahrwerden des Kindes vor der Geburt, das wir einmal waren, bzw. seines Fortlebens in uns und unseren Beziehungswünschen vollzogen werden.

Pränatale Beziehung

Es ist der Philosoph Hegel, der die pränatale Ebene in menschlichen Beziehungen wohl als erster direkt benannt hat. Er bezeichnet die pränatale Mutter als »Genius« des vorgeburtlichen Kindes:

> »Von diesem magischen Verhältnis kommen anderwärts im Kreise des bewußten, besonnenen Lebens sporadische Beispiele und Spuren, etwa zwischen Freunden, insbesondere nervenschwachen Freundinnen (ein Verhältnis, das sich zu den magnetischen Erscheinungen ausbilden kann), Eheleuten, Familienmitgliedern, vor.«[177]

Vielleicht hängt diese Klarsicht Hegels damit zusammen, daß sich in ihm der geistige Umschwung von einem theologischen zu einem eigenständigen philosophischen Denken in besonders intensiver Weise vollzog. Vielleicht ist ja auch noch folgender Gesichtspunkt dafür bedeutsam, daß sich die Nebel der pränatalen Projektionen um 1800 und dann im 19. Jahrhundert zunehmend lichteten: Durch die Industrialisierung, die Erschließung der natürlichen Energien und die Fortschritte in der Landwirtschaft, insbesondere durch das Düngen, waren die Menschen zunehmend von dem Überlebenskampf in einer unsicheren Welt befreit. Die abgründige Bedrohung in den historischen Gesellschaften hatte bis dahin durch die sozialen Inszenierungen pränataler Heilszustände in den adeligen Gesellschaften und ihren Palästen und dem überirdischen Prunk der Kirchen ein beruhigendes Gegengewicht gefunden.

In unseren westlichen Gesellschaften geht es nicht mehr um das physische, sondern um das psychologische und beziehungsmäßige Überleben. Wir stellen fest, daß wir in einer intensiveren Form aufeinander reagieren und uns auch genauso persönlich stärker gefährden und verletzen können, als man dies früher annahm. Die Tiefenebene in menschlichen Beziehungen, in der es um seelisches Heil oder Unheil geht, war auf die Ebene des Bezuges zu göttlichen Personen verschoben, jetzt wurden wir uns dieser existentiellen Ebene in den Beziehungen inne. Bei Sartre heißt es: »Die Hölle, das sind die anderen.« Gerade an den oft unverständlichen Nöten in unseren Beziehungen kann uns die Tiefenebene von Beziehungen deutlich werden. Doch hat es hier insgesamt bei uns in den letzten 20 Jahren einen Einstellungswandel gegeben. War davor die Annahme einer Beziehung zum Kind vor der Geburt versponnen oder dem geheimen Wissen von Frauen zugehörig, so ist es heute für junge Paare selbstverständlich, sich zu ihrem Kind in Beziehung zu setzen und sich dafür auch Unterstützung zu holen.[178]

Dazu kommt, das das bisherige Tabu um die pränatale Beziehung durch das Buch *Weltfremdheit* von Peter Sloterdijk durchbrochen erscheint. In immer neuen Wendungen versucht er, die frühe Wirklichkeit vorgeburtlicher Beziehung sprachlich zu erschließen: »Zu den Merkmalen der fötalgnostischen Selbstentwicklung gehört – wie man heute zu wissen meint – ein tiefenmusikologischer Aspekt, der das tonisierte Stimmungswesen Mensch mitbildet, und eine plazentologische Dimension, die die ursprüngliche Hinordnung des Selbst auf eine Hülle, einen Genius, einen Begleitengel, oder ein Proto-Objekt umfaßt.«[179] Er führt diesen Gedanken in *Sphären I* weiter und spricht von einer »fluidalen« Kommunion zwischen Mutter und Kind und einer »psychoakustischen Initiation des Fötus in die mutterleibliche Klangwelt«. In sensibler Differenzierung und eindrucksvollen Bildern gelingt es Sloterdijk, etwas von der Wirklichkeit vorgeburtlicher Beziehung sprachlich zu erfassen und Grundgedanken der Pränatalen Psychologie so überzeugend zu vermitteln, daß das sonst nur Geahnte oder Gespürte zugänglich wird. Für die Psychotherapie bedeutsam sind seine Erfassungen der vorgeburtlichen Beziehung zur Plazenta als einem »Urbegleiter«[180], der in intimen ebenso wie in therapeutischen Beziehungen in einer hintergründigen Weise wieder gegenwärtig werden kann. Insgesamt kann auf die Bücher Sloterdijks als notwendige Basisliteratur für den Psychotherapeuten verwiesen werden. Sie sind eine hohe Schule der uns möglichen Erkenntnisse über die Anfänge seelischen Erlebens und menschlicher Beziehung.

Vorsprachliche Beziehungskonflikte

Von Menschen, die in der vorgeburtlichen Zeit oder bei der Geburt besondere Not- oder Gefährdungszustände durchzustehen hatten, können wir viel über die Eigencharakteristik frühester Erfahrung lernen. Zunächst ist da die merkwürdige Intensität von Wirklichkeit bei vorgeburtlichen Gefühlen. So kann etwa eine vorgeburtlich erlebte Ablehnung als existentielle Überzeugung, die Leute seien gegen die eigene Person negativ eingestellt, immer wieder in die Wirklichkeit sozialer Wahrnehmung hineindrängen. Das frühe Gefühl, unwillkommen zu sein, hat eine merkwürdige Penetranz und Evidenz, die sich dann ihre Argumente bis hin zum paranoiden Gefühl sucht. Das sogenannte paranoide Gefühl wäre in sich eine Art Prototyp eines pränatalen oder perinatalen Gefährdungsgefühls.

Sogenannte paranoide oder wahnhafte Überzeugungen können durchaus Widerspiegelungen realer Gefahren vor oder während der Geburt sein. So hatte ein Klient von Dowling die wahnhafte Idee, der Teufel wolle ihn »brennen«. Dahinter stand die reale Erfahrung von Abtreibungsversuchen mit heißen Bädern.[181] Auch starke Unwertgefühle, wenn man sich als vollkommen wertlos und absolut häßlich wahrnimmt, können einfach Erinnerungen an vorgeburtliche Zurückweisungen sein, wie insbesondere die Fallbeispiele des griechischen Psychiaters und Psychotherapeuten Athanassios Kafkalides[182] zeigen, wo sich eine Symptomatik von Depression und Selbstentwertung in der LSD-Selbsterfahrung als vorgeburtlicher Ablehnungs- und Verfolgungszustand offenbart. Aber auch die Öffnung und Unterstützung der inneren Wahrnehmung kann in manchen Fällen beispielsweise Zusammenhänge zwischen depressiven Gefühlen und entsprechenden Konflikten der Mutter vor der Geburt zugänglich machen.[183]

Die Urbeziehung und die spätere Beziehung stehen in lebenslangem Wechselbezug, wobei ein Teil unseres individualistischen Kulturideals darin besteht, diesen Wechselbezug auf der inneren Bühne erlebten Gefühls in sich selbst auszutragen, um auf dieser Ebene für die eigene seelische Integrität Verantwortung zu übernehmen. Um dies leisten zu können, sind wir auf relativ intakte und kontinuierliche Beziehungen in der frühesten Kindheit angewiesen, um überhaupt ein solches Erleben zulassen zu können und nicht von frühen Schreckerfahrungen überwältigt zu werden.

Der zentrale Gesichtspunkt ist dabei: Ebenso wie die Eltern uns nachgeburtlich primäre Sicherheit geben wollen, versuchen wir, in unserem Ich einen Teil der vorgeburtlichen Sicherheit auf den neuen Wegen der nachgeburtlichen Zeit wiederherzustellen. Was zum Teil wie die Kompensation einer Notsituation, der Frühgeburtlichkeit, aussieht und auch ist, wird zum anderen zur Quelle einer ungeahnten Autonomie. Das Baby als Nachfolger und Stellvertreter des vorgeburtlichen Kindes kann unter guten Bedingungen einen Teil des vorgeburtlichen Lebensgefühls, wie uneingeschränkte Wunscherfüllung und Allmacht, auf der neuen Lebensebene wiederherstellen.

Im Daumenlutschen, in bestimmten rhythmischen Bewegungen oder im Spiel mit bestimmten Sicherheits- und Übergangsobjekten kann das Baby versuchen, vorgeburtliche sensorische Qualitäten wiederzufinden. Das Kleinkind wiederum als Nachfolger des Babys versucht, auf der neuen Lebensebene vorgeburtliche Ganzheit insbesondere dadurch herzustellen, daß es in seinen Spielen die fötalen Urereignisse beschwört und durchspielt. Unentwegt ist es mit seinem Teddy als plazentarem Urbegleiter befaßt, ohne Unterlaß können Murmeln durch irgendwelche Tunnel rollen, kann es in Geschicklichkeitsspielen um das Versenken einer Kugel in ein Loch gehen, wie bei der Geburt um die Anpassung zwischen dem kindlichen Kopf und dem mütterlichen Becken. Dadurch ergibt sich eine menschenspezifische phantasmatische Handlungswelt, die den Hintergrund für die spätere Lebensgestaltung abgibt. Anhand von Längsschnittbeobachtungen der Interaktion von Zwillingen von der Zeit vor der Geburt bis ins dritte Lebensjahr, wie sie die italienische Psychoanalytikerin Alessandra Piontelli durchführte, können wir dieses Nachspielen von intrauteriner Situation im späteren kindlichen Spiel sogar unmittelbar nachvollziehen.[184]

Umgekehrt können Beeinträchtigungen in der Frühzeit zu lebenslangen nachträglichen Wiederholungen und Reparationsversuchen führen. Dabei war Freud erschüttert über den Wiederholungscharakter von Unglückserfahrungen.[185] Er sah die Kräfte zu konstruktiven Entwicklungen als oft zu begrenzt im Vergleich zu äußeren und inneren Widerständen an. Insbesondere nahm er an, daß sich das Ich gewissermaßen in der Vaterbeziehung, in der Polarität zwischen Sehnsucht nach dem Vaterschutz und Angst vor dem Vater konstituiert und entwickelt. Die frühe Ich-Konstitution aus der Restitution der fötalen Urbeziehung in der postnatalen Beziehung konnte erst Rank in seinen Thesen zur vorgeburtlichen Beziehung[186] und zum Willen[187] erfassen.

In der Beziehung zwischen dem Ich und der Gruppe bleibt etwas von der vorgeburtlichen Urbeziehung erhalten; je nach den Frühbedingungen und der Verteilung von Macht- und Ohnmachtserlebnissen kann die Bedeutung von Gruppe und Individuum unterschiedlich gewichtet werden. Je schwieriger und traumatischer die nachgeburtlichen Bedingungen sind, desto mächtiger bleibt die

Gruppe, desto unwichtiger ist der Anteil des einzelnen am Geschehen. Es gibt also eine kulturspezifische Verteilung zwischen dem einzelnen und der Gruppe, der in einem eigenen Kapitel nachgegangen werden soll, weil sie für die Gestaltung der individuellen Beziehung so bedeutsam ist.

Identitätsverteilung zwischen Individuum und Gruppe

Wir wissen aus der modernen Primatenforschung[188], wie komplex das Wechselspiel zwischen Individuum und Gruppe schon in den Primatengesellschaften ist. In den Menschengruppen wird diese Wechselbeziehung durch eine magische und mythische Projektion früher und frühester Elternbezüge noch einmal um mehrere Dimensionen komplexer. Wir suchen in der Gruppe nicht nur den Schutz mythischer Eltern, sondern darüber hinaus ein magisches und kosmisches Zuhause. Die Situation wird noch einmal dadurch kompliziert, daß Teile von uns selbst von der Gruppe als ganzer oder von einzelnen Mitgliedern vertreten werden können. Diese Projektion einzelner Ich-Teile entsteht dadurch, daß die Mutter vor der Geburt als Ich-Teil erlebt wird, wie Rank herausgearbeitet hat. Deshalb kann die Geburt als Ich-Verlust erlebt werden. Diese Doppeldeutigkeit – der andere als anderer und als Teil von mir – begründet etwas von der Mehrdimensionalität menschlicher Beziehungen.

Im Gruppenleben laufen also immer mehrere Dramen gleichzeitig ab, das Drama der realen Primatengruppe mit Rangrivalitäten, Eifersüchteleien, Koalitionen, Loyalitäten, partnerschaftlichen Beziehungen und allen Intrigen der »wilden Diplomaten«. Dann läuft das Spiel der mythischen Elternfiguren mit seinen mütterlichen und väterlichen, Sohn-, Tochter- und verwandtschaftlichen Aspekten, des weiteren das Spiel der magischen Kräfte und Beeinflussungen und schließlich der kosmischen Bezüge und Ereignisse, die »meine Welt« ausmachen und konstituieren. Die Spielregeln und die unterschiedliche Gewichtung der einzelnen Ebenen und ihres Bezuges zueinander machen die spezifische menschliche Kultur aus.

In unseren historischen Kulturen erschien eine bestimmte Konstellation besonders bedeutsam: die Projektion des fötalen Ich-Gefühls auf einen Häuptling, der dadurch zum König, zum Herrscher der Welt wird. In der Verehrung und Inszenierung des Königs geht es zutiefst auch um die Beschwörung der eigenen und urtümlichen Machtgefühle. Man hat in der Diskussion von autoritären Strukturen zunehmend die Wiederholung leidvoller Elternabhängigkeit und ohnmächtiger Unterwerfungsbereitschaft entmutigter Kinder gesehen. Gleichzeitig bedeutsam ist aber auch das Hoffnungspotential, das in den Königsinszenierungen zum Ausdruck kommt, auf eigene Handlungs- und Gestaltungsmöglichkeiten. Das Leben und der Erhalt des Königs waren so wichtig, weil er Träger eines Ich-Teils und damit Teil von all meinen eigenen Lebenshoffnungen war.

Die Projektion früher und frühester Elternbezüge in die Lebensvollzüge der Primatengruppe hat die Doppeldeutigkeit, daß hierdurch einerseits ganz neue Handlungs- und Autonomiemöglichkeiten, andererseits aber auch ungeahnte Blockierungen und Lähmungen in den einfachsten Lebensvollzügen entstehen. So erscheint die menschliche Geschichte als ein komplexes Durchspielen und immer neues Ausbalancieren der verschiedenen Spielebenen. Jede Generation steht historisch an einem bestimmten Punkt in diesem geschichtlichen Prozeß, der heute jedoch so schnell abläuft und in seinem Kräftespiel so durchsichtig zu werden beginnt, daß wir die Möglichkeit bekommen, ihn bewußter zu erleben.

Ein wichtiges Projekt in diesem Prozeß ist die Entlastung des Gruppenlebens vom Durchspielen früher Gefühle und Gefühlsnöte und das eigene Durchspielen der frühen Bezüge in den individuellen Beziehungen und in meinem Verhältnis zu mir selbst. Ein erkennbarer Wendepunkt ist die Zeit der Aufklärung, in der man sein Heil nicht mehr in kollektiven Abhängigkeiten sucht, sondern in der Lebensgestaltung auf die persönlichen Liebesbeziehungen und die persönliche Lebensgestaltung setzt.

Dabei konnte die angebliche Entdeckung der Psychoanalyse, daß wir nicht Herr im eigenen Hause sind, früher gar nicht gemacht werden, weil wir gar kein eigenes Haus hatten, sondern zum Gesinde oder zum Haushalt des Königs gehörten. Die eigentlich wichtigen Dinge wurden vom König verhandelt, an den wir unser Ich delegiert hatten, wie das später in der Übergangszeit zwischen Königsherrschaft und Demokratie in den totalitären Regimen auch der Fall war. Psychoanalyse und Psychotherapie im heutigen Sinn kann es nur in demokratischen Gesellschaften geben, weil es dann um die Gestaltung eines eigenen Lebens und nicht mehr um den Dienst für das Leben des Königs oder Führers geht. Diese Zusammenhänge sind so bedeutsam, weil sie als Rahmenbedingungen unserer Lebensgestaltung und unserer Beziehungen diese zutiefst beeinflussen.

Eine Folge der angedeuteten psychohistorischen Umschichtungen besteht darin, daß Individuations- und Initiationsprozesse vom gesellschaftlichen Raum in den Raum der persönlichen Beziehungen hinüberwandern. Die Verantwortung für eine Partnerschaft lag vor 1800 sehr viel mehr in der Verantwortung der Gruppe oder in der kollektiven Institution der Kirche als in der persönlichen Verantwortung des Paares. Persönliche Konflikte traten in den Hintergrund, wurden eher ausgelitten; bedeutsam waren die sozialen Bezüge oder der Bezug zur kirchlichen Institution. Die Konfliktspannungen waren gewissermaßen externalisiert. Die Nachwehen der frühen Elterngefühle wurden nicht zwischen den Partnern verhandelt, sondern zwischen dem Paar und den Institutionen.

Wer ich als Mann oder als Frau war, wurde mir wesentlich im gesellschaftlichen Raum als Vollzug vermittelt. Mit der Aufwertung der persönlichen Paarbeziehung erlebte ich mich oder entdeckte mich als Mann oder Frau mehr in der Realität der persönlichen Beziehung, oder anders ausgedrückt, die Individuation oder Initiation zu Mann oder Frau erfolgte mehr in der persönlichen Beziehung, während sie früher mehr im gesellschaftlichen Raum vollzogen wurde.

All dies bedeutet nicht nur eine Aufwertung der persönlichen Beziehungen, sondern auch eine Belastung, wenn nicht sogar Überlastung der persönlichen Beziehungen. Wenn ich meine Heilswünsche nicht mehr auf jenseitiges Leben richte oder im Nachvollzug elternsymbolischer Institutionsregeln meine Rechtfertigung suche, sondern auf ein Glück in persönlichen Beziehungen und in Selbstverwirklichung setze, dann bin ich zwar nicht mehr dem kollektiven Elend im irdischen Jammertal und den Nachwirkungen des Sündenfalls ausgeliefert, aber dafür meinen eigenen bisherigen Unglücks- und Elendserfahrungen. Ein Gegengewicht sind dann aber auch unsere archaische Vitalität, unser Lebenswille und unsere erstaunliche Beziehungs- und Bindungsfähigkeit, also die prosozialen Kräfte in uns, die sich immer wieder gegen alle Wirrnisse und Verirrungen durchsetzen.

Diese neue Zentrierung von Individuation in der Gruppe zur Individuation in der Beziehung hatte grundsätzliche Bedeutung. Sie ist in der Veränderung der Elternbeziehung wirksam, im Zurücktreten vom Erziehen nach von der Gesellschaft vorgegebenen Maßstäben und Regeln, das letztlich Einübung in die alte Kultur der Externalisierung war, hin zu mehr Bestätigung, Selbstentwicklung und Bezogenheit. Zu wenig wird gesehen, daß es hier um die Entwicklung einer neuen Lebensform geht, für die weitgehend noch die Modelle fehlen.

Solche Modelle für ein eher bestätigendes, verantwortungsvolleres Zusammenleben werden auch in den Psychotherapien entwickelt. Sie sind Paradigmen eines neuen Umgangs mit sich selbst und den anderen, mit der Handhabung von Konflikten in innerer Auseinandersetzung und in der Auseinandersetzung mit anderen. Insofern geht es auch um einen Transfer dieses neuen Wissens und neuer Modelle in den gesellschaftlichen Raum hinein. Es kann so aussehen, als gehe es in der Psychotherapie lediglich um Hilfe für die Geschädigten und Kranken, die im gesellschaftlichen Lebenskampf nicht mithalten können. Aber bei der Auseinandersetzung mit Schwierigkeiten bei den herkömmlichen Anpassungswegen sollen auch neue Wege gefunden werden, wie man mit sich und mit Konflikten und ihrer Umsetzung im gesellschaftlichen Raum umgeht.

Die Tatsache, daß Individuationsprozesse mehr in den persönlichen Beziehungen gestaltet werden, scheint mir von größerer psychohistorischer Bedeutung. Die Psychotherapie erscheint dann unter diesem Aspekt als eine Ausdrucksform dieses größeren psychohistorischen Prozesses. Man kann es ja so verstehen, daß innere Klärung und Verarbeitung von Schuld früher im kollektiv-psychotherapeutischen Raum der Religion aufgehoben war. An dieser Stelle der Verarbeitung persönlicher Probleme scheint mir die Psychotherapie eine Nachfolgerin der Verarbeitung im religiösen Raum zu sein.

Die Basis dieser Veränderung ist die, daß in der Aufklärung klar wurde, daß wir unser Erwachsenwerden selbst vollziehen können, Verantwortung dafür übernehmen können, daß Erwachsenwerden nicht vor allem heißt, in eine soziale von der Gesellschaft vorgegebene Rolle eingeübt zu werden, die dann das eigentliche Leben ist. In der Psychoanalyse wurde dann deutlich, daß auch der erste bewußtere Schritt der Identifizierung als Mädchen oder Junge in einer bestimmten Familien- und sozialen Gruppe ein persönlicher Schritt sein kann, wenn er begleitet wird.

Die Psychoanalyse selbst als Durcharbeitung des »Ödipus-Komplexes«, d.h. meiner Konflikte bei meiner ersten Selbstfindung als

Junge oder Mädchen, ist ein nachträglicher Versuch, in einer verstehenden Beziehung, wenn es daran in der Kindheit gemangelt hat, zu einer besseren Balance in meinem Mann- oder Frausein zu kommen und vor allem zu einer persönlicheren Beziehung, während viele überkommene Beziehungspraktiken mehr Einübungen in Rollenklischees des preußischen Mannes oder der guten Hausfrau waren als wirkliche Begleitung auf dem Wege zur Selbstfindung im Feld einer bestimmten Familie oder sozialen Gruppe.

Der Schritt, den Rank vollzog, war die Erkenntnis, daß schon unser Auf-die-Welt-Kommen ein solcher existentieller Individuationsschritt ist, der so, wie er in unserem Jahrhundert als Klinikgeburt vollzogen wurde, mit großen Belastungen verbunden war. Auch hier wieder wäre die Psychotherapie der Versuch, in einer verstehenden Beziehung, die den anfänglichen Mangel ausgleicht, das existentielle Ankommen in dieser Welt, bei sich selbst und in einer sozialen Gruppe als eigenes Ankommen nachträglich zu vollziehen und als Teil der eigenen Lebensgeschichte zu integrieren.

Man könnte es auch so ausdrücken, daß früher nur die Könige und Königinnen, die hohen Damen und hohen Herren ein eigentliches Leben hatten, in dem sich meine ersten Wünsche, ein Mann oder ein Frau zu sein, widerspiegelten. Königin und König werden dann uninteressant, wenn ich selbst die Chance habe, mich mit meinen eigenen Wünschen, ein Mann oder eine Frau zu sein, wirklich zu identifizieren, und wenn ich sie wirklich von mir her leben kann.

Der nächste Schritt wäre dann, auch das Erlebnis der eigenen Geburt als Teil meiner eigenen Lebensgeschichte erfahren zu können, wodurch dann kollektive Geburtsinszenierungen in Kriegen und Revolutionen als Projektionsfeld weniger faszinierend würden, weil ich mehr in der Lage bin, die Nöte von Veränderungen und Wandlungen im Austausch in Beziehungen selbst mit zu vollziehen. Es wäre dann vielleicht auch weniger nötig, mein Heil in uterussymbolischen Gruppen zu suchen, die dann Schutz vor einer als unheilvoll erklärten übrigen Welt geben soll.

Auch hier hat wieder Rank das Verständnis für diese neue Ebene des Verstehens von menschlichen Beziehungen gelegt, die in der Anerkennung der Erlebnispräsenz vorgeburtlicher und geburtlicher Gefühle in unseren Beziehungen liegt.[189] Das würde dann heißen, schon in diesem Leben die Verantwortung für die eigenen Himmels- und Höllengefühle selbst zu übernehmen, für uns selbst oder in der

Beziehung mit anderen. Sicher ist auch deutlich, daß wir hier auf dem Wege zu neuen Formen von Beziehungen sind, die weniger auf sozialen Klassen- oder Gruppenzugehörigkeiten basieren, sondern mehr auf der unmittelbaren Begegnung. Die Komplexität unserer Gesellschaften mit der Vielfalt der Beziehungsebenen und Dimensionen verlangt einfach nach einer tiefer im Eigenen der persönlichen Lebensgeschichte verankerten Identität, wie sie durch die modernen Psychotherapien unterstützt wird.

Dissoziale Entwicklung

Eine Schwierigkeit in der Auseinandersetzung mit Dissozialität und Kriminalität ist wohl die, daß wir die Kriminellen als Widerspiegelung eigener latenter Tendenzen noch zu sehr brauchen, daß ihre Taten noch zu sehr faszinieren, als daß es möglich wäre, kriminelles Verhalten wirklich als Krankheit und als Folge von Beziehungsüberforderungen zu sehen. Dabei sind die empirischen Belege[190] darin völlig eindeutig, daß es sich bei kriminellem und dissozialem Verhalten um eine Sozialisationsstörung handelt und daß insbesondere auch vorgeburtliche und geburtliche Traumatisierungen eine bedeutsame Rolle spielen. Daß diese Zusammenhänge trotzdem nicht gewürdigt werden und zu einem breiteren Engagement von seiten der Psychotherapie für Prävention und Gesundheitspolitik führen, bringe ich damit zusammen, daß meist noch zu wenig deutlich ist, was es erlebnismäßig bedeutet, grundsätzlichen Ablehnungen und Verfolgungen in der vorgeburtlichen Zeit und später ausgesetzt zu sein.

Insbesondere verdüstert vorgeburtliche Ablehnung im Verein mit Abtreibungsversuchen das primäre Lebensgefühl und führt zu einer Einstellung, daß nur Gewalt und Vernichtung die Möglichkeiten zur Selbstdurchsetzung sind, einfach weil zu wenig anderes erfahren wurde. Um dies zu verdeutlichen, will ich ausführlicher aus einem Interview mit der Mutter eines Mörders zitieren:

> »Im dritten Monat meiner Schwangerschaft mit Anton wollte ich heiraten. Als mein Vater dies erfuhr – ich war damals 17 Jahre alt –, wurde er fürchterlich wütend und schlug auf mich ein. Ich durfte nicht heiraten, weil der Mann nicht nach meines Vaters Geschmack war (...) Seit dem Tag, an dem er von meiner Schwangerschaft erfuhr, hatte ich

keine ruhige Minute mehr. Wenn ich abends später nach Hause kam und er merkte, daß ich mich mit dem Vater von Anton getroffen hatte, konnte ich die ganze Nacht nicht mehr schlafen, so hat er mich beschimpft und geschlagen. Ich weinte dann die ganze Nacht. Damals habe ich auch versucht, mir das Leben zu nehmen, aber ich fand dann doch nicht den Mut dazu, weil ich an mein Kind dachte (...) In der Zeit bis zur Geburt wurde ich so nervös, daß ich bei der geringsten Kleinigkeit zu heulen begann (...) Es kam schließlich so weit, daß mich Antons Vater auch nicht mehr mochte, weil ich mich zu sehr gehenließ (...) Die Geburt von Anton war mein schlimmstes Erlebnis. Als Anton auf die Welt kam, war sein linker Arm gelähmt (...) Beim Stillen habe ich ständig geweint, so daß Anton daraufhin ebenfalls heulte. Anton war viel krank. Er war zappelig, nervös und sehr schreckhaft (...) Meine beiden anderen Kinder sind ganz anders, bei denen hat es auch während der Schwangerschaft keine unliebsamen Ereignisse gegeben. Heute meine ich, daß die Schwangerschaft die wichtigste Zeit im Leben eines Kindes ist. Anton hat ein gutes Gemüt, er wollte keinen Mord begehen. Er kann nichts dafür, daß er so ist.«[191]

Als Junge war Anton in der Schule gelegentlich durch mißtrauische Haltung, Gereiztheit und unberechenbare Handlungen von Selbstbeschädigungen bis zur massiven Aggression aufgefallen.

»Mit 17 Jahren beging Anton einen brutalen Mord an einem 16jährigen Mädchen, das er durch minutenlanges Würgen und mehrfaches Strangulieren grausam tötete. Anton beging die Tat ohne jede gefühlsmäßige Regung (...) Die Persönlichkeitsstörung äußert sich in erhöhter Reizbarkeit, Neigung zu Mißtrauen und Eifersucht. Dazu kommen Verstimmungen, die sich bis zur Selbstmorddemonstration steigern. Auf besondere Belastungen und Widerstände in seiner Umgebung reagierte Anton ungewöhnlich. Einerseits zeigte er eine Tendenz, seinen Willen um jeden Preis durchzusetzen, andererseits wich er der Schwierigkeit aus, war unentschieden und wurde sentimental.«[192]

Ich habe die Aussagen dieser Frau so ausführlich zitiert, weil sie das Problem paradigmatisch beleuchten, und ebenso wegen der Bedeutsamkeit, daß sich Frauen aus ihrem Wissen heraus mitteilen. Mir scheint deutlich, daß der Junge grundsätzlich das Gefühl hatte, in der falschen Welt zu sein, und deshalb zu wenig Handlungsoptionen hatte. Die Tat selbst verstehe ich als Aktualisierung und Ausagieren von vorgeburtlichen und geburtlichen Gewalterfahrungen. Er hatte aus der Not der Mutter keine andere Erfahrung als Gewalt und blinde Verzweiflung. Das Beispiel zeigt auch, wie groß die Verantwortung der weiteren Familie und der Gesellschaft im Umgang mit Schwangerschaft und Geburt ist. Die kann nie ein Problem nur der Mütter sein, etwa im Sinne einer Schuld, aber solche Ereignisse sollten sehr wohl Anlaß sein, daß Frauen ihr Wissen in die gesellschaftliche Verantwortung einbringen.

Mir scheint für die Psychotherapie eine größere Klarheit in bezug auf die dissoziale Dimension und ihre vorgeburtlichen Wurzeln deshalb bedeutsam, weil ich den Eindruck habe, daß hier manches, dem Vorbild Freuds folgend, in einer unguten Schwebe gehalten wird. Der psychoanalytische Mythos des Ödipus handelt von einem vorgeburtlich, geburtlich und nachgeburtlich massiv traumatisierten Kind, das seine frühen Traumen in seinem späteren Leben im Töten des Vaters, der ihm so basal nach dem Leben trachtete, ausagierte und ebenso in der inzestuösen Sexualität einen Schutz und eine Heimat sucht, den er bei der Mutter nicht finden konnte. Diese vorgeburtlichen und geburtlichen Zusammenhänge in der Rezeption des Ödipus-Mythos bleiben in der Psychoanalyse in einer merkwürdigen, mythologisierenden Schwebe gehalten, die sich u. a. darin ausdrückt, daß sogenannte ödipale Störungen als »reife Störungen« gelten, während die Ödipus-Geschichte selbst geradezu den Prototyp einer Frühstörungsentwicklung darstellt. Der Mythos ist hier in seinem intuitiven bildhaften Wissen und in seinen Aussagen über die Bedeutung ganz eindeutig und klar. In der Pränatalpsychologie geht es darum, dieses intuitive Wissen über die Bedeutung vorsprachlicher Erfahrung auf eine reflexive Ebene zu heben.

Während in der späteren psychoanalytischen Diskussion des Ödipus-Mythos diese Frühdimension wenig beleuchtet wird, könnte man bei Freud durchaus eine Intuition zur frühen Dimension des Ödipus-Komplexes annehmen, die in verschiedenen Zusatzkonzepten zum Ausdruck kommt, die dem Konzept des Ödipus-Komplexes etwas Unabgeschlossenes geben. Zum einen ist das die Annahme einer stammesgeschichtlichen Vorprägung der Vatermord- und Kastrationsangstgefühle, zum anderen gibt es das Konzept der Urverdrängung, wonach alles spätere Verdrängen nur ein Nachdrängen ist. Da er sich unmittelbar im Zusammenhang mit seiner Auseinandersetzung mit Ranks Geburtstrauma-Theorie mit der Urverdrängung beschäftigt, könnte man vermuten, hier bestehen dunkle Verbindungen. Er sagt: »Es ist durchaus plausibel, daß quantitative Momente, wie die übergroße Stärke der Erregung und der Durchbruch des Reizschutzes, die nächsten Anlässe der Urverdrängung sind.«[193]

Diese Urverdrängung ist es also, die die spätere Verdrängungsbereitschaft nach sich zieht. In dem obigen Beispiel des jugendlichen Mörders würde die Verliebtheit des jungen Mannes ihn an die Ursehnsucht nach liebender Geborgenheit und Beziehung zur Mutter erinnern und deren Urverdrängung in der Situation von Verunsicherung und Ablehnung, wodurch das Durchbrechen der reaktiven Gewalterfahrung und des Gewaltverhaltens gebahnt ist. Aber diese Zusammenhänge sind in der Freudschen Theorie und in der Theorie des Ödipus-Komplexes so dunkel und verborgen, daß eine erneute Diskussion mit Einbeziehung unseres Wissens um vorgeburtliche und geburtliche Gefühle wichtig wäre.

Der Wechsel der Sichtweise von Freud zu Rank ist der, daß Rank sich die vorgeburtliche Situation als Beziehungsurgrund innerlich vorstellen kann, weshalb er auch von der »analytischen Situation« spricht, in der sich dieser Beziehungsurgrund aktualisiert, während für Freud dieser mütterliche Urgrund aus kulturellen Gründen so unzugänglich ist und auch wohl so traumatisch belastet ist[194], daß er entweder ausgeblendet oder in den düsteren Bildern des Todestriebes, des Urmasochismus und des Wiederholungszwanges präsent ist oder nur in der Rettungsvorstellung einer inzestuösen Sexualität. Erst wenn man diesen Schritt tut, den Rank getan hat, und menschliche Identität in Beziehung verankert, erst dann braucht dissoziales Verhalten nicht mehr als Wiederkehr des Urbösen projiziert zu werden, sondern kann als elementare Beziehungsstörung, als Landen in einer bösen Welt und entsprechendes Reagieren, verstanden werden.

Die Klärung dieser Zusammenhänge ist vor allem therapeutisch bedeutsam, denn »Heilung« kann nur aus einer Restitution von Beziehung erfolgen, die letztlich ihre Kraft aus Elementen guter Urbeziehung gewinnt. Sonst ist Psychoanalyse und Psychotherapie immer in Gefahr, nur die frühere Aburteilung des Kindes als schlecht und böse, auf einer neuen Ebene als Qualifizierung des Kindes und des Patienten als »gestört«, beherrscht von »pathologischem Narzißmus« usw. zu wiederholen, wobei es auch um Projektionen von Vergiftungselementen aus traumatischen Urerfahrungen beim Therapeuten gehen kann, auch wenn der Patient hierfür der Auslöser ist.

Dies ist in der moderneren Psychoanalyse in den Anschauungen über die Bedeutung des »Durcharbeitens in der Gegenübertragung«

auch durchaus präsent, aber, wie mir scheint, immer noch mit zu wenig Blick auf die massive Wirklichkeit von traumatischen vorgeburtlichen und geburtlichen Erfahrungen. Vom Dissozialen und Kriminellen können wir lernen, wie diese frühen Impulse sich unmittelbar umsetzen, und vom Umgang der Gesellschaft mit ihren Strafritualen können wir lernen, wie hier kollektiv eigenes Unbewußtes im anderen bekämpft wird, was eine wirkliche Zuwendung, Unterstützung und Ernstnehmen der Bedeutung von Prävention zur Zeit noch häufig blockiert.

Inszenierung früher Erfahrungen im sozialen Raum

Die Beobachtungen der Pränatalen Psychologie verlangen von uns ein Umdenken und eine neue Bewertung unserer Erfahrung. Die sogenannten »höheren Wirklichkeiten«, die das eigentlich Wirkliche waren, wurden durch die Umwertung der Aufklärung zu »Unwirklichkeiten«. Man kann die einzelnen Stichworte im *Handwörterbuch des deutschen Aberglaubens*[195] auch als Stichworte für ein Lexikon der Pränatalen Psychologie nehmen, indem man die Aussagen des Aberglaubens als Erinnerung an vorgeburtliches Erleben interpretiert – so wird das totemistische Lebensgefühl wie folgt beschrieben: »Die Symbiose mit der umgebenden Wirklichkeit wird vom einzelnen wie von der sozialen Gruppe irgendwie mystisch gefühlt; nicht als eine gesetzlich geregelte Angelegenheit, sondern als eine außerhalb der von uns real genannten Verhältnisse gelegene, dennoch unentrinnbare Ordnung (…) Der hinter dieser symbiotischen, mystischen Bezogenheit waltende unsinnliche Seinsgrund ist gewissermaßen der auszudestillierende Begriff des Totems, für den es in unserer Sprache und Begriffswelt kein Analogon gibt.«[196]

Das Totem aktualisiert also das vorgeburtliche Beziehungsgefühl, das damit als höhere Wirklichkeit einen sicheren Bezugspunkt in einer unsicheren Welt bietet. Wie die Eltern dem Baby und Kleinkind eine sichere Welt schaffen, so nach Eliade in den magischen Vorstellungen beispielsweise australischer Ureinwohner ein göttliches Urwesen für den Stamm: »Nach der Überlieferung der Achilpa, eines Arundastammes, hat das göttliche Wesen Lumbakula in mythischer Zeit ihr künftiges Gebiet ›kosmisiert‹, ihren Stammvater erschaffen und ihre Institutionen gestiftet. Aus dem Stamm eines

Gummibaumes hat Lumbakula den heiligen Pfahl gefertigt; er hat ihn mit Blut gesalbt und ist an ihm hinaufgeklettert und im Himmel verschwunden. Dieser Pfosten stellt eine Weltachse dar, denn um ihn herum wird das Land bewohnbar, verwandelt sich in eine ›Welt‹. Deshalb spielt der heilige Pfahl bei den Achilpa eine so bedeutende und rituelle Rolle: Auf ihren Wanderungen nehmen sie ihn immer mit und bestimmen je nach seiner Neigung ihre Wegrichtung. Das ermöglicht den Achilpa, auch bei ständiger Ortsveränderung immer in ›ihrer Welt‹ und zugleich in Verbindung mit dem Himmel zu bleiben, in dem Lumbakula verschwunden ist.«[197]

Wie absolut die Achilpa noch in der pränatalen Trance als eigentlicher Wirklichkeit leben, zeigt ihre Reaktion auf Gefährdungen ihrer nabelschnursymbolischen Weltachse: »Das Zerbrechen des Pfahls ist die Katastrophe, gewissermaßen das ›Ende der Welt‹, der Rückfall ins Chaos. Einem Mythos zufolge wurde der ganze Stamm von tödlicher Angst befallen, als einmal der heilige Pfahl zerbrach; die Stammesangehörigen irrten einige Zeit umher und setzten sich schließlich auf den Boden, um zu sterben. Dieses Beispiel zeigt besonders deutlich, daß der heilige Pfahl sowohl eine kosmologische als auch eine heilbringende Rolle spielt: Einerseits verkörpert der Kauwaauwa den Pfahl, mit dem Nambakula die Welt kosmisiert hat, andererseits glauben die Achilpa, durch ihn mit dem himmlischen Bereich verbunden zu sein. Die menschliche Existenz ist aber nur durch die dauernde Verbindung mit dem Himmel möglich.«[198]

Ich habe Eliade hier so ausführlich zitiert, um zu zeigen, daß der soziale Raum im urtümlichen Erleben durch die symbolische Präsenz des vorgeburtlichen Raums, also die Verbindung zum vorgeburtlichen Lebensgefühl wirklich und bewohnbar wird.

Als ein anderes Stichwort aus dem *Handwörterbuch des deutschen Aberglaubens* nehme ich das Wort Opfer. Dort heißt es: »Man hat zu beachten, daß in jener primitiven Schicht (des Präanimismus) die Vorstellung herrscht, daß menschliche und außermenschliche Geisteswelt miteinander ein Bezugssystem bilden, in welchem die Fäden hin- und herlaufen. Kraft eines symbiotisch-sympathetischen Grundempfindens sieht sich der Angehörige primitiver Kulturen in einem Energieaustausch mit Teilen der Welt.«[199]

Wenn man durch eine eigene Entscheidung, eine Unternehmung aus diesem Zusammenhang mit der Welt heraustritt oder die Sicherheit dieses Zusammenhangs durch eine Bedrohung von außen oder durch eine Erkrankung gestört wird, kann ein Opfer zur Wiederherstellung der Verbindung nötig werden: »Diese Zuwendung des Menschen (durch ein Blutopfer) aus einem eigenen Wesen an das Unsinnlich-Göttliche, das Totemwesen ist Hingabe des Homologen zum Zwecke der Stärkung oder Verlebendigung derselben Totemenergie. Wie hier durch diese Hingabe des totemhaltigen Lebenssaftes das Totem überhaupt an Energie gewinnt, um daraufhin seinerseits den Menschen um so mehr von ihr zu geben, so wird ein ganzer Kreis von unsinnlichen Energiewirkungen durch das Opfer entbunden.«[200]

Die schmerzlichen Elemente des Durchtrennens und Tötens beim Opfer haben nach meiner Ansicht in einem doppelten Sinn geburtliche Bezüge[201]: einmal rückläufig als Wiederaufnahme der Verbindung zum Ursprung und einmal progressiv im Sinne einer Urindividuation und Erneuerung. Diese Elemente können in den einzelnen Opferriten unterschiedlich ausgeprägt sein. Das ausführliche Zitat sollte verdeutlichen, daß es im Opfer um geburtliche und vorgeburtliche Gefühle in ihrer Relation zur aktuellen Gefühlssituation geht.

Wie Horkheimer und Adorno ausgeführt haben, ist die »Verinnerlichung des Opfers«[202] eine Achse der Weltgeschichte. Ich verstehe dies so, daß das, was früher als Opfer rituell vollzogen wurde, etwa ab der Zeitenwende zunehmend innerlich als Askese oder Verzicht auf eine psychologische Ebene gehoben wird, worin sich die psychologische Ich-Erstarkung und Rücknahme von Projektionen spiegelt. Wenn heute jemand in See stechen will, muß er bei Windstille nicht mehr wie Agamemnon seine Tochter opfern, sondern er hat die innere Stärke und Geduld abzuwarten. Zudem ist er nicht mehr auf Opferpriester angewiesen, die aus den Eingeweiden die Entwicklungen der Wetterlage bestimmen, sondern kann auf hilfreiche Wetterämter zurückgreifen, die in entsagungsvoller Beobachtertätigkeit gelernt haben, das Wettergeschehen vorherzusagen. Der wichtige Punkt ist der, daß auch in unseren Verzichten und Entsagungen etwas von den alten Opfergefühlen und ihren magischen Erwartungen gegenwärtig ist.

Auf einer anderen Ebene hat das Opfer Bezug zu den Abgaben an die irdischen Vertreter der jenseitigen Welten. Wie immer beim Opfer erwarten auch wir bei unserem Steuer-Opfer auf der Ebene unserer Staatsgefühle hilfreiche Wirkungen staatlicher Macht, die durch unsere Gabe entbunden werden. Die urtümlichen Inszenierungen von vorgeburtlichen und geburtlichen Gefühlen als Essenzen des gesellschaftlichen Lebens sind im Laufe der Geschichte funktionaler geworden, beruhen aber immer noch auf der gleichen emotionalen Basis der Erlebnispräsenz vorgeburtlicher und geburtlicher Gefühle.

Wir haben nun die merkwürdige Tatsache, daß Freud in seinem kulturpsychologischen Grundlagenwerk *Totem und Tabu*[203] die Kulturdynamik aus Urkonflikten in der Vaterbeziehung ableitete. Man kann im einzelnen zeigen[204], daß die Ableitungen Freuds auf die Verschiebung einer vorgeburtlichen und geburtlichen Psychodynamik in die Vaterbeziehung zurückzuführen sind, wodurch sich auch die merkwürdige Hypothese der Beeinflussung der gesamten Menschheits- und Kulturentwicklung durch einen Urzeitmord dahin auflöst, daß die Erschütterung und der Weltenwechsel der Geburt das sich immer wiederholende Ereignis am Anfang jeder Generation ist, das in kulturellen Erneuerungen auf dem Hintergrund der früheren Entwicklung in den kulturellen Mythen immer wieder neu gestaltet wird.

Es wird damit deutlich, daß kulturelle Gestaltungen auf den immer gleichen Urerfahrungen in immer neuen Lösungen aufbauen, so daß sich auch die gleichen Grundfiguren immer wiederholen. Ich habe die Vermutung, daß Nietzsche etwas ähnliches in seiner Lehre von der »ewigen Wiederkehr des Gleichen« ausdrücken wollte. Damit artikulieren sich auch wieder weibliche Grundfiguren im kulturellen Diskurs in Abhebung zur patriarchalen einmaligen und faktensetzenden Tat, die im jüdisch-christlichen Denken im Vordergrund stand. Meine Vermutung wäre, daß Nietzsche mit der »ewigen Wiederkunftslehre«, die er »anstelle von Metaphysik und Religion«[205] setzen wollte, ein neues Paradigma der »weiblichen« Bejahung gegenüber einem Paradigma einer »männlichen« höheren Macht formulieren wollte.

Ein Aspekt der von Nietzsche verkündeten »Umwertung aller Werte« scheint mir die in der Psychoanalyse vollzogene Veränderung des Umgangs mit den eigenen Gefühlen. Was früher unter dem Begriff »böse« seine kollektive Erklärung in einem anfänglichen Sündenfall und der Übertretung ewiger Gebote fand, wird nun in den Kontext der individuellen Lebensgeschichte der erlittenen Verletzungen gestellt. Diese Umschichtung im Umgang mit Gefühlen, wie sie sich in der Philosophie Nietzsches, der Psychoanalyse und den modernen Psychotherapien vollzieht, steht im Rahmen des europäischen und westlichen Projekts der »Entdeckung des Individuums«, wie es der Historiker Richard van Dülmen[206] beschrieb, oder des »Weltalters des auf sich selbst vertrauenden Individuums«, wie es der Mythenforscher Joseph Campbell[207] dargestellt hat.

Was in kulturpsychologischen Betrachtungen häufig vergessen wird, ist, daß kulturhistorische Veränderungen immer in Wechselwirkung mit Veränderungen und Entwicklungen in der Frühsozialisation stehen, wie sie die Psychohistoriker Lloyd DeMause[208] und Ralph Frenken[209] beschrieben haben.

Der entscheidende Gesichtspunkt in unserem Zusammenhang ist, daß sich im Laufe der psychohistorischen Entwicklung der Umgang mit und die soziale Inszenierung von Gefühlen verändern, wobei die Besonderheit des Menschen die ist, daß in uns fötale und perinatale Gefühle lebenslang lebendig bleiben und sich in unterschiedlicher Intensität in die »normalen« Primatengefühle wie Wut, Ärger, Neid, Scham, sexuelle Gefühle, Trauer usw. einblenden. Wir beobachten dabei eine Entwicklung von der sozialen Inszenierung zur Verinnerlichung von Gefühlen. In grober Zeichnung lassen sich folgende Entwicklungslinien bestimmen: von der Allmacht magischer Praktiken über die rituelle Beschwörung personalisierter göttlicher Kräfte über rituelle Bußübungen und moralische Entsagungen zum gewissensstarken autonomen Individuum – von der magischen Bannung von Dämonen über die rituellen Opferungen und rituellen Bußübungen zur eigenen Gewissensregulation – vom Tabu des Totems über das Tabu der Könige und höfische Zeremonielle hin zu persönlichem Taktgefühl und einem persönlichen Schamgewissen – von der magischen Ergriffenheit über die rituelle Andacht und das persönliche Gebet hin zur Achtung des anderen und der Menschenrechte – von der heiligen Hochzeit über Königsinzest und heilige Minne zu den persönlichen Liebesbeziehungen – vom heilkräftigen Schamanenhäuptling zur göttlichen Allmacht der Herrscher, dem Gottesgnadentum der Könige und Kaiser zur Kraft und Macht des persönlichen Willens – von der kreativen Magie des Schamanen über den Künstler, der göttliche und irdische Heilsordnungen verklärt, und vom europäischen Kunstgenie zum kreativen Individuum[210] – von der Heilkraft des schamanischen Heilers über die Inszenierungen von kollektiven Erneuerungsfesten und priesterlichen Ritualen für das Seelenheil hin zu den persönlichen Psychotherapien unserer Tage.

Diese Linien sind improvisiert und müssen im einzelnen ausdifferenziert werden. In unserem Zusammenhang ist jedoch wichtig, solche psychohistorischen Linien zu entwickeln und sich auch darin zu üben, da jede einzelne Familie eines Klienten und des Therapeuten selbst in komplexer Weise an unterschiedlichen Stellen dieser psychohistorischen Evolution steht und in unterschiedlicher Weise mit ihr verwoben ist.

Insbesondere ist der Gesichtspunkt wichtig, daß das eigene Leben ein Schritt des Mitvollziehens dieser Evolutionsbewegung ist. In jedem Leben geht es auch darum, eine Einstellung zu den überkommenen Werten und Lösungen der Elterngeneration und ihren Widersprüchlichkeiten zu finden und neue Ideale und Zielsetzungen für das eigene Leben zu suchen. Die weitere Individualisierung und die Komplexität der Lebensverhältnisse verlangt heute viel mehr als früher von jedem einzelnen, seine eigenen Lösungen zu finden.

Psychotherapie ist deshalb in diesem Sinne Unterstützung bei der je eigenen Individuation und Schaffung eines Lebensentwurfs, wie zur Definition eigener Ziele und Lösungen, die durchaus auch die Möglichkeiten und Grenzen des Therapeuten überschreiten können. Dies gilt besonders im Falle eines älteren Therapeuten und jüngeren Klienten, der notwendigerweise einfach als Angehöriger der nächsten Generation vor ganz anderen Problemen steht und sich deshalb auch zu ganz anderen Lösungen bewegen muß, die jenseits des Horizonts des Therapeuten liegen. Ganz in der gleichen Weise, wie heutige Eltern in der sich rasch entwickelnden und verändernden Zeit nicht nur zulassen, sondern auch unterstützen müssen, daß ihre Kinder sie auf verschiedenen Ebenen überholen und sich an ihnen vorbei entwickeln, ohne daß dies wie im patriarchalen Paradigma in Formulierungen Freuds vom Erwachsenwerden als Töten des Vaters als Revolte und Aufstand inszeniert werden muß, einfach weil die Elterngeneration nicht mehr in dem Ausmaß wie früher das eigene Geborensein und damit auch die eigentliche Sterblichkeit verleugnen muß.

Wichtig ist, daß all diese psychohistorischen Veränderungen in Wechselwirkung mit technischen, ökonomischen und gesellschaftlichen Entwicklungen stehen, deren Ausdruck sie zum Teil sind, während sie sich auch selbst in ihnen ausdrücken. Besonders dramatisch sind die technischen und landwirtschaftlichen Veränderungen, die uns von den früheren Begrenzungen an Kraft- und Nahrungsressourcen in einem solchen Ausmaß unabhängig machen, daß wir uns Naturkräfte in der verschiedensten Weise im täglichen Leben nutzbar machen, wobei uns die Entwicklung der Landwirtschaft ein Leben ohne Hunger ermöglicht, wie auch die Medizin die Bedrohung durch Krankheiten dramatisch reduziert hat. Da vor der Entwicklung der modernen Geburtshilfe jede sechste Geburt tödlich endete und Hunger, Krankheit und Krieg ständige bedrohliche Begleitumstände des Lebens bis in die Neuzeit hinein waren, gab es keine Möglichkeit einer kontinuierlichen Gefühls- und Ich-Entwicklung in einer begleitenden Elternbeziehung, so daß notwendigerweise ein Großteil gerade der frühen Kinder- und Säuglingsgefühle projektiv im sozialen Raum verblieb und dort inszeniert wurde.[211]

Diese sozialen Inszenierungen vom heiligen Krieg bis zum Ritterturnier, von mittelalterlichen Bußübungen bis zur Wallfahrt, haben archaischen Gefühlsbedürfnissen eine Bühne geboten, wie dies auch noch die totalitären Regime mit ihren Aufzügen und Selbstverherrlichungen getan haben. Unsere modernen Demokratien verlangen ein derartig hohes Leistungsniveau, daß es der Entwicklung neuer Phantasieräume für das Durchspielen von archaischen Gefühlen bedurfte, etwa der Entwicklung von Fantasy-Spielen und Computer-Adventures. Da diese Räume die Sozialisation der Jugendlichen seit einiger Zeit prägen und deshalb für die psychotherapeutische Kompetenz von Jugendlichen- und Erwachsenentherapeuten relevant sind, wird dieses Thema in einem kurzen Kapitel behandelt, bevor wir zum therapeutischen Thema im engeren Sinne kommen.

Exkurs zu den Fantasy- und Computer-Spielen

Während die Phantasiewelt meiner Generation, der heute 60jährigen, auf dem Boden einer autoritären Erziehung in einem sehr kindlichen Rahmen von Indianergeschichten, Donald Duck und Mensch-ärgere-dich-nicht gehalten war, während die archaischen Gefühlsdimensionen des Kampfes des Guten gegen das Böse im sozialen Raum des Kalten Krieges inszeniert waren und in den aufeinanderfolgenden Kriegen in Korea und Vietnam partizipierend ausgelebt werden konnten, haben sich die Jugendlichen in den letzten 20 bis 30 Jahren in den Fantasy-Spielen einen neuen Phantasieraum zum Durchspielen archaischer Gefühle erschlossen.[212] Ausgehend von der persönlichen Phantasiewelt, wie sie Tolkien in seiner Verarbeitung seiner Kriegs- und Kindheitstraumen als persönliche Mythologie entwickelt hatte[213], und dem Nachspielen von Schlachtenszenarien entwickelten die Amerikaner Gary Gygax und Dave Arneson Anfang der siebziger Jahre mit »Dungeons and Dragons« das erste Fantasy-Spiel.[214]

Dabei war das Wesentliche, daß sie in dem ganz realistischen Durchspielen von Kriegsschlachten, das quälend langatmig sein kann, Phantasiegestalten auftreten ließen, die allmählich die ganze Szenerie in einen Phantasiekampf in einer Phantasiewelt verwandelten, wodurch sie Anschluß an die archaischen mythischen Themen fanden, wie sie in jedem von uns als eigene vorgeburtliche und geburtliche Erfahrungen auf einer vorsprachlichen Ebene imaginativ und als Handlungsdispositionen gegenwärtig sind. Entsprechend dominiert das uterussymbolische Motiv der »Dungeons« (Höhlen) und das geburtssymbolische Motiv der »Dragons« (Drachen). Die Spiele haben sich zu einem Durchspielen der von jeher bekannten Abenteuer der Helden[215] entwickelt, wo ein Held sein Helden-Ich dadurch gewinnt und stärkt, daß er wieder Anschluß gewinnt an seine vorgeburtliche Urvitalität, dadurch unglaublich erscheinenden Abenteuern gewachsen ist, aus denen er etwas von seiner vorgeburtlichen Kraft und magischen Handlungsfähigkeit in sein späteres Alltagsleben hinübernimmt und sich dadurch in neuen Situationen behaupten kann.

In der Spielrunde kommen die Teilnehmer in einer sehr kreativen Weise in Kontakt mit allen Urmotiven und lernen, in der »ewigen Wiederkunft des Gleichen« neue Gestaltungen zu entwickeln. Insbesondere lernen sie, sich in virtuellen Welten zu bewegen, diese zu handhaben und sie nicht in einer konkretistisch-dumpfen Weise auszuagieren, wie dies noch zwei Generationen vorher in den nationalsozialistischen Welteroberungsinszenierungen der Fall war. Zu den Aufgaben, die diese Jugendlichen vor sich haben, gehört gerade das Balancieren von verschiedenen Dimensionen und Welten mit jeweils anderen Funktionsprinzipien, damit der von dem amerikanischen Historiker Samuel Huntington vorhergesehene »Clash of Civilisations«[216] gehandhabt werden kann.

VII. Wegbereiter für die therapeutische Umsetzung

Wurde am Anfang der Psychoanalyse das Hauptproblem in der Bewältigung unserer Triebnatur gesehen, so ging es in der Therapie darum, durch deutendes Verstehen falsche Verknüpfungen und Abreaktionen aufzulösen, um lebensgerechte Lösungen zu finden. Mit der Entdeckung der Übertragung trat dann das Verständnis von Beziehungswiederholungen in den Vordergrund mit dem Ziel einer Auflösung der dadurch möglichen Verwirrungen durch ein klärendes Deuten. Es zeigte sich dann, daß im psychischen Untergrund Kräfte wirksam sind, die über die therapeutischen Möglichkeiten hinauszugehen schienen. Diesen begrenzenden Faktoren ging Freud in seiner späten Arbeit *Die endliche und die unendliche Analyse*[217] nach und versuchte, diese begrenzenden Faktoren als »im Abwehrkampf erworbene ungünstige Veränderungen des Ich, im Sinne einer Verrenkung und Einschränkung«[218] zu fassen.

Als eine Ursache für diese »Verrenkungen« im Ich hatte Adler schon sehr früh den »männlichen Protest« als starre Verarbeitung gegen frühe Ohnmachtserfahrungen aus der Säuglingszeit benannt. Hier bot dann Melanie Klein mit ihren Arbeiten einen Fortschritt, insofern sie die bei Freud ausgeblendete »böse Mutter« zum Thema machte und damit den Bereich der frühen Säuglingsbeziehung für die Mainstream-Psychoanalyse insbesondere auf die aggressive Dimension hin erschloß. Die positiveren Elemente in der frühen Mutterbeziehung, wie sie auch in der therapeutischen Begleitung bedeutsam sind, faßte dann Winnicott im Begriff »Holding« zusammen. Die Einsichten des amerikanischen Analytikers Heinz Kohut in die Dynamik der Ich-Selbst-Konstitution in idealisierten und spiegelnden Elternbeziehungen[219] wurden als Selbstpsychologie zusammengefaßt. Die Auswirkungen einer Aggressivierung in der frühen Beziehung auf die Ich-Entwicklung in Form von frühen Spaltungen und die Entwicklung eines »pathologischen Narzißmus« sind ein wichtiges Thema der Arbeiten des amerikanischen Analytikers Otto F. Kernberg.[220]

Die besondere Offenheit, die zur Erfassung frühen Erlebens und früher Beziehungsdynamik nötig ist, hat der englische Analytiker Wilfred Bion in seinen Büchern thematisiert.[221]

Diese Autoren und ihre Beiträge fokussieren bestimmte Aspekte der frühen Entwicklung, die bei der Aktualisierung in der therapeutischen Situation besonders beachtet wurden. Insgesamt konzentrieren sie sich jedoch auf die nachgeburtliche Entwicklung. Die mehr assoziativ gehaltenen Bemerkungen zur Erlebnisbedeutung der Geburt bei Winnicott[222] und bei Bion[223] zur vorgeburtlichen Zeit bleiben ohne systematische Bedeutung, so daß wir eine merkwürdige Demarkation zwischen der Entwicklung in der offiziellen Lehrmeinung und der Hintergrundsentwicklung bei den Analytikern haben, die, von Rank und Graber ausgehend, vorgeburtliche und geburtliche Gefühle systematischer in die Therapie einbezogen.

Einbeziehung der vorgeburtlichen und geburtlichen Gefühle in den therapeutischen Prozeß bei Rank

Rank war durch die Beobachtungen Freuds bei der Analyse des Wolfsmannes auf das Auftreten von Geburtssymbolik in der Abschlußphase der Analyse aufmerksam geworden. Dazu hatte im Fall des Wolfsmannes sicherlich die Betonung der Beendigung durch eine Terminsetzung beigetragen. Er kam zu der Auffassung, daß es sich nicht nur um Geburtssymbolik handele, sondern daß bestimmte Realien der Geburt in der Abschlußphase aktualisiert werden könnten. Wegen der systematischen Bedeutung sei hierzu Rank ausführlich zitiert:

> »In einer Reihe meist erfolgreich zu Ende geführter Analysen ist es aufgefallen, daß in der Endphase der Analyse der Heilungsvorgang vom Unbewußten ganz regelmäßig in der uns großen Teils schon bekannten typischen Geburtssymbolik dargestellt wurde. Ich hatte bemerkt, daß es sich offenbar um die bekannte Phantasie der Wiedergeburt handelte, in die der Genesungswille des Patienten seine Heilung einkleidet, bis mir eines Tages an einem besonders deutlichen Fall klar wurde, daß der stärkste Widerstand gegen die Lösung der Übertragungslibido in der Endphase der Analyse sich in Form der frühesten infantilen Fixierungen an die Mutter äußert, daß diese Fixierung an die Mutter, welche der analytischen Fixierung zugrunde zu liegen schien, die früheste, rein physiologische Beziehung zum mütterlichen Körper beinhaltete. Damit wurde auch die Regelmäßigkeit der Wieder-

geburtsphantasie verständlich und ihr reales Substrat analytisch faßbar. Die »Wiedergeburtsphantasie« des Patienten erwies sich einfach als Wiederholung seiner Geburt in der Analyse, wobei die Lösung vom Libidoobjekt des Analytikers einer genauen Reproduktion der ersten Lösung vom ersten Libidoobjekt des Neugeborenen von der Mutter zu entsprechen schien. Die Analyse erweist sich also letzten Endes als nachträgliche Erledigung des unvollkommen bewältigten Geburtstraumas. Daraus ergibt sich, daß die eigentliche Übertragungslibido, die wir bei beiden Geschlechtern analytisch aufzulösen haben, die mütterliche ist, wie sie in der pränatalen, physiologischen Bindung zwischen Mutter und Kind gegeben war.«[224]

Deutlich ist, daß Rank hier noch nicht von pränatalen Gefühlen, sondern von der »rein physiologischen Beziehung zum mütterlichen Körper« spricht. Ähnlich hatte Adler die vorgeburtlichen Wurzeln des Minderwertigkeitsgefühls zunächst auf der physiologischen Ebene als körperliche Beeinträchtigung[225] bezeichnet. Trotz der Erkenntnis der Projektion vorgeburtlicher und vor allem geburtlicher Gefühle in der Mythologie, im Märchen, in der Kunst, in der Religion usw. kann Rank 1924 in *Trauma der Geburt* nur die geburtlichen Gefühle klarer fassen, während er in bezug auf die vorgeburtlichen Gefühle zur abstrakteren Formulierung der »Urlibido« greift, wie es in der frühen Psychoanalyse üblich war, die frühe Beziehungsebene in Triebabstraktionen zu formulieren, um Abstand zur Dynamik der frühesten vorsprachlichen Mutterbeziehung zu gewinnen. Erst in seinem nächsten Buch über die »analytische Situation« fand er hier zu klaren Formulierungen. Vielleicht hatte er sich mit dem Terminus »physiologisch« auch nur vorsichtig ausgedrückt, um den Kontakt mit der offiziellen Lehrmeinung zu halten, der die vorgeburtliche Situation eine ganz und gar lediglich körperliche und höchstens physiologische war.

Im Vorwort seines Grundlagenbuches zur analytischen Situation schreibt er nämlich, daß ihm im Herbst und Winter 1922 »das Wesen der analytischen Situation klar wurde« und die »ihr zugrunde liegende Mutterbindung«.[226] Doch ist er hier zunächst auch noch schwankend, wenn er formuliert:

»Die Übertragung erwies sich dabei als zurückgehend bis zur allerersten biologischen Bindung an die Mutter, die in der tiefsten Triebschicht regelmäßig die analytische Situation beherrscht.«[227]

Diese Tiefenebene menschlicher Bezogenheit, die immer neu ausbalanciert wird und uns das Gefühl gibt, in »einer« Welt zu sein, und die tiefe Gefühle der Zusammengehörigkeit begründet, ist beim neurotisch Erkrankten aus dem Gleichgewicht geraten und überwertig geworden. Der Grund hierfür ist, daß er sich in seiner seelischen Entwicklung durch die verschiedensten Erschwernisse in der Welt seiner Familie und seiner sozialen Gruppe nicht ausreichend nachhaltig beheimaten und etwas von primärer Sicherheit wiederfinden konnte. Dadurch gerät er im Falle von Belastungen in den Sog frühester Verbundenheitssehnsüchte.

Für diese frühesten Verbundenheits- und Geborgenheitswünsche, die in früherer Zeit im religiösen Raum außerhalb dieser Welt gesucht wurden, wird nun in der analytischen Situation ein Ort in einer geschützten Beziehung geboten, wo die frühen vorgeburtlichen und nachgeburtlichen Gefühle einen Spielraum erhalten, und zwar im Sinne eines nachholenden Entwicklungsraumes. In der »normalen Entwicklung« hat das Kind in der Familienbeziehung und in seiner zugehörigen sozialen Gruppe einen geschützten Raum, in dem es die verschiedenen Erfahrungen in immer neuer Form balancierend verarbeiten und mit den Mythen der Familie und der Gruppe verbinden kann. Des weiteren findet nach Rank das bestätigte Kind in seinem Ich-Erlebnis etwas von seiner vorgeburtlichen Kraft wieder, nachdem es das Abenteuer der Geburt bestanden hat. Dies spiegelt sich in dem gesteigerten Ich-Gefühl, wie es in den Heldenmythen dargestellt ist. Im Verständnis von Rank erlebt das Kind diese aus dem Vorgeburtlichen stammende ursprüngliche Kraft als seinen Willen.

Der neurotische Patient hat diese Beheimatungen und Bestärkungen nicht erfahren, er bleibt letztlich an sein »Embryonal-Selbst« gebunden, wie Rank es ausdrückte, und regrediert in einer Belastungssituation auf ein Element der unbewältigten Urindividuation der Geburt. Das vorgeburtliche Trauma hatte Rank noch nicht im Blick. Es sollte erst von dem ungarischen Analytiker Nándor Fodor[228] entdeckt werden.

Was aber Rank sehr genau verstand, war die grundsätzliche Bedeutung der vorgeburtlichen Mutterbindung und der Balancierung der vorgeburtlichen und nachgeburtlichen Lebensbezüge in unseren Beziehungen und in unserem Verhältnis zu uns selbst. Die Freudschen Formulierungen zum Verhältnis von vorgeburtlichem primären Narzißmus zum nachgeburtlichen sekundären Narzißmus haben die Einsichten Ranks vorbereitet. Die Formulierungen Ranks zur Wiedergewinnung der vorgeburtlichen Vitalität im eigenen Willen und die Gefährdungen einer inneren Erlebniskontinuität durch die traumatischen Aspekte der Geburt haben demgegenüber die Bedeutung einer konkreten entwicklungspsychologischen Verankerung und eine unmittelbare behandlungspraktische Bedeutung. In der Sicht Ranks ist der Ödipus-Konflikt ein auf den Vater verschobener Mutterkonflikt – der gute Vater des »Vaterschutzes« wird zum kastrierenden Vater, wie die gute vorgeburtliche Mutter zur Trennungsmutter wird. Die von Freud vermutete Wurzel des ödipalen Konflikts in archaischen Urzeiten wäre in diesem Verständnis ein intuitiver Hinweis auf eine frühere Lebensebene als Ursprungsort des Konflikts: die Ebene der frühesten Mutterbeziehung.

Man kann die Ausführungen Ranks so verstehen, daß im Falle einer neurotischen Entwicklung die primären Entwicklungsstufen wie Entwöhnung, Geschwistersituation und soziale Geschlechtsrollenidentifikation (ödipale Situation) durch traumatische Aspekte der Geburt oder mangelnde Unterstützung bei deren Verarbeitung in sich verzerrt durchlaufen werden. Deshalb kommt es jeweils nur zu halben Beheimatungen auf der neuen Entwicklungsstufe mit einem verbleibenden Sog in die primäre Sicherheit, der sich aber an der Schwelle der Geburtsangst bricht. Dies entspricht den Fixierungen, und in der Analyse geht es dann darum, »durch Entzifferung der in der Übertragung gegebenen Reproduktionen die Fixierungen der infantilen Libidoentwicklung des Patienten nicht nur zu rekonstruieren, sondern durch gleichzeitige Befreiung von der Übermacht des Schuldgefühls (Angst) den zu stark verdrängten oder gehemmten Libidotendenzen zum ersten Mal eine Abfuhr zu verschaffen. Die analytische Wiederholung bietet die Gelegenheit dazu, gewisse Situationen in der Analyse nicht nur zu reproduzieren, sondern auch analytisch zu verstehen und beherrschen zu lernen. Die bewußte Aufklärung des Patienten erweist sich dabei oft nur als Hilfsmittel zur Reproduktion verdrängter Situationen, die als solche nicht »erinnert« werden können, weil sie, wie gesagt, nie bewußt gewesen waren.«[229]

Zusammenfassend:

»Die analytische Situation ist im wesentlichen für die Libido des Patienten eine Muttersituation; der Analytiker muß sie durch Analyse erst zu einer Vateranpassung erheben und schließlich auch darüber hinausgehend den Patienten auf sein eigenes Ich führen. Allgemeiner gesagt, bildet den Inhalt der von mir sogenannten ›analytischen Situation‹ alles im Verhältnis zur Person des Analytikers aktuell Reproduzierte, im besonderen auf der präödipalen Mutterstufe. Im Verlauf der Analyse wird dann die analytische Situation zur Ödipus-Situation, zur Übertragung im Freudschen Sinne, die also eigentlich nicht zu ›analysieren‹, sondern als neu erworbene Liebesfähigkeit des Patienten zu erhalten und auf andere ich-gerechte Objekte überzuleiten ist. Die eigentliche analytische Arbeit besteht in der Analyse der tiefsten Mutterbindung, auf ihren verschiedenen Stufen (Geburt, Entwöhnung, Geschwister, Kastration) bis zur Ödipus-Situation, welche therapeutisch die erste Anpassungssituation darstellt, der dann als nächste die Überwindung der Ödipus-Abhängigkeit in der eigenen Ich-Entwicklung folgt. Die ganze Therapie ist also auf das emotionelle Übertragungsverhältnis basiert, wie es sich in der analytischen Situation als Wiederholung der biologischen und infantilen darstellt.«[230]

Um die Behandlungstechnik Ranks anschaulich zu machen, seien einige Passagen aus seinem ausführlichen Fallbeispiel in *Die analytische Situation* zusammengefaßt. Es handelt sich um eine Frau mittleren Lebensalters mit einer Abhängigkeitsproblematik, die eine schwierige Geburt hatte und mit 12 Jahren ihre Mutter verlor. Die Vaterbeziehung war negativ.

»In der vierten Stunde berichtet sie, aus einem Traum erwacht zu sein, dessen Ende war, daß Wasser über ihrem Gesicht zusammenschlug. Dieser Traum ist ein deutliches Zurückflüchten zur ›toten‹ Mutter vor der Analyse, die der Traum gleichzeitig symbolisiert, da sie nachträglich hinzufügt, daß sie darin auf dem Rücken auf einem Diwan gelegen sei. Bereits hier ist die Parallele – analytische Situation – Mutterleibssituation – deutlich, die der Patientin aber nicht gezeigt wurde.
20. Stunde. ›Ich war auf einem Schiff, wo wir für irgendeine Aufführung Tanzproben abhalten mußten. Dabei wurde ich an den Füßen gepackt und in horizontaler Lage heftig im Kreise herumgeschwungen.‹ Assoziationen: ›Es ist möglich, daß ich als Neugeborenes in ähnlicher Weise irgendwie geschüttelt wurde, da man mir später erzählte, ich hätte keine Luft bekommen, und manche Hebammen das zu tun pflegen, meist so, daß sie das Kind mit dem Kopf nach abwärts ein wenig mit den Beinen baumeln lassen. Übrigens hatte ich, was der Arzt als Ausnahme bezeichnete, schon im Laufe meines ersten Lebensjahres Keuchhusten und wurde auch da vielleicht irgendwie geschüt-

telt, um Luft zu bekommen. Ich bin eine leidenschaftliche Tänzerin, hatte schon als Kind sehr viel Talent dazu, ein ausgeprägtes rhythmisches Gefühl und tanzte mit acht Jahren bereits sehr gut. Gestern war ich vom vielen Tanzen ein wenig schwindelig geworden.‹ Die Deutung ist nach dem vorher Gesagten leicht: Die Traumsensation kombiniert das unlustvolle Geburtstrauma mit der lustvollen Tanzbewegung, d. h. versucht, es dadurch zu kompensieren. Da die Patientin auch ihre Hemmungs- und Schwebeträume vom achten Jahre an datiert, war das Tanzen die motorische Abfuhr und Sublimierung der gleichen traumatischen Affekte gewesen.

In der 52. Stunde erzählt sie, sie sei wieder genau fünf Minuten nach drei Uhr aufgewacht und hätte den Traum gewußt. Weiter berichtet sie eine merkwürdige Gewohnheit, eher ein Symptom, daß sie nämlich, wenn sie im Dunklen erwacht, sofort aufsteht, um Licht anzuzünden, und dabei wiederholt von einer Ohnmacht befallen worden war; offenbar, weil sie das plötzliche Licht nicht ertragen könne. Wir verstehen dieses Symptom so, wie ihr jüngstes Verdrängen der Träume, wenn wir hören, daß das Erwachen auf den Lichtreiz der Morgendämmerung zurückgeht (...) Nun scheint uns naheliegend, dazu das intensive Geburtstrauma der Patientin zur Erklärung heranzuziehen. Wenn sie den ersten Schimmer des Tageslichts erblickt, sozusagen das Licht der Welt, oder wenn im Dunkel der Nacht plötzlich ein Licht aufflammt, so erinnert sie das an den ersten Schock, der zweifellos auch ein intensiv optischer ist, und sie kann nicht mehr schlafen, sie erwacht.

71. Stunde. Die Patientin erzählt, sie sei wieder sehr früh erwacht und hätte wieder etwas vom Vater geträumt, wisse aber nicht mehr was. Nachher sei sie sofort wieder eingeschlafen und hatte folgenden Traum: ›Ich habe in meinem Zimmer geschlafen, da kam jemand herein und weckte mich. Ich stand auf, ging ins Nebenzimmer, sah auf die Wanduhr und merkte, daß es fünf Minuten nach 11.00 Uhr war. Da dachte ich, ich kann doch nicht mehr rechtzeitig zu Dr. Rank kommen. Bis ich mich anziehe und hingehe, ist ja die Zeit fast vorbei; außer ich sage ihm, daß ich verschlafen habe, was er verstehen wird. Dann träumte ich etwas von meinem Vater, und dann, daß ich auf einem Schiff mit vielen Leuten fuhr, das plötzlich stehen blieb. Ich dachte, wir sind aufgefahren und müssen nun warten, bis die Flut kommt. Da spürte ich, daß das Schiff schaukelte, und dachte, wir bewegen uns also doch. Da wollte ich im Hafen ans Land gehen, aber da stand das Wasser über dem Landungssteg, so daß ich nicht aussteigen konnte.‹

Deutung: Dieser Traum zeigt – wie gesagt – klar, daß bzw. inwieweit der Analytiker jetzt bereits den Vater vertritt, der ja in den letzten Träumen immer deutlicher zum Vorschein kommt. Hatte der vorhergehende Traum ihr Schuldgefühl gegen den Vater, den sie vergessen

(verdrängt) hatte, gezeigt, so verrät dieser Traum die auf den Analytiker übertragene gleiche Tendenz, ihn aufsitzen zu lassen, d. h. nicht zur vereinbarten Stunden zu kommen. Wie stark dabei das dem Vater geltende Schuldgefühl nachwirkt, bzw. überhaupt wirkt, zeigt ein Nachtrag: ›Im Traum war ein Stubenmädchen im Zimmer, der ich sagte, sie solle mich rechtzeitig wecken, da ich immer um 11.00 Uhr eine Verabredung habe.‹ Warum sie nicht zum Mann kommen kann, zeigt das zweite Traumstück, welches deutlich die Mutterfixierung (das Liegen im Bett, Schiff) als Motiv angibt, gleichzeitig in der aktuellen Schicht die analytische (Mutter-)Fixierung bedeutet.
81. Stunde. Traum: ›Ich sah einen Knaben auf einer Art Ringelspielrad sich drehen, wobei man heftig mit den Füßen treten mußte, um im Gleichgewicht zu bleiben. Anfangs schien ihm dies Vergnügen zu machen, aber dann sah ich ihn daneben lehnen, und seine Füße schienen gelähmt zu sein (...) Dann sagte mir meine Schwester, die zum Ausgehen bereit war, ich solle mit ihr kommen, sie müsse weggehen, sie halte die Monotonie nicht aus. Ich sagte, ich kann nicht weggehen, ich habe zu viel zu tun.‹ Assoziationen: ›Beides sagte ich dieser Tage: Ich habe viel zu tun, wegen meiner Abreise; auch klagte ich über Monotonie des Lebens hier.‹
Deutung: Da im Traum die Schwester das sagt, handelt es sich offensichtlich um eine Identifizierung mit ihr, welche dazu dient, den Konflikt der Patientin wegen ihres Weggehens aus der Analyse von sich auf die Schwester als ihrem Ich-Ideal (Muttersatz) zu verschieben. So kann die Patientin im Traum antworten, sie könne nicht mitgehen, sie bleibe hier. Den gleichen Konflikt wie der zweite Traum auf der Ich-Stufe zeigt der erste in infantiler Sprache bzw. auf der Stufe infantiler Regressionen: Der Knabe machte heftige (Geh-)Bewegungen mit den Beinen (Ungeduld), ohne von der Stelle zu kommen; später ist er sogar gelähmt, d. h. kann überhaupt nicht weggehen.«[231]

Nur eine eingehende Analyse der Lähmungshemmung auf dem Hintergrund der geburtstraumatischen Fixierung ist, wie hier angedeutet, nach Rank in der Lage, den Ablösungskonflikt wirklich durchzuarbeiten, die der Patientin dann ermöglicht, sich neuen Lebenszielen zuzuwenden.

Es ist deutlich, wie Rank seine Einsichten in die Bedeutung vorgeburtlicher und geburtlicher Gefühle für ein vertieftes Verständnis des therapeutischen Prozesses zur kreativen Entwicklung von Liebesfähigkeit, zum eigenen Wollenkönnen und zur Fähigkeit zur eigenen Lebensgestaltung nutzt. Er bleibt damit dem psychoanalytischen Ideal komplexer Prozeßbeschreibung einer genuinen Nachentwicklung eigener Autonomie treu, gerät aber durch die Einbeziehung vorgeburtlicher und geburtlicher Gefühle in die Notwendigkeit, doch die Grundkoordinaten seiner psychoanalytischen Sichtweise ganz neu zu bestimmen.

In dem besprochenen Band *Die analytische Situation* hatte er noch die Hoffnung, mit der Beachtung und Wahrnehmung vorgeburtlicher und geburtlicher Gefühle und ihren Abkömmlingen würde eine produktive Ergänzung zum bisherigen analytischen Wissen geliefert, das sich konstruktiv einfügen ließe. Doch zeigt die sehr polemische Kritik, wie sie insbesondere Ferenczi[232] vorbrachte, daß er eine sehr brisante Thematik berührt hatte, die ihn in Widerspruch zum Freudschen Theoriegebäude brachte, das der damals noch relativ kleinen psychoanalytischen Gruppe identifikatorische Sicherheit bot.

Erst in Band III seiner *Technik der Psychoanalyse* geht er in eine schroffere, kritische Auseinandersetzung und formuliert eine schonungslose und aufgrund seiner intimen Vertrautheit mit allen Entwicklungen äußerst klarsichtige Kritik an der damaligen Psychoanalyse, insbesondere hinsichtlich ihrer Theorielastigkeit, der Vermischung von Theorie und Therapie mit theoretischer Rechtfertigung technischer Schwierigkeiten und der Rückanwendung der so gewonnenen Theorie auf die Therapie und der allzu dominanten Rolle des Therapeuten und seiner Interpretationen, während er seine Rolle »im Bewirken und Gestatten von Leben«[233] sieht.

In Band II seiner *Technik der Psychoanalyse,* »Die analytische Reaktion in ihren konstruktiven Elementen«[234] von 1929, geht es Rank noch mehr darum, seine neuen Positionen zu verdeutlichen und für sie zu werben. Es gelingt ihm, die heilsamen Elemente in der »analytischen Situation« noch genauer und weniger theoretisch zu fassen.

Dabei rückt er das »analytische Erlebnis« in der Reaktion auf die neue Situation und die konstruktive Auswertung »jenseits der Übertragung, jenseits der Wiederholung« in den Vordergrund.

Es geht darum, daß der Patient sich gerade auch in den sogenannten »Widerständen« als ein kreatürlich Wollender erlebt. Für den therapeutischen Prozeß heißt das, die Willensprojektion des Patienten auf den Therapeuten als »positiven Willensakteur« als Zwischenstufe für die eigene Willensentwicklung zu nehmen, um eine Selbstbildung und Selbstgestaltung zu erreichen. Es geht dabei weniger um die Aufhebung von Verdrängungen als vielmehr um die Aufhebung von Verleugnungen, insbesondere Gefühlsverleugnungen.

Dabei wird ganz von der Gegenwart ausgegangen, weil sich vorsprachlich Vergangenes durch Vergegenwärtigung mitteilt:

> »In der therapeutischen Situation haben wir also alle Elemente gegeben, um diesen ganzen Prozeß zu verstehen, d. h. bewußt erleben zu lassen und so therapeutisch auszuwerten. Die therapeutische Beziehung stellt ein aktuelles Gefühlserlebnis dar, auf das der Patient ohnehin mit seinem Reaktionsmodus reagiert. Wir brauchen also nicht in die Vergangenheit zurückzugehen, um seinen Reaktionsmodus zu verstehen. Täten wir es doch, wie es die Freudsche Technik vorschreibt, so verstünden wir erst nur die damalige Reaktion des Individuums, nicht aber seine heutige. Im gegenwärtigen Erlebnis haben wir dagegen seinen gesamten Reaktionsmodus, alle seine früheren Reaktionsweisen plus die gegenwärtigen. Wenn das Individuum neurotischer Weise mehr oder stärker verdrängt oder verleugnet, so tut es dies auch im therapeutischen Erlebnis, und hier ist der Ort, ihm zu zeigen, wie er die Verbindung mit dem Erlebnis, in dem Maße als es zur Vergangenheit wird, zu zerreißen versucht.«[235]

Eine weitere Verdeutlichung:

> »Die therapeutische Arbeit im aktuellen Erleben, die übrigens weit schwieriger ist als die historisch-kausale Erklärung, hat den Effekt, daß sie das Individuum in seinem Innenleben mit der seelischen Vergangenheit, die es verleugnen möchte, wieder verbindet und es so vereinheitlicht, daß es seine ganze volle Persönlichkeit ungeteilt in das neue gegenwärtige Erleben werfen, d. h. aber überhaupt erleben kann. Hier wird klar, daß die sogenannte Fixierung an die Vergangenheit, das Leben in Reminiszenzen, eigentlich ein Schutz vor dem Erleben, vor der Hingabe an die Gegenwart ist (...) Die konstruktive Auswertung dieses Erlebnisses besteht in der Aufhebung der aktuellen Gefühlsverleugnungen und der zugleich damit erreichten Realverknüpfung mit dem aktuellen Erleben selbst.«[236]

Es ist die Stärke Ranks, zwischen den Strukturen unseres komplexen Alltagsbewußtseins und allerfrühesten Beziehungssituationen konstruktive Verbindungen herzustellen. Hier, so meine ich, können alle Therapierichtungen von ihm lernen. Denn es hat sich, wie noch zu schildern sein wird, historisch eine Divergenz zwischen dem psychoanalytischen Gesichtspunkt, der vom Verstehen und komplexen Erleben ausgeht, und dem primärtherapeutischen und körpertherapeutischen Vorgehen, das ausschließlich vom Erleben ausgeht, entwickelt. Es gilt hier, gerade durch die Vergegenwärtigung der ganzheitlicheren Position Ranks integrative Perspektiven zu entwickeln. So zeigt er, wie eine negative Geburtserfahrung zu einer negativen Einstellung zu sich selbst führen kann, und macht deutlich, wie dies in den verschiedensten Lebenssituationen, insbesondere der Liebesbeziehung zerstörerisch wirksam sein kann, weil eine »Hingabe an den anderen« ein »Einssein mit sich selbst« voraussetzen würde. Deshalb »gipfelt die konstruktive Therapie darin, daß das Individuum sich selbst als verschieden, als Individualität mit individuellem Eigenwillen akzeptieren oder sogar bejahen kann, anstatt sich verneinen zu müssen (...) Die Akzeptierung der Differenz im sozialen Sinne bedeutet, daß sich das Individuum als verschieden von anderen Individuen fühlen darf.«[237]

Wir haben also gerade in den komplexen gegenwärtigen Gefühlen mit der Präsenz der archaischen Ebene in der Beziehung zu rechnen, die früher in der religiösen Projektion untergebracht war. Das macht etwas von der Komplexität der therapeutischen Situation aus. Rank schreibt dazu:

> »Ich fasse die ›Übertragung‹ und die ihr zugrunde liegende Verliebtheit selbst als ein Projektionsphänomen auf, d.h. aber in der Sprache der Willenspsychologie als einen Versuch des Individuums, seinen eigenen Willen statt zu verleugnen im anderen zu personifizieren und ihn so zu rechtfertigen. In diesem Sinne ist das Liebesgefühl, auch historisch betrachtet, eine Fortsetzung des religiösen Gefühls, mit dem es auch vielfach, am deutlichsten bei den Mystikern, verschmilzt. Die Verliebtheit ist die Fortsetzung der irrealen Willensrechtfertigung im Gott, in der irdischen Vergötterung eines realen Menschen, dessen eigener Wille dem unsrigen möglichst gleich sein soll, aber doch immer von ihm verschieden bleibt.
>
> Der willensgebrochene Neurotiker will sich zunächst im Therapeuten einen ›strengen Gott‹ setzen, der erlaubt und verbietet, d.h. aber die moralische Verantwortung für den ethischen Willenskonflikt des Patienten übernimmt. Dieser ewige Menschheitskonflikt zwischen der Personifikation des eigenen Willens im anderen (Gott) und der Personifizierung des ihn gutheißenden ethischen Ideals im anderen (Liebe), mit anderen Worten zwischen religiösem Gefühl und erotischem Gefühl, spielt sich in der therapeutischen Situation vor unseren Augen ab. Und in beiden Sphären, als Kampf zwischen der Tendenz zur Verinhaltlichung, zur Realisierung und dem Wunsch nach Irrealität, die

aber im Sinne der konstruktiven Therapie Ichheit, d.h. Selbständigkeit und Unabhängigkeit bedeutet.
Denn die Personifikation der Gottschöpfung muß irreal bleiben, wenn sie ihren Zweck, den Eigenwillen darzustellen, erfüllen soll: daß der Gott realiter nicht existiert, ist sein seelischer Wert, damit seine ganze Größe und Macht von selbst auf das Individuum zurückfällt. Umgekehrt muß die Liebesschöpfung realisiert werden, weil sie ihren Zweck, die positive Willensdurchsetzung durch Gutheißung des anderen erfüllen soll. Dieses tief wurzelnde Liebesbedürfnis unseres heutigen Menschentyps, das wir als reale Fortsetzung des irrealen Gottesbedürfnisses auf Erden charakterisiert haben, bildet das größte Hindernis einer konstruktiven Therapie, deren Aufgabe es ist, das Individuum diese Zusammenhänge im therapeutischen Erlebnis verstehen zu lassen. Dadurch wird erreicht, daß das Übermaß von neurotischer Selbstverachtung, wie es sich im Schuld- und Minderwertigkeitsgefühl manifestiert, zu einer Selbstakzeptierung der eigenen Individualität führt, die so von der Wertung irrealer und realer Außenmächte unabhängiger wird.«[238]

Die Psychotherapie hat nun als wesentliches Ziel, das Leben als Folge von Individuationsschritten und als Folge von Trennungen zu akzeptieren. Wenn die Geburt aus welchen Gründen auch immer belastet war, dann besteht eine Tendenz, sich dieser fundamentalen Lebenstatsache, dem »Stirb und Werde«, wie Goethe es genannt hat, zu entziehen. Rank schreibt dazu:

»Das therapeutische Erlebnis muß nun das Individuum zum ersten Male eine solche notwendige Trennung als eine selbst gewollte empfinden und auch durchführen lassen, was einem Willenssieg entspricht, wie ihn sonst nur der schöpferische Mensch zu erleben fähig ist. Im therapeutischen Erlebnis (jeder Art) scheint es notwendig, daß das Individuum seinen schicksalschaffenden Eigenwillen auf den anderen projiziert, um sich als Geschöpf von der schöpferischen Schuld zu entlasten. Im konstruktiven Erlebnis der Trennung soll das in der analytischen Situation auf zwei Rollen verteilte Willensproblem wieder vereinheitlicht werden, indem das Individuum in den Stand gesetzt wird, die schöpferische Rolle des sich selbst und sein Schicksal schaffenden Ich zu übernehmen und zu bejahen.
Denn auch die Neurose war etwas vom Individuum selbst Geschaffenes, eine Äußerung des Willens, der lieber seine eigene Niederlage schafft, als seine Machtlosigkeit eingesteht. Denn das therapeutische Erlebnis ist dadurch charakterisiert, daß in ihm beide, der Patient wie der Therapeut, Schöpfer und Geschöpf zugleich sind oder besser ge-

> sagt, der Patient nicht nur Geschöpf sein darf, sondern auch zum Schöpfer werden muß, der Therapeut nicht nur die Schöpferrolle spielen darf, sondern zeitweise auch dem Schöpferwillen des Patienten als Material dienen muß, was ohnehin automatisch geschieht und im therapeutischen Erlebnis ebenso unvermeidlich erfolgt wie im gewöhnlichen Erlebnis. Wir können hier die Selbstbestimmung definieren als ein gewolltes und bewußtes Schaffen seines eigenen Schicksals, d. h. aber kein Schicksal im äußeren Sinne haben, sondern sich selbst als Schicksal und schicksalschaffende Macht akzeptieren und bejahen. Dieser Schritt von der schicksalhaften zur selbstbestimmenden Einstellung wirkt aber im therapeutischen Erlebnis nicht egozentrisch und realitätsentfremdend, wenn er statt einer Akzeptanz der Realität im Sinne des Schicksals die Akzeptierung des eigenen Selbst als schicksalbestimmend anstrebt.«

Für Rank sind die zentralen menschlichen Probleme weniger von der Definition als Triebwesen, sondern eher von der Auffassung als Leidwesen her erfaßbar. Der traumatische Aspekt der menschlichen Geburt markiert nach ihm zwei Dimensionen einer Urangst:

> »Die innere Angst, die das Kind beim Geburtsvorgang erlebt (oder auch schon mitbringt?), hat bereits beide Elemente der Lebensangst und der Todesangst in sich, indem die Geburt einerseits ein Ende des (bisherigen) Lebens bedeutet, andererseits die Angst vor dem neuen Leben mit sich birgt. Die stärkere Betonung der einen oder anderen dieser beiden Angstkomponenten im Geburtsakt selbst scheint mir immer noch die empirische Bedeutung des Geburtstraumas für das spätere Schicksal des Individuums zu beinhalten. Darüber hinaus war mir aber das Geburtstrauma auch schon Symbol für die ursprüngliche Leidensnatur des Menschen.
>
> Die Angst bei der Geburt, die wir als Lebensangst bezeichnet haben, scheint mir geradezu der Angst-vor-dem-leben-Müssen als isoliertes Individuum und nicht umgekehrt, der Angst vor dem Verlust der Individualität (Todesangst) zu entsprechen. Das würde aber heißen, daß die Urangst eine Angst vor der Trennung vom All, also einer Angst vor der Individuation entspringt, weshalb ich sie Lebensangst heißen möchte, daß sie aber späterhin als Angst vor dem Verlust dieser teuer erkauften Individualität, als Angst vor dem Tode, der Wiederauflösung ins All, auftreten kann. Zwischen diesen beiden Angstmöglichkeiten, sozusagen Angstpolen, ist aber das Individuum zeitlebens hin- und hergeworfen, weshalb es auch nicht gelingen konnte, die Angst auf eine einzige Wurzel zurückzuführen und therapeutisch zu überwinden. Jedenfalls macht der Neurotiker diesen Eindruck eines negativen

Triebmenschen, der fortwährend bestrebt ist, das Sterben aufzuhalten und den Tod abzuhalten, der aber damit den Destruktionsprozeß nur beschleunigt und verstärkt, weil er nicht im Stande ist, ihn schöpferisch zu überwinden.«[239]

Der entscheidende Punkt ist der, daß eine neurotische Erkrankung nicht nur das Ergebnis eines begrenzten Konflikts oder einer traumatischen Schädigung ist, die kuriert werden soll, sondern daß man es in der Neurose wegen der tiefsten Wurzeln neurotischer Konflikthaftigkeit in den Gefährdungen unseres In-die-Welt-Kommens und unserer Selbstkonstitution immer mit den elementaren Lebenskonflikten des Menschen und mit den Lösungen zu tun hat, die wir in unserer Zeit hierzu finden können. Insofern hatte ja auch Freud die begrenzte Neurosentheorie einer sexuellen Hemmung als Ursache neurotischer Symptome in der Auseinandersetzung mit den grundlegenden Konflikthaftigkeiten unseres In-der-Welt-Seins zu sehr umgreifenden Formulierungen über die Natur des Menschen ausgeweitet.

Rank setzt mit seinen Fragestellungen gewissermaßen unmittelbarer an der Wurzel menschlicher Lebensproblematik an und bemüht sich immer um eine psychohistorische Sicht[240] unserer aktuellen Probleme. Dabei akzeptiert er die Todesangst als »Erzübel der Menschheit«, das durch die »kollektiven Mittel früherer Zeitalter nicht mehr kuriert werden kann«. Solche kollektiven Mittel waren insbesondere auch Opferungen:

»Die Todesangst des Ich wird durch Tötung (Opferung) des anderen gemildert, man kauft sich durch den Tod des anderen von der Strafe des eigenen Sterbens (Getötetwerdens) los. Man erkennt sogleich, daß diese ›kriminelle‹ Lösung das Gegenstück zur neurotischen darstellt; denn in beiden Fällen handelt es sich um eine Vorwegnahme der Todesstrafe (des Sterbens), nur beim Neurotiker in Form von Selbstbestrafung, beim Kriminellen in Form von Bestrafung oder Tötung des anderen, der dann in der Regel die Bestrafung des Ich von seiten der Gesellschaft folgt.«[241]

Die psychohistorisch gewachsene Individualisierung hat zur Folge, daß wir diese Urkonflikte um Todesangst und Sehnsucht nach ewigem Leben nicht mehr kollektiv austragen können, sondern unsere aktuellen Beziehungen zum Austragungsort urtümlicher Gefühle werden:

»In jeder intimeren menschlichen Beziehung, sei sie nun die zwischen Eltern und Kind, Lehrer und Schüler, Vorgesetzter und Untergebener, ebenso im Verhältnis der Geschlechter und insbesondere in der Ehe, wird spontan und unvermeidlich die Strafinstanz im anderen aufgerichtet und macht das Verhältnis in der Regel so schwer verständlich und oft unmöglich. Es handelt sich dabei immer – und schon im Kind – um eine nach außen verlegte Selbstbestrafung, die der Angstminderung dient.«[242]

Deutlich ist, daß es sich hier um ein sehr prekäres Gleichgewicht handelt, das bei traumatischen Bedingungen, äußeren Belastungen und fehlenden Kompensationsmöglichkeiten leicht entgleisen kann.

Ein weiterer, für das Verständnis neurotischer Störungen und für die Dynamik in der therapeutischen Situation zentraler Zusammenhang ist der, daß »im Ich-Gefühl wieder etwas von der ursprünglichen Totalität« wiedergewonnen wird:

»Die allmähliche Entwicklung der eigenen Ganzheit im Ich-Gefühl ist ein individueller Ersatz der verlorenen Gesamttotalität und schützt das Kind vor der Urangst, wenngleich diese bei erreichter Ich-Einheitlichkeit durch die Angst vor dem möglichen Verlust derselben abgelöst wird. Diese Angst heftet sich dann bei Kenntnis des Todes an dieses universale Symbol der Ich-Auflösung, ist aber konkreterweise an die ständige Bedrohung des Total-Ichs durch die Außenwelt, das Leben selbst, gebunden. Denn das Leben fordert ständige Partialisierung und der gut angepaßte Mensch wird imstande sein müssen, durch ständige Partialabzahlung zu leben. Das neurotische Scheitern an dieser Aufgabe kann prinzipiell auf zweierlei Weise erfolgen: Entweder man wirft in jedes noch so unbedeutende Ereignis das ganze Ich, aus Angst, es sonst partiell zu verlieren (Lebensangst); oder man hält überhaupt das ganze Ich vom Leben fern (Todesangst), da weder die Partialisierung noch die Totalisierung möglich ist. Der Neurotiker, der sich aus Angst, sein Ich zu verlieren, nicht ans Leben heranwagt, kann auch nur durch Angst aus seiner Ich-Gebundenheit herausgetrieben werden. In diesem Sinne ist die Neurose zugleich ein Zurückgehaltenund ein Vorwärtsgetriebenwerden, Krankheits- und Heilungsprozeß in einem. Die Therapie hat nur die Heilungstendenzen zu stärken und die Krankheitstendenz zu schwächen, ist mehr eine Akzentverschiebung im Menschen als eine Veränderung des Menschen. Die große Veränderung, die zur Entwicklung nötig ist, hat die Neurose selbst im Individuum bereits angebahnt, nur läßt es die Angst über einen gewissen Punkt nicht hinauskommen.«[243]

Wichtig ist auch hier der kulturpsychologische Zusammenhang. Das Ich-Gefühl als Ersatz für die vorgeburtliche Ganzheit zu nutzen ist eine moderne Lösung jenseits der Externalisierung dieses Totalitätssymbols in der Überperson eines Königs. Diese Lösung macht erst Individualität in einem modernen Sinne möglich, wie Goethe es formulierte: »Das höchste Glück der Erdenkinder sei doch die Persönlichkeit«[244], woraus folgt, daß auch das höchste Leid in der Persönlichkeit liegt und sich im neurotischen Unglück manifestiert.

Der Total-Partial-Konflikt ist als Ausdruck der Gebrochenheiten in unserem Zur-Welt-Kommen in jedem Menschen lebendig und wird in der Sicht Ranks normalerweise durch die »sogenannte Anpassung an die Realität« gelöst, die »eine Wiedereinordnung des Individuums als eines Teils in ein Ganzes, sei es nun biologisch die Familie, sozial die Berufsgruppe oder Nation (Rasse), ätiologisch die Religion oder ein ähnliches gemeinsames Bekenntnis (Wissenschaft, Kunst usw.). Der neurotische Typus macht umgekehrt die ihn umgebende Wirklichkeit zu einem Teil seines Ichs, was sein schmerzhaftes Verhältnis zu ihr erklärt, denn alle äußeren Vorgänge, so unbedeutend sie an sich auch sein mögen, betreffen letzten Endes ihn selbst, sind Veränderungen seiner selbst, die er schmerzhaft empfindet. Er ist in einer Art magischer Einheit viel mehr mit der Ganzheit des Lebens um ihn herum verbunden als der realitätsangepaßte Typus.

Während es in einer Anzahl von Fällen dem Individuum gelingt, mittels einzelner neurotischer Symptome die Angst zu lokalisieren, was einer Partialisierung des Ich entspricht, scheint in anderen Fällen das ganze Ich ergriffen. Bei diesem Typus, dessen klassische Ausprägung die Depression darstellt, kommt ein Charakterzug der Neurose deutlich zum Vorschein, den wir in anderen Fällen nur theoretisch erschließen können: Das Individuum hat nicht so sehr Angst vor dem Sterben oder den Wunsch danach, sondern es ist tot, zwar nicht biologisch, aber insofern sein Verhältnis zur Welt, das positive Erleben in Betracht kommt. Es handelt sich dabei um eine Art »Totstell-Reflex«. Was beim Menschen das Funktionieren dieses Mechanismus, der zugleich Ausdruck und Abwehr der Angst ist, stört, ist das quälende Bewußtsein, das das Individuum nicht vergessen läßt, daß es lebt, wenngleich es das Gefühl des Totseins hat. Tatsächlich entsprechen diese Fälle von Neurose einem Zustand des Lebendig-begraben-Seins, so wie andere Fälle einem ständigen partiellen Selbstmord entsprechen.«[245]

Wegen der »überstarken Totalisierungstendenz« kommt es in den neurotischen Reaktionen notwendig zur »inneren Spaltung als einem Versuch zur Lebensanpassung. Diese innere Spaltung des Neurotikers, die sich als ›Konflikt‹ manifestiert, ist im Gegensatz zur äußeren Partialisierung des Normalen doch immer noch eine Vermeidung der gänzlichen Hingabe, ein Gebenwollen und doch nicht Gebenkönnen, gleichsam eine Geste des Gebens, ohne den wirklichen Akt. Alle neurotische Symptomatik ist eine solche mißglückte Pars-pro-toto-Lösung, die sich von der normalen Partialisierung dadurch unterscheidet, daß jeder Teil wieder zum Symbol des Ganzen wird und daher nicht gegeben werden kann.«[246]

In der therapeutischen Situation können sich die beiden Teile dieser Spaltung auf die beiden Personen verteilen und so kann eine Ganzheit wiedergewonnen werden, in deren Schutz ein Fühlen möglich ist, das vom Neurotiker gerade vermieden wird, um sich nicht zu verlieren:

> »Die analytische Therapie mit ihrer aktionshemmenden und gefühlsbildenden Einstellung ist daher im wesentlichen ein Fühlenlernen, ein Prozeß, in dem das Individuum Gefühl entwickeln lernt, aber auch das aufkommende Gefühl in sich anerkennen, d. h. Akzeptieren und ertragen muß, ohne es in anderer als in Denk- und Sprachaktion abzuführen. Gelingt zunächst die Gefühlsstauung, d. h. kann das Individuum Gefühl aufkommen lassen und behalten, so ist damit der erste Schritt zur Vereinheitlichung des Ich getan, dass sich aus Angst vor Totalverlust gespalten hatte. Anstelle von Triebimpuls und Willenshemmung, die beim Neurotiker im Konflikt liegen und sich dynamisch die Waage halten, tritt das Gefühl, das nicht nur beide Sphären repräsentiert, sondern auch verbindet, mit einem Worte, die Totalpersönlichkeit auf der letzten Stufe ihrer Entwicklung darstellt.«[247]

Es ist bedeutsam, daß dieses moderne Ideal einer reflexiven Emotionalität als einer inneren Bühne des Austragens von Beziehungsspannungen und eines Mediums der Selbstfindung ein modernes Projekt ist, was sich u. a. in der deutschen Klassik herausbildete, wobei nach Schiller der Mensch definiert ist als »ein Wesen, welches selbst die Ursache, und zwar absolut letzte Ursache seiner Zustände sei, welches sich nach Gründen, die es aus sich selbst nimmt, verändern kann.«[248]

Für Rank steht die Abschlußphase einer Psychoanalyse im Zeichen des produktiven Paradigmas der Geburtssymbolik, die therapeutisch in besonderer Weise produktiv ist:

> »(…)nämlich durch die Akzeptierung der Trennung in einer konstruktiven Weise, indem der abgespaltene Ich-Teil, ob nun als Mutter oder als Hilfs-Ich bezeichnet, zur Außenwelt wird. Der Unterschied von der Geburt, wie ich ihn jetzt im Sinne der vorhergehenden Ausführungen formulieren möchte, ist jedoch der, daß die dynamische Therapie das immer noch fötale ›Embryonal-Selbst‹, als das sich der Neurotiker repräsentiert, in ein höher differenziertes Ich verwandelt, das auf dieses Trauma konstruktiv und nicht mit Hilflosigkeit reagiert. Diese konstruktive Reaktion besteht darin, daß die Trennung nicht mehr als Ich-Verlust empfunden, sondern zur Ich-Bereicherung verwendet wird, indem das Individuum jetzt auf einer höheren Stufe der Ich-Entwicklung, nämlich der Gefühlssphäre reagieren kann, anstatt mit seinem totalen Selbst; zugleich auch ermöglicht die gefühlsmäßige Erledigung des Traumas, deren das Kind noch unfähig ist, eine innere Komplettierung, die den Trennungsverlust kompensiert.«[249]

Ich habe Ranks therapeutische Annahmen so ausführlich zitiert, weil er der erste ist, der die Einsicht in die Erlebnisbedeutsamkeit vorgeburtlicher und geburtlicher Gefühle im Kontext einer psychischen Evolution diskutiert. Es ist wohl seine Verwurzelung im Mut des 19. Jahrhunderts zu großen neuen Entwürfen, insbesondere seiner intimen Kenntnis Schillers[250] und Nietzsches, die ihn im Verein mit der Herausforderung durch Freuds große kulturpsychologische Spekulationen auf der Ebene des Vaterkonflikts dazu befähigt hat. Ich glaube, daß dieser Entwurf Ranks das Potential zu einer entwicklungs- und kulturpsychologisch fester begründeten Rahmenvorstellung einer psychoanalytisch begründeten Psychotherapie enthält.

Faktisch sind wegen der prominenten Bedeutung, die Rank seinerzeit hatte, über eine durchaus belegbare, aber nicht öffentlich gemachte Rezeption[251] breite Übernahmen seiner Grundgedanken, wie etwa der Präödipalität, des Begriffs »analytische Situation«, des Aspekts des »hic et nunc«, der Beziehung, der Bedeutung der Verleugnung und anderem gemacht worden, aber immer, und das ist entscheidend, ohne seine klare entwicklungspsychologische Erfassung der Bedeutung der vorgeburtlichen und geburtlichen Gefühle und deren lebensgeschichtlicher Bedeutung insgesamt. Das führte zwar zu einem therapeutischen Fortschritt und stand im Einklang mit dem gesellschaftlichen Common sense der Verleugnung von vorgeburtlichem und geburtlichem Erleben, blieb aber gerade deshalb auch in entscheidender Hinsicht begrenzt.

In der weiteren Entwicklung nach Rank kam es nicht mehr zu solchen systematischen Gesamtentwürfen, sondern eher zur Bearbeitung von Einzelfragen zur Aktualisierung von geburtlichem Erleben und darüber hinaus zu einer eingehenderen Erforschung, wie vorgeburtliche Erfahrungen und Traumatisierungen aktualisiert werden.

Behandlungstechnische Perspektiven bei Graber

Hans Gustav Graber (1893–1982) hat zur gleichen Zeit wie Rank in den zwanziger Jahren begonnen, vorgeburtliche und geburtliche Gefühle zu erforschen, und hat im Jahr 1924, seine Ergebnisse unter dem Titel *Die Ambivalenz des Kindes*[252] veröffentlicht. In der eigenen Analyse hatte er positive vorgeburtliche Gefühle als ursprüngliches Selbstgefühl erfahren und entwickelte davon ausgehend die These, daß der Weltenwechsel der Geburt eine Art Urambivalenz bewirkt. Er war es, der in seiner unermüdlichen Forschungsarbeit den Gedanken einer Pränatalen Psychologie wachhielt und durch die Gründung der Internationalen Studiengemeinschaft für Pränatale Psychologie (ISPP) zusammen mit dem Österreicher Igor Caruso und dem Argentinier Arnaldo Rascovsky ein fruchtbares Forum für den wissenschaftlichen Austausch schuf.[253] Wichtig sind seine Konzepte der »Totalregression« (der intrauterinen Regression) und des »Primär-Widerstandes«, der Vermeidung der Wiederbelebung des Geburtstraumas. Seine Behandlungsvorstellungen faßte er in folgenden Sätzen zusammen:

> »Es ist die oft unangreifbare und unwandelbar erscheinende Widerstandshaltung des Patienten, die unsere Bemühungen mit einer starr und primär fixierten Regressionshaltung embryonaler Daseinsansprüche absoluter Geborgenheit, gottähnlichem Geliebtwerden, absoluter Güte usw. in Bann versetzt. Ich habe bereits vor mehr als 20 Jahren und seitdem immer wieder darauf verwiesen, daß die Hauptaufgabe der Psychotherapie die ist, das ich-hafte Gefüge aus Identifizierung mit Fremden, das Außenweltcharakter trägt (falsches Selbst), aufzuheben, um dem Selbst, dem Ursprünglichsten und Eigensten der Seele, Entfaltung zu ermöglichen, doch können wir, sofern wir das Organ dafür besitzen, tagtäglich in der Praxis erfahren, wie im Grunde jeder kleinste seelische Heilungserfolg eine Art Wiedergeburt aus einem gebundenen in ein freieres Dasein ist.«[254]

Um die Beobachtungen von Graber zu veranschaulichen, zitiere ich einige kasuistische Passagen:

»In manchen Fällen steht die Überwindung der Geburtsangst im Vordergrund. Hierzu ein Beispiel: Ein Akademiker mittleren Alters erklärt, daß er das ganze Leben hindurch die Vorstellung gehabt habe, überhaupt nicht geboren zu sein. Er habe sich stets wie in einem Gefängnis erlebt, aus dem es keinen Ausweg gibt. Entsprechend steckte er in einer schweren Depression und Beziehungsstörung zur Welt – aber auch zu seiner Innenwelt. Immer wieder befiel ihn die Urangst vor der Grenzüberschreitung, der Katastrophe, die er wie einen schweren Geburtsvorgang erlebte, verständlich, daß er sich in der Analyse zunächst einzukapseln versuchte. In Erkenntnis des intrauterinen Regressionszuges gelang ihm jedoch schließlich eine starke Aktivierung des Befreiungsdranges, was ein erfolgreiches sich Durchsetzen im Alltag zur Folge hatte.«

Ein psychisch ähnlich strukturierter Fall:

»Der Direktor einer Großfirma (...) ist seiner Innenwelt und seinem Körper gegenüber völlig hilflos geworden, er leidet an Schwindelgefühlen, Herzklopfen, Erröten, Schweißausbrüchen, Erblassen, Versagen der Beine, wenn er von Unfällen oder Todesfällen hört. Nirgends im Leben ist ihm so wohl wie auf Dampfschifffahrten mit ihrem Wellenrhythmus. Analysen, so meint er, müssen auf Dampfschiffen erfolgen! Im Sprechzimmer seines Analytikers sind sein Wille, sein Gefühl, seine Affekte völlig koartriert; die Neurose ist zur Übertragungsneurose geworden. Die Dual-Einheit, in der er mit mir lebt, gleicht einer Reproduktion seiner pränatalen Mutter-Kind-Beziehung: Er ist wie in mir eingeschlossen, aktionsunfähig und in dauernder Erwartung, daß ich, wie dereinst die Mutter, ihn befreie, gleichsam Wehen produziere, die ihn hinauswerfen. Er wirft mir vor, ich verhalte mich wie die Schwangere, die aus Todesangst vor der Geburt Wehen blockiert. Zudem müßte ich ihn herausfordern, damit er wie draußen im Leben mit Affekten reagieren könne. Daß ich seinen Forderungen nicht entspreche, veranlaßt ihn, sich immer wieder lediglich zu beklagen. Die Affektblockade verhindert einen Aggressionsdurchbruch. Nach innen allerdings erfolgt er in den erwähnten Symptomenkomplex dann, wenn Todesvorstellungen auftauchen. Ein entsprechendes Trauma als Prägung war außer dem der Geburt in der Kindheit nicht zu finden. Die Todesangst – als Reproduktion der Geburtsangst – wird dann auch in Träumen vom Patienten immer wieder produziert. Die völlige Ohnmacht gegenüber dem Inwendigen der Todesangst und dem Inwendigen der reaktiven Körper-

symptome wiederholt sich in der Ur-Übertragung auf das Inwendige des Sprechzimmers und des Analytikers.
Das unbewußte pränatale Dual-Einheitserlebnis, das einerseits im Sog des dauernden regressiven Unlustbegehrens und andererseits in der Abwehr des Geburtstraumas fixiert ist, bleibt ohne die Analyse beider Vorgänge bestehen. Sie bilden allgemein die Basis jeglichen Ich-Abwehrverhaltens. Beide, intrauterine Regression und Geburtstrauma, müßten letztlich in der Primärübertragung zum Analytiker und im Ur-Widerstand der Ablösung von ihm analysiert und gelöst werden.«[255]

Um die Vielgestaltigkeit der frühen Regressionen zu demonstrieren, noch einige andere Behandlungsvignetten von Graber:

»Ein bis zum 35. Altersjahr impotenter Mann glaubte im Erlebnis eines endlich glücklichen Geschlechtsaktes die ganze Erlösung seiner seelischen Qualen zu finden. Immer mehr erschloß sich ihm im Tiefgang der seelischen Behandlung der Weg zum Innern seiner Seele und damit auch zum weiblichen Geschlecht. Eines Nachts träumte er den Traum, den er wie ein Wunder erlebte: ›Ich suche bei Tag eifrig eine entlegende und verborgene Villa, in der ich ein lebenswichtiges Erlebnis haben soll. Ich kann sie aber nicht finden. In der Nacht mache ich den Weg zu ihr nochmals. Es ist Winter und heftige Stürme toben. Da endlich gewahre ich in weiter Ferne einen hellen Schimmer. Ich schreite eifrig darauf zu, und plötzlich stehe ich vor der Villa, die lichterloh brennt. Ich weiß nun auch, daß die einzige, mir vertraute Frau darin verbrennt. Wie von einem Erdbeben geschüttelt, falle ich hin und bin bewußtlos.‹ Er erwachte schweißgebadet, schlief wieder ein und träumte die Fortsetzung: ›Meine Freundin erschien mir als meine Braut. Sie ist die Gerettete aus den Flammen der Villa.‹
Im Innern der Villa, jenem Ort der mystischen Verwandlung vom ichgebundenen, unfreien und männlichen zum selbsterfüllten und männlich Gesundeten, verbrennt die ›vertraute Frau‹. Er erkannte sie nicht, aber all seine Gedanken, die er dazu äußerte, drehen sich um seine Mutter. Das Sterben der Mutter, das Ablösen von der Urvertraut-Bergenden, macht ihn frei für das erwachsene männliche Erleben der Frau, seiner Freundin und Braut – ein innerseelischer Vorgang, der Vorbedingung ist zum gleichartigen realen Erlebnisablauf im Kontakt mit der Außenwelt.«[256]

Pränatale Symbolik im therapeutischen Prozeß bei C. G. Jung

Jung hatte schon in *Wandlungen und Symbole der Libido* auf die »pränatale Urlibido« als Ausgangspunkt aller späteren Entwicklung Bezug genommen:

> »Die regredierende Libido desexualisiert sich anscheinend dadurch, daß sie allmählich bis auf vorsexuelle, frühinfantile Stufen zurückweicht. Auch dort macht sie nicht halt, sondern greift sogar auf den intrauterinen, pränatalen Zustand zurück, bricht damit aus der Sphäre persönlicher Psychologie in diejenige der kollektiven Psyche ein, d. h. Jona sieht die Mysterien, die ›représentationes collectives‹ im Walfischbauch. Die Libido erreicht damit sozusagen eine Art Urzustand, in welchem sie wie Theseus und Peirithoos bei ihrer Unterweltfahrt festwachsen kann. Sie kann sich aber auch aus der mütterlichen Umschlingung wieder befreien und eine neue Lebensmöglichkeit an die Oberfläche heraufbringen. Der sogenannte Ödipuskomplex mit einer Inzesttendenz verwandelt sich auf dieser Stufe (der frühen Mutterbeziehung) in den Jona-Walfisch-Komplex, der viele Varianten hat, wie etwa die Hexe, die Kinder frißt, der Wolf, der Oger, der Drache usw. Die Inzestangst wandelt sich in die Befürchtung, von der Mutter aufgefressen zu werden.«[257]

Jung hat, eine Anregung Silberers[258] aufnehmend, in D*ie Psychologie der Übertragung im therapeutischen Prozeß* die Übertragung paradigmatisch anhand einer alchemistischen Bilderserie als symbolische Mutterleibsregression und Wiedergeburt beschrieben. Die Herstellung der Übertragung als gegenseitige unbewußte Aktivierung vorgeburtlicher Gefühle erscheint symbolisch als Beginn eines Strömens im »Merkurbrunnen«, dem »uterinen Wandlungsgefäß«, dem »Unbewußten«. Das »Eintauchen im Bade« symbolisiert die »Versetzung in den dunklen Anfangszustand, in die Amnionflüssigkeit des graviden Uterus« (die »Regression«). Dort erfolgt der Wandlungsprozeß des »Stirb und werde« in den Bildern des Todes, der Zersetzung (der »Analyse«) und der Wiederbeseelung (der »Sublimation«), der in der Verjüngung der neuen Geburt ihre Manifestation findet. Es war der bedeutende dänische Kulturwissenschaftler Johannes Fabricius, der die Jungschen Übertragungsbilder und die alchemistischen Bilderserien als konkrete Aktualisierungen vorgeburtlicher Zustände entschlüsselte.[259]

Behandlungstechnische Aspekte bei Fodor

Neben Graber ist es der ungarische Analytiker Nándor Fodor, der bei Ausbruch des Zweiten Weltkrieges nach New York übersiedelte. Er hat am umfassendsten die Bedeutung der Aktualisierung des Geburtserlebens in der Behandlungssituation beschrieben. Wie Sadger[260] betont er die Unmittelbarkeit der Geburtswiederholung in der Behandlung als entscheidenden behandlungstechnischen Faktor. Besonderen Wert legt er auf die Bedeutung und Integration pränataler Traumata. Auch hier sollen wieder Ausschnitte aus einem kasuistischen Beispiel seine Beobachtungen veranschaulichen. Das Folgende ist ein Beispiel dafür, wie unmittelbar in einer therapeutischen Sitzung Geburtsreminiszenzen auftauchen können:

»In der 4. Stunde ihrer Analyse erzählte Yvette: ›Ich träumte, daß ich ein kleines Baby war und irgend jemand schlug mir auf den nackten Rücken, was mir einen schrecklichen Schock gab. Ich war ganz klein, nicht größer als eine Puppe, und der Schock war wie Flammen von Licht, die in mein Hirn schossen. Das machte mich verwirrt und überrascht. Ich hatte dabei kein Gefühl von Schmerz und schrie nicht. Dann hörte ich meine Mutter sagen: Dein Vater verließ mich und hatte etwas mit der Krankenschwester im Nachbarraum, während ich niederkam.‹ Erinnerte sich Yvette in diesem Traum an den Schlag des Doktors nach der Geburt, der ihr Atmen induzieren wollte? (...) Wir sind mit folgenden Alternativen konfrontiert. Dieser erste Eindruck des Traumes ist falsch oder eine Vorstellung von höherem Niveau hat sich mit einer Geburtserfahrung verbunden. Dies wird über die Geschichte mit Vaters Affäre mit der Krankenschwester nahegelegt. Yvette verachte ihren Vater und habe Berichte ihrer Mutter über seine Besuche bei der Krankenschwester gehört. Sie hatte sich auch an die Klagen der Mutter über die Treulosigkeit des Vaters erinnert und verstanden, daß der Vater mit der Krankenschwester eine Affäre hatte, als sie geboren wurde. Die Verbindung von Geschlechtsverkehr mit einem Geburtstraum macht auf einen interessanten Umstand aufmerksam: Im Rückblick kann uns die Geburt als ein geschlechtliches Ereignis erscheinen; das Hindurchgleiten des kindlichen Körpers durch den Geburtskanal kann in den Bildern eines Geschlechtsverkehrs erlebt werden (...) Sie gerät in eine gefühlshafte Stimmung, fühlte sich schwach in den Knien (...) An dieser Stelle sank sie in einen Zustand, in dem sie ihre eigene Geburt wieder zu erleben schien. Ohne das geringste Zögern, aber mit einer Überraschung, berichtete sie folgende Empfindung:

›Ein seltsames Gefühl in meinen Beinen. Ich fühlte mich schwach, ich falle, ich habe ein Gefühl einzusinken, ein unangenehmes Gefühl. Ich fühle mich benebelt wie unter der Einwirkung eines Anästhetikums. Mein Kopf ist abwärts geneigt, ich bewege mich abwärts, ich fühle, wie ich geboren werde, es ist ein wenig schwierig, ich mache eine Anstrengung mit meinen Beinen, es ist eine ganz gewöhnliche Stellung. Mein Kopf ist auf einer Seite, ich schieße abwärts, ich fühle mich geängstigt, jetzt fühle ich nichts mehr.‹
Ihr Kopf war seitwärts gewandt, und sie hing halb über den Rand der Couch. Sie legte sich wieder richtig und seufzte: ›Es ist eine schreckliche Anstrengung, dieses Geburtsgeschäft.‹«[261]

Ein anderer Ausschnitt aus einem kasuistischen Beispiel soll den Umgang Fodors mit der Traumsymbolik zeigen:

»In der 6. Stunde sagte der Patient: ›Als ich ein Kind war, stand ich an den Landungsbrücken am Flußufer (...) Die Jungen tauchten und einer tauchte besonders weit (...) ich hatte die Furcht, er könne ertrinken. Ich stellte mir vor, daß ich an seiner Stelle sei, daß irgend etwas ähnliches mir geschah (...) Ich wurde schwindelig, hatte ein Gefühl von Seekrankheit (...)‹
In diesen Sätzen ist die Sehnsucht nach der vorgeburtlichen Situation und die Furcht, die durch das Geburtstrauma induziert ist, klar erkennbar. Ich erklärte beide, und er nahm die Erklärung an. Sein Traumleben zeigte unmittelbar eine dynamische Wendung. Er war von Beruf Drogist und in vielen Träumen stand die Drogerie für seine Persönlichkeit. In derselben Weise wie das Haus, in dem wir leben.
Nun träumte er, daß er die Drogerie in der Kanalstraße betrat. Es war ein großes, altmodisches Gebäude, mit gewölbten Decken, und ähnelte mehr einem Laboratorium als einer Drogerie. Es sollte verkauft werden. Seine Mutter war da. Sie erschien und verschwand wie ein Geist, und in der Straße sah er Onkel Joe, den Bruder seiner Mutter, der in der Kanalstraße wohnte und im Traum viel jünger als in der Realität aussah.
Der Traum setzt den Onkel an die Stelle des Vaters. Die Kanalstraße war Onkel Joes Straße (...) Der Kanal, der die Straße des Vaters war, ist die Vagina seiner Mutter. Der Leib der Mutter ist sowohl eine Drogerie (ein Ort, wo alle Krankheiten geheilt werden) wie auch ein Laboratorium (des Lebens). Das Gewölbe ist fast immer in der Beschreibung der pränatalen Räumlichkeit gegenwärtig. Dieses Gebäude steht zum Verkauf. Es schien, daß der Traum eine bedeutsame Entwicklung anzeigte, daß der Patient sich entschieden hatte, seine Wünsche nach einer Rückkehr in das fötale Leben aufzugeben.«[262]

Die Behandlungsgesichtspunkte von Kruse

Friedrich Kruse gehört zu den bedeutenden Pionieren in der Frühzeit der ISPP (Internationale Studiengemeinschaft für Pränatale und Perinatale Psychologie) und hatte damals den pränatalpsychologischen Gesichtspunkt dadurch konkretisiert, daß er durch die Untersuchung von Tausenden von Träumen nachwies, daß es sehr wohl bestimmte Träume gibt, in denen sich unmittelbare Realien der Geburt und der Zeit vor der Geburt abbilden können, was er durch den Vergleich mit den Realsituationen verifizierte.[263] Der Behandlungsstil von Kruse, wie er in seinen Behandlungsberichten deutlich wird, hat einen dynamisch-aktiven Charakter. Sein Konzept ist die konfliktkonfrontierende Aufarbeitung frühkindlicher Traumatisierung. Dabei wird der Behandlungsprozeß als eine symbolische Wiederholung der individuellen Entwicklung gesehen. Eine Sonderbedeutung nehmen nach Kruse die Mutterleibs- und Geburtsträume ein:

> »Mutterleibs- und Geburtsträume ohne Eigenengramm (d.h. ohne geburtstraumatisches Radikal) haben nahezu ausnahmslos eine prognostisch günstige Bedeutung. Sie zeigen an, daß der Höhepunkt der Behandlung überschritten ist, die Lebenskonflikte aufgedeckt sind und der eigentliche Gesundungsvorgang bevorsteht oder schon eingesetzt hat. Unter dem Schutz der Übertragungsbindung ist der Patient bis in die Zeit vor Eintritt der neurotogenen Ursachen in sein Leben regrediert. Er konnte sinnbildlich ›zum zweiten Mal in den Schoß seiner Mutter eingehen und neu geboren werden‹ (Johannes 3,4). Es drängt sich der Vergleich mit einem Eisenbahnzug auf, der durch eine falsche Weichenstellung fehlgeleitet worden war und bis hinter die entscheidende Weiche zurückfahren mußte. Erst dann kommt er wieder mit voller Kraft voran, seinem Bestimmungsziel entgegen.«[264]

Bei einem Vorliegen geburtstraumatischer Fixierung gibt Kruse sehr eindrucksvolle Beispiele, wie in der Aufeinanderfolge von Geburtsträumen der Geburtsvorgang zunehmend besser gelingt und darin den Behandlungsfortschritt spiegelt.

Noch nicht ausgewertet sind seine Anregungen zur Behandlung der Agora- und Klaustrophobie, die offenbar durch die Thematisierung des Geburtsbezuges unmittelbar zu beeinflussen sind.[265] Er macht plausibel, daß in günstig gelagerten Fällen das deutliche und klare Ansprechen der Geburtsbezüge, beispielsweise einer Fahrstuhl-

oder Raumangst, in einer aktuellen Veränderungssituation ausreicht, um innere Wahrnehmungsvorgänge und neue Einordnungen von Gefühlen und Sichtweisen zu ermöglichen. Die therapeutischen Erfolge sind ganz erstaunlich. Das Entscheidende scheint mir das Ernstnehmen der Geburtsgefühle, die den Patienten umtreiben. Die Verhaltenstherapie tut in einer verdeckten Weise das gleiche. Indem der Verhaltenstherapeut mit dem Patienten Fahrstuhl fährt oder einen engen Raum aufsucht und ihn so allmählich »desensibilisiert«, kümmert er sich real um die in den Symptomen zum Ausdruck kommenden Geburtsgefühle, nimmt sie an und ermöglicht dem Patienten so eine neue Einordnung überwältigender Urängste in den neuen Zusammenhang einer begleitenden und unterstützenden Beziehung. Beide therapeutischen Interventionen könnten einander zweifellos konstruktiv ergänzen und für die innere Entwicklung des Patienten fruchtbar gemacht werden.

Wege der weiteren Forschung

Die Grundlagenwerke von Rank und Graber haben den bis dahin nur geahnten Kontinent des vorgeburtlichen und geburtlichen Erlebens entdeckt und erschlossen. Die Landkarten, die beide Forscher von der neuen inneren Seelenlandschaft entwarfen, waren wie die Karten der ersten von Europa aus aufgebrochenen Weltentdecker zum Teil ganz konkret und realistisch, zum Teil unvollständig und phantastisch. Wie diese europäischen Entdecker sich auf das offene Meer hinauswagten und dem erst in Umrissen entstehenden naturwissenschaftlichen Weltbild und dem Kompaß anvertrauten, so brachten die ersten Erforscher der vorgeburtlichen Lebens- und Erlebenswelt den Mut auf, den vertrauten Kontinent »unserer Weltanschauung«, die uns ein Gefühl des Zu-Hause-Seins gibt, hinter sich zu lassen und sich als »Psychonauten«[266] auf die hohe See des Unbewußten begeben, mit der vagen Orientierung an einer logisch erweiterten Entwicklungspsychologie und dem Kompaß der Evidenz unmittelbarer innerer Erfahrung im Rahmen einer therapeutischen Beziehung.

Das Vertrauen in die Authentizität zwischenmenschlicher Erfahrung und die Tragfähigkeit der hier möglichen wechselseitigen Bestätigungen und Abstimmung der Wahrnehmung machte den Wert der neuen Beobachtungen aus. Genauso wie die Weltentdecker entgegen den Ängsten und Befürchtungen und auch Verwünschungen der Daheimgebliebenen eine überraschend befahrbare See und begehbares Land vorfanden, erwies sich auch der Rahmen der therapeutischen Beziehung als überraschend tragfähig. Was bisher nur als ekstatisches mythenhaftes Ausnahmeerlebnis, als rituelle Inszenierung oder märchenhafte Erzählung begriffen wurde, war auch, wie sich ergab, in der Authentizität der therapeutischen Beziehung im Rahmen der analytischen Situation als vorgeburtliche Erfahrungen und Gefühle zugänglich. In einer neuen Form kamen Erkennen und Erleben in der therapeutischen Situation zusammen, was bisher eher im Raum metaphysischer Spekulation oder von mythischen Berichten möglich war, wie es bei Sloterdijk heißt:

> »Aus der Frage nach dem eigenen Geborensein entsteht die zunächst verblüffende Koinzidenz von Metaphysik und Psychoanalyse, von Ursprungsmeditation und Autobiographie, von Seinsbetrachtung und Selbst-Erforschung, wobei es vielleicht passender wäre, statt von Koinzidenz von Kooperation zu sprechen.«[267]

Aber nur wenige beteiligten sich an der Erforschung des vorgeburtlichen Erlebens. Viele aus der ersten Generation der Weltentdecker blieben namenlos, ebenso später viele Ersterkunder dieser seelischen Tiefenschicht. So gab es zum Beispiel nach den Berichten der Stracheys[268] im Berliner psychoanalytischen Institut in den zwanziger Jahren eine »Birth Brigade«, deren Spur sich später ganz verlor. Auch waren in dieser Neuen Welt nicht nur Schätze zu finden, sondern man stieß auf unbekannte Risiken. Es hat 25 Jahre gedauert, bis im Jahr 1949 Fodor aufgrund seiner gewachsenen klinischen Erfahrung seine Entdeckungen zum »pränatalen Trauma« veröffentlichte. Im Vorgeburtlichen begegnen wir also nicht nur dem positiven Urselbst im Sinne von Graber und Rank und der »primären Liebe« gemäß Balint, sondern ebenso dem Teufel selbst und allen Peinigern und Gepeinigten und Folterern und Gefolterten.

Wichtig ist noch zu sehen, daß die Zielstrebigkeit der Entdeckergeneration ihren wesentlichen Grund in der Not, dem Ruf und dem Entgegenkommen der Patienten hatte, die gewissermaßen in den Sog des Magnetismus der vorsprachlichen und vorgeburtlichen Gefühle geraten waren oder anders ausgedrückt, im Bann trancehafter früher

Bewußtseinszustände standen. Doch ist auch der Mut dieser Entdeckergeneration zu bewundern, sich auf das initiatische Abenteuer menschlicher Tiefenbeziehung einzulassen. Denn es war ihnen klar, daß, wie die Entdeckung der Neuen Welt die Alte Welt durchgreifend veränderte, so auch die Entdeckung der vorgeburtlichen und geburtlichen Erlebenswelt den Alten Kontinent unserer geschichtlich überkommenen und Identitäten nachhaltig verändern werde. Es war auch klar, daß es sich um ein Unternehmen handelte, das sich über mehrere Generationen erstreckte.

Dies war die Situation in den fünfziger und sechziger Jahren, als die Gesellschaft sich vom Schock des Zweiten Weltkriegs zu erholen begann und neue Forschung möglich wurde. Die Wege waren vorgezeichnet. Es ging um den Nachvollzug der Beobachtungen der Pioniere und deren praktische Umsetzung, für die die schon erwähnte Arbeit von Friedrich Kruse stehen mag. Daneben ging es um die Erschließung neuer Zugangswege.

Es zeigte sich, daß es unterhalb des anspruchsvollen Settings der Psychoanalyse wegen des vorsprachlichen Charakters dieser Erfahrungen andere und scheinbar sehr rasch begehbare Wege zu dem Neuen Kontinent gab. Das war zum einen der Weg Janovs mit der Annäherung über die unmittelbaren affektiven Abkömmlinge primärer Gefühle und zum anderen der Weg Grofs über die Aktualisierung früher Erlebenszustände durch das LSD, wobei beide Namen für viele andere in dem Feld der Humanistischen Psychologie stehen.

Janovs und Grofs Arbeiten durchbrachen ein Verleugnungstabu in bezug auf die Erlebnisrealität vorgeburtlicher und geburtlicher Gefühle und brachten in der Öffentlichkeit eine neue Sensibilität für diese Dimension unseres Erlebens. Es zeigte sich, daß es ganz wesentlich auch auf die innere Wahrnehmung des Therapeuten ankommt, ob er im Angebot des Klienten auf den verschiedenen kommunikativen Ebenen diese Dimension wahrnimmt. In den verschiedensten vorsprachlichen Settings wie der Musik-, Kunst-, Hypno-, Gestaltungs- und Körpertherapie usw. ließen sich geburtliche und vorgeburtliche Aktualisierungen nachweisen, wie ich es in *Erscheinungsweisen pränatalen und perinatalen Erlebens in den psychotherapeutischen Settings*[269] dokumentiert habe. Einen guten Überblick über den Zugang zu pränatalen Ereignissen und präverbalen Erinnerungen gibt auch Elizabeth Noble in ihrem Buch *Primäre Bindungen.*[270]

Grof und Janov wurden zu bedeutenden Anregern im Rahmen der Humanistischen Psychologie und bewirkten eine Erweiterung des therapeutischen Blicks. Es blieb jedoch unklar, auf welchen kulturellen Rahmen die durch die Tiefenerfahrung angestoßenen Individuationsprozesse bezogen waren. Bei Grof entwickelte sich daraus der Entwurf des spirituellen Rahmens der transpersonalen Psychologie, während Janov mit seiner Konzentration auf die Auflösung des Urschmerzes eine Art Übergesundheit ohne weiteren kulturellen Bezug formulierte.

Diese »Lösungen« konnte man in zweierlei Weise interpretieren: Zum einen konnte man sagen, zu diesen Therapierichtungen fühlten sich seelisch sehr verletzte Menschen hingezogen, bei denen zum einen archaische Erfahrungen sehr dicht unter der Oberfläche lagen und leicht zugänglich waren, die aber andererseits wegen der traumatischen Erfahrungen in der »normalen« Gesellschaft zu wenig zurechtkamen und deshalb ihr Heil außerhalb der Gesellschaft in spirituellen Gruppen oder primärtherapeutischen Zirkeln suchten. Andererseits konnte man die Situation auch so interpretieren, daß sich Menschen mit diesen tiefen Erfahrungen in einer Gesellschaft, die die Wirklichkeit vorgeburtlicher und geburtlicher Gefühle verleugnete, nicht wirklich beheimatet und zu Hause fühlen konnten und deshalb Subkulturen bilden mußten.

Dieses Problem spitzte sich noch mehr zu bei dem von Leonard Orr inaugurierten »Rebirthing«, das durch eine bestimmte Technik intensivierten und kreisförmigen Atmens sehr frühe Erlebnisinhalte zutage fördern konnte.[271] Es kam dadurch zu sehr tiefen Einsichten. Für mich ist das Buch der Rebirther Sondra Ray und Bob Mandel *Birth and Relationships – How your birth effects your relationships* eine erstaunlich vollständige und klarsichtige Zusammenstellung der Folgewirkungen von geburtlichen Komplikationen.[272] Doch konnte es sich sehr leicht ergeben, daß diese Tiefeneinsichten zu wenig in einen Prozeß therapeutischer Verarbeitung und Integration eingebettet waren, so daß zum Teil das Heil in »Spiritualität« gesucht wurde, oder es kam zu einem Abbruch der angestoßenen Individuation.

Ohne Zweifel könnten aber auch Therapeuten anderer Richtungen sehr viel aus den Büchern von Grof und Janov lernen, was nur bedingt geschieht. Ihre überzeugenden und empirisch auch in beträchtlichem Ausmaß belegten Beobachtungen sind bis heute herausfordernde Grundsatzfragen an die übrige Psychotherapie zum Stellenwert vorgeburtlicher und geburtlicher Gefühle. Das ist natürlich auch eine Frage an die Gesellschaft insgesamt.

Im Verhältnis der Gesellschaft zu diesem Thema beobachten wir in den letzten 10 bis 20 Jahren einen deutlichen Mentalitätswechsel. So ist eine neue Kultur beziehungsorientierter Schwangerschaftsbegleitung und selbstbestimmter Geburt entstanden. Das gewaltige Medienecho auf die Diskussion eines bezogeneren Umgangs mit dem frühgeborenen Kind[273] war ein Anzeichen für diese Veränderung. Der Kontakt zum Ungeborenen[274] ist ein selbstverständliches Element der Geburtsvorbereitung geworden. Auch in der Perinatalmedizin[275] und der geburtshilflichen Psychosomatik[276] werden die Zusammenhänge der vorgeburtlichen Beziehung und des Geburtserlebens thematisiert, ebenso im Bereich der Pädagogik.[277]

Auf der Ebene des philosophischen Diskurses geht es bei Peter Sloterdijk nach wie vor um die existentielle Bedeutung unseres In-die-Welt-Kommens, besonders intensiv und für die Psychotherapie bedeutsam in *Weltfremdheit.*[278] In seinen *Sphären*-Büchern wird dic innere Verarbeitung der »Bi-Subjektivität«[279] der vorgeburtlichen Mutter-Kind-Beziehung als Pradigma einer »starken« Beziehung zum systematischen Referenzpunkt für ein neues Tiefenverständnis menschlicher Beziehungshaftigkeit und menschlichen Selbst- und Welterlebens.

Beobachtungen und Überlegungen zum psychologischen Stellenwert von vorgeburtlichen und geburtlichen Gefühlen stehen also heute in einem ganz anderen Rahmen als noch vor wenigen Jahren und können gelassener dargestellt und diskutiert werden. Es geht im Grunde darum, vorgeburtliche und geburtliche Gefühle in der persönlichen Gefühlswahrnehmung zuzulassen.

Diese Gefühle wurden früher nur in mythischer oder sozialer Projektion zugelassen und erlebt, dann in der frühen Psychoanalyse als Triebgefühle, phylogenetische Gefühle oder archetypische Gefühle zunächst einmal rational und gleichzeitig noch mythenhaft gefaßt. Die Arbeiten Ranks und Grabers machten klar, daß diese Gefühle auch persönlich gefühlt werden können. Wenn Rank davon spricht, daß es in einer Analyse darum gehe, »fühlen zu lernen«, dann meint er genau dies, die archaischen Gefühle als »meine« Gefühle auf der persönlichen Ebene persönlicher Beziehung zuzulassen. Dies geht übrigens völlig parallel zu Formulierungen von Janov, »wir sind auf das Fühlen des Gefühls aus«, womit er meint, daß es darum geht, diese vorsprachlichen »Urgefühle«[280] erlebnismäßig zuzulassen.

Es ist sicher Janovs Verdienst, auf den intensiven und abgründigen »Urschmerz« in uns allen hingewiesen zu haben. Was er seltener erwähnt und doch in seinem ganzen Werk präsent ist, ist eine Art Urwut, die ihm wohl einerseits die Kraft für die Fülle und Durchsetzung seiner Arbeit gibt, andererseits aber dazu führt, daß er es mit allen und jedem aufnimmt und dabei immer in Gefahr ist, mit dem Gegner auch gleich das Problem niederzuwalzen. Das hat dazu geführt, daß die »seriösen« Therapeuten ihn nicht beachteten oder sich nach kurzem Kontakt von ihm abwandten. Dadurch wurden bedeutsame Beobachtungen, die in seinen radikalen Formulierungen enthalten waren, nicht rezipiert und gewürdigt. Ich werde an verschiedenen Stellen wieder darauf zurückkommen.

In jedem Fall ist das Problem der Balancierung archaischer und reiferer oder vorsprachlicher und sprachlicher Gefühle kein Spezialproblem der Psychotherapie, sondern ein Problem der menschlichen Geschichte und menschlicher Gesellschaften insgesamt, für das historisch immer neue Lösungen vorgeschlagen und durchgespielt wurden, wobei psychohistorisch im groben drei Groß-Lösungen erkennbar sind: das magisch-totemistische System der Stammeskulturen, das hierarchische Machtsystem absolutistischer Könige und das demokratische Austauschsystem rechtsstaatlicher Industriekulturen. Diese gesellschaftlichen Formationen stehen in Wechselwirkung mit Basistechnologien wie Jagd und einfachem Pflanzbau bei den Stammeskulturen, Viehzucht, Landwirtschaft und Nutzung von Tier- und Menschenkraft für die mechanische Technologie und Organisationstechnologie der hierarchischen Machtstrukturen der Königreiche und Nutzung der fossilen Energien, der Naturkräfte, der Atomkraft, der chemisch-physikalisch durchorganisierten Landwirtschaft und der Kommunikationstechnologie der modernen Demokratien, die sich zu unseren Lebzeiten als Modell für menschliche Gesellschaften wegen ihrer hohen Funktionalität und Effektivität durchzusetzen beginnen.

Dabei erfüllen Technologien auf eine quasi magische Weise uterine Wünsche der ewigen Nährung, der Wärmung, des Schutzes, des umfassenden Gehaltenwerdens, der unendlichen Ressourcen und eigenen Kräfte usw. Wie die Befriedigung der uterinen Urwünsche nach der Geburt vom numinosen Anderen der Eltern erfolgte, so auch in der Gesellschaft vom numinosen Anderen des schamanischen Häuptlings, des frühen Gottkönigs und seiner Priester, des späteren Königs von Gottes Gnaden mit seinen sozialen Institutionen und heute unserer rechtsstaatlichen, demokratischen und sozialen Sicherheitssysteme. Man kann die seit der Französischen Revolution laufende Entwicklung einer zunehmenden Demokratisierung und Verfreiheitlichung unserer Gesellschaften in dem Sinne verstehen, daß durch die moderne Nutzung der Naturkräfte, die industrialisierte Landwirtschaft und die technologischen Steuerungssysteme ein solches Ausmaß von existentieller und sozialer Sicherheit erreicht werden kann, daß ganz kreatürliche Freiheitsgefühle und »natürliche« Lebensvollzüge auf diesem neuen Niveau existentieller Sicherheit möglich sind, wodurch die alten Leitbilder der Sündhaftigkeit und des irdischen Jammertals zurücktreten, die das reale Scheitern der Gesellschaft erklären sollten, das Versprechen einer Befriedigung der uterinen Urwünsche einzulösen.

Die auf jeden technischen und wirtschaftlichen Fortschritt folgende Bevölkerungsexplosion ruinierte in der Geschichte immer wieder die Wirkungen der realen Leistungen, so daß in den geschichtlichen Kulturen Krankheit, Hunger, Hinfälligkeit, soziale Ausbeutung und Krieg die konstanten Rahmenbedingungen waren und den unbefriedigten Urwünschen als Kompensation nur das Spielfeld magischer Heilsphantasien und Rituale blieb, wie ebenso veränderungssymbolische Geburtsgefühle als Geburtswut oder -angst oder als kollektiver Urschmerz aus traumatisierenden Frühsozialisationsbedingungen in Kriegsunternehmungen ausgelebt wurden.[281]

All dies sind nur Hinweise auf heute denkbare kulturpsychologische und psychohistorische Zusammenhänge, die jedoch in der konkreten Psychotherapie im Zusammenhang mit der Über-Ich-Analyse bedeutsam sind. Da die individuelle Traumageschichte der Eltern und die kollektive Traumageschichte im Generationentransfer die Traumabedingungen des Kindes gewissermaßen formatieren, ist es sehr wichtig, die psychohistorischen Zusammenhänge zu kennen. Dabei geht es nicht nur um die einzelne traumatische Situation, sondern ebenso um die Verklinkung mit traumatischen Elementen bei den Eltern und die Verklinkung mit kollektiven strukturellen Traumata in der Gesellschaft. Dies gilt es im Einzelfall zu gewichten.[282]

So hängt, meiner Vermutung nach, das frühere Schreienlassen der Babys (durchlüftet die Lungen) und das Verprügeln der Kinder (die

Tracht Prügel, die noch niemandem geschadet hat) mit einer transgenerationalen Traumaweitergabe zusammen und ist gleichzeitig Einübung in die strukturelle Gewalttätigkeit früherer autoritärer Gesellschaftsformen und deren Mißachtung der bei uns geltenden Menschenrechte für größere Teile der Bevölkerung. Bei der jetzt gestiegenen Sensibilität für frühe Traumata, besonders im Zusammenhang mit Krieg und Flucht, habe ich den Eindruck, daß die strukturelle Gewalt früherer Zeiten mit chronischen Mißbrauchs- und Ausbeutungsverhältnissen in der Struktur der Gesellschaft in ihrer Bedeutung noch verkannt wird.

Diese strukturelle Gewalt der Klassengesellschaft im 19. Jahrhundert mit der sozialen Inszenierung externalisierter kindlicher Gefühle gegenüber den hohen Herrschaften des Adels und des Kapitals und der destruktiven Ausbeutung der Unter- durch die Oberschicht war eine wesentliche Ursache für die kollektiven Inszenierungen geburtstraumatischer Gewalttätigkeit in den beiden Weltkriegen. Diese kann man wesentlich als destruktive mutative Krisen beim Übergang von noch mittelalterlichen Hörigkeitsformen theokratischer Gesellschaften zu den demokratischen rechtsstaatlichen Verfassungen ansehen, die durch die vermehrten Ressourcen und Sicherheiten moderner Industriegesellschaften heute möglich sind, während die mittelalterlich geprägten Theokratien geeignet waren, mit ihren magischen Inszenierungen eines Königsheils oder Gottesgnadentums das allgemeine Elend erträglich und verwaltbar zu machen.

Ich habe diese psychohistorischen Zusammenhänge so ausführlich anzudeuten versucht, weil ich der Ansicht bin, daß ein Verständnis für die psychohistorische Evolution, in der wir uns befinden und die wir Generation auf Generation mit zu vollziehen haben, für die Begleitung von neurotisch erkrankten Patienten unabdingbar ist, weil es dabei um die Transformationsprozesse zwischen den Generationen geht, die entgleisen und krank machen können.

Als Therapeuten begleiten wir die Patienten bei der Entwicklung und Gestaltung eines neuen Lebensentwurfs, eines Entwurfs, der oft jenseits des Lebenshorizonts und der Lebensmöglichkeiten des Therapeuten liegt, ganz ähnlich wie Eltern ihren Kindern zu einer Entwicklungsmöglichkeit jenseits des eigenen Lebenshorizonts verhelfen, einfach weil sich die Zeit, die Wertvorstellungen und die wirtschaftlichen und technischen Rahmenbedingungen verändert haben und deshalb neue Lösungen gebraucht werden.

Im nächsten Kapitel wird von einzelnen therapeutischen Aspekten der Einbeziehung geburtlicher und vorgeburtlicher Gefühle die Rede sein. Gerade für die Settings oder Therapeuten können sie bedeutsam werden, die diese Aspekte bisher nicht miteinbezogen haben.

VIII. Praxis der Einbeziehung von vorgeburtlichen und geburtlichen Gefühlen

Annäherung

Ein Grundtenor der folgenden Abschnitte wird sein, hervorzuheben, wie wichtig vorgeburtliche und geburtliche Gefühle sind. Ich werde ihre Bedeutung als Urgrund unseres Lebens- und Selbstgefühls unterstreichen. Diese Gefühle sollten nach meiner Einschätzung in jeder Psychotherapie einen bedeutsamen Bezugspunkt bilden, weil uns die zunehmend komplexeren Lebensverhältnisse eine Beweglichkeit und Autonomie abverlangen, die nur möglich ist, wenn die vorgeburtliche und geburtliche Dimension teilweise mehr oder weniger bewußt integriert wird. Andernfalls kommt es zu einem naiven Ausleben von vorgeburtlichen Wünschen nach Geborgenheit in sozialen Institutionen oder Beziehungen und zu naiven Vermeidungen oder Wiederholungen von geburtstraumatischen Konfliktgefühlen, zum Ausleben eines unvollständig Geborenseins.

Nach einer Äußerung des Psychoanalytikers Theodor Hau kommen 80 Prozent der Patienten wegen eines Partnerverlusts in die psychotherapeutische Behandlung, der Rest wegen beruflicher Veränderungen. Auch wenn die Relation vielleicht etwas anders ist, so scheint es jedoch auf der basalen Ebene um die Aktualisierung von Geburtsgefühlen in den Symptomen zu gehen, weil auf einer höheren Ebene keine konstruktiven Lösungen für die Veränderung möglich sind, wobei tiefer- und höhergelegene Fixierungen ineinandergreifen und sich gegenseitig verstärken. Bei guten vorgeburtlichen und geburtlichen Bedingungen können manche Menschen aus den guten Urerfahrungen in Krisensituationen oft erstaunliche Hoffnungen auf eine Bewältigung der Krise und ein Durchkommen durch die Sackgasse entwickeln. Wenn aber schwerere Belastungen, insbesondere Abtreibungsversuche, vorlagen, dann ist es für den therapeutischen Prozeß entscheidend, daß diese auch benannt werden.

In bezug auf früheste negative Überwältigungserfahrungen haben wir eine ganze Anzahl von Termini, die die Problematik zwar benennen, aber den realen Zusammenhang eines Abtreibungsversuchs, einer Geburtskomplikation oder frühen Traumatisierung verleugnen. Solche Begriffe sind etwa Wiederholungszwang, Todestrieb, Urmasochismus und negative therapeutische Reaktion bei Freud, die böse Brust, der Todestrieb, die paranoide Reaktion, der verfolgende väterliche Penis in der Terminologie Melanie Kleins, die Destrudo oder Moritudo von Menninger, die Beta-Elemente von Bion und die Borderline-Organisation. All diese Konzepte beziehen sich auf frühe Ereignisse, bezeichnen eigentlich Aktualisierungen von katastrophischen Situationen, ohne daß jedoch die Ursprungssituationen wirklich benannt werden. Ich vermute, daß dabei eine unreflektierte Identifikation mit Freud und seiner Tendenz zur Ausblendung der frühen Mutterrealität durch abstrahierende Formulierungen eine gewisse Rolle spielt.

Ein anderer Zusammenhang ist der, daß bis zur Einführung der Pille die Verhütung regelhaft unvollständig war, und das Unwissen in bezug auf die biologischen Gegebenheiten von Fortpflanzung und Sexualität hatte ein Ausmaß, von dem man sich heutzutage keine Vorstellung mehr machen kann. Deshalb waren Abtreibungsversuche mehr oder weniger zielstrebiger Art das Gewöhnliche und betrafen eine große Zahl von Schwangerschaften. Es ist für mich ein trauriges Kapitel idealisierender Verleugnung, daß in der gesamten psychotherapeutischen Literatur dieser Zusammenhang so gut wie nicht benannt wird. Das Fatale ist, daß sich nicht selten, wenn diese Zusammenhänge nicht erkannt und benannt werden, durch die Fehlentwicklung oder das Zerbrechen von therapeutischen Beziehungen etwas von der Abtreibungsinszenierung wiederholt. Die Vermutung geht also dahin, daß das erwähnte Nichtbenennen der Realien von Geburt und Schwangerschaft in den psychoanalytischen Theorien mit diesen düsteren Aspekten der gesellschaftlichen Wirklichkeit des Umgangs mit Schwangerschaft zu tun hat.

Der überlebte Abtreibungsversuch

Es ist das Verdienst des amerikanischen Psychoanalytikers John Sonne, dieses Problem eingehend bearbeitet zu haben.[283] Ich fasse zwei Fallbeispiele von ihm zusammen:

Sonne berichtet von zwei Männern, in deren psychotherapeutischer Behandlung es zu einer entscheidenden Symptombesserung und psychischen Entwicklung kam, als ihre Symptome, die Gefühle, durch das Leben zu treiben, nicht richtig lebendig zu sein, verbunden mit Tunnel-, Brücken- oder Raumängsten und einem ängstlich aggressiven Lebensgefühl, mit der Wirklichkeit eines überlebten Abtreibungsversuches in Verbindung gebracht wurden. Neben diesen Ähnlichkeiten bestanden Unterschiede der Persönlichkeit und des Behandlungsverlaufes, die hier kurz skizziert werden:

George war ein Computerspezialist, seine Hauptklage war, daß er haltlos durch das Leben treibe. Er blieb in seinen Beziehungen unbestimmt und stagnierte im beruflichen Bereich. Ein Wiederholungstraum von ihm handelte von dem Experiment, das Herz stillstehen zu lassen. In anderen Träumen ging es um ein verschlingendes Loch. Sein Hobby waren exzentrische Sportarten, in denen er sein Leben riskierte. Seine Mutter erlebte er als kontrollierend, und er fühlte sich vernichtet durch ihre »Wortbomben«. Therapeutisch kam die Abtreibungsthematik dadurch in die Behandlung, daß eine Freundin sich plötzlich von ihm trennte, wobei er sehr heftig mit Todeswünschen gegenreagierte. Er wurde sich plötzlich einer eigenen Abtreibungstendenzen inne, erkannte die therapeutische Situation als pränatale Situation und erlebte seine Abtreibungsgefährdung sehr konkret noch einmal durch. Ein Jahr vor seiner Geburt hatte die Mutter schon eine Abtreibung gehabt, und es gibt in seinem Leben mehrfache Inszenierungen, daß er einen potentiellen Rivalen »abtreibt«. Die Durcharbeitung seiner Abtreibungsängste führte zu einer umwälzenden Verbesserung in allen Lebensbereichen.

Richard, der andere Patient, war Arzt und hatte noch wesentlich ausgeprägtere Symptome in Form von vielfältigen Tunnelängsten, Brückenängsten und Ängsten in vielen Lebenssituationen. Er war im persönlichen und beruflichen Bereich blockiert und fühlte sich für andere extrem verantwortlich. Viele Träume handelten von Erschießungen und Ertränkungen. Immer wieder hatte er den Impuls, Selbstmord zu begehen, indem er aus dem Fenster sprang. Trotz aller Bemühungen hatte die Analyse keinen rechten Erfolg. Fünf Jahre nach Ende der Analyse kam Richard wieder, weil er sich durch schwerste Ängste und Selbstmordimpulse gefährdet fühlte, als seine Frau auf einem Umzug in eine nahegelegene Stadt bestand. Diesmal wurde eine Familientherapie begonnen – in dieser wurden die Ungewolltheit und die Abtreibungsabsicht der Mutter offen besprochen. Die Art, wie die Mutter mit diesem Problem umging, ließ sich in sehr stimmiger Weise zum Problem Richards in Verbindung bringen, insbesondere seinen starken Verleugnungstendenzen. Nach diesen Aufklärungen kam es zu einer deutlichen Besserung, und es konnte weiter geklärt werden, daß die Mutter selbst ein ungewolltes Kind war und schon mit neun Jahren dem Impuls hatte, sich das Leben zu nehmen, indem sie aus dem Fenster sprang.

Sonne arbeitete heraus, daß Patienten, die eine Abtreibungserfahrung erlebt haben, gewisse gemeinsame Wesenszüge haben. Sie können das Gefühl haben, nicht richtig da, nicht wirklich zu sein und die Meinung haben, das Leben bedeute ihnen nicht viel. Typisch ist auch ein Gefühl, daß nichts wirklich passiere, damit begleitend ein Gefühl von Zeitlosigkeit und Unbewegtheit. Sie können sich als genetisch minderwertig erleben, und der Therapeut ist in Gefahr, sich schließlich überzeugen zu lassen. Patienten mit Abtreibungserfahrungen können in ihrem sprachlichen Ausdruck eingeschränkt sein, wenig Sinn für Humor haben und sich halb tot und halb lebendig fühlen. Ihre Abtreibungswünsche und -ängste können in Beziehungen ausagiert werden und ebenso in der Therapie in der Übertragung in Erscheinung treten. Dabei spielt nicht nur die Angst, abgetrieben zu werden, eine Rolle, sondern ebenso der Wunsch, selbst abzutreiben. Gewissermaßen in der Identifikation mit dem Aggressor neigen sie dazu, sich in Beziehungen oder in der Therapie auf der psychologischen Ebene abzutreiben. Es gibt aber auch grobes Ausagieren, z. B. in Form von Suizidversuchen. Einerseits gibt es vielfältige Phobien in Tunneln, Höhlen usw., andererseits können auch lebensgefährliche kontraphobische Tätigkeiten wie Fallschirmspringen, Autorennen, Drachenfliegen usw. gesucht werden.

Es ist nach Sonne wichtig, die vorgeburtliche Geschichte so genau zu erfassen wie möglich. In zehn Fallbeispielen zeigt er, wie das vorgeburtliche Trauma mit der Symptomatik, der Übertragungssituation und bestimmten Verhaltensweisen verbunden ist. Wegen der häufigen Ausblendung dieses Zusammenhanges will ich einige Beispiele von Sonne herausgreifen und kurz schildern. Das erste Beispiel zeigt, wie eine eigene Ungewolltheitserfahrung und überlebte Abtreibung in einer eigenen Schwangerschaftsunterbrechung wiederholt wird. Das zweite Beispiel handelt von einem unerwünschten zweitgeborenen Zwilling, der seine Zurücksetzungserfahrung und sein Ungewolltsein vom Lebensanfang an durch sein ganzes Leben hindurch in unzähligen Lebenssituationen wiederholt. Das dritte Beispiel berichtet von einer Frau, die unter Tunnelangst, sexuellen Ängsten und der Unfähigkeit zu einer engeren Beziehung litt. Ihre Mutter hatte sich sehr um eine Abtreibung bemüht, sich aber gegen den Arzt nicht durchsetzen können. Die Schwangerschaft im fünften Beispiel war durch eine Fehlgeburtsneigung belastet. Die Patientin litt unter quälenden Alpträumen, von einer Flutwelle weggetragen zu werden. Der Patient im sechsten Beispiel ist ein Adoptivkind, das emotional völlig erstarrt ist und immer wieder versucht, sich umzubringen. Er war unerwünscht – es war zu vermuten, daß er in diesen suizidalen Inszenierungen Abtreibungserfahrungen reinszeniert. Das neunte Beispiel zeigt, wie in einer ehelichen Unterdrückungssituation eine Abtreibungserfahrung verarbeitet sein kann.

Wenn es gelingt, eine Abtreibungserfahrung durchzuarbeiten und zu integrieren, kann sich dies nach den Beobachtungen von Sonne darin äußern, daß die Patienten in ihren Beziehungen herzlicher und zugewandter werden und eine bildhaftere Sprache verwenden.

Ein wichtiger Gesichtspunkt für die Therapie ist es, die Realität der frühen Erfahrung anzuerkennen, wie Sonne dies tut, indem er das Symptomgefühl der Entfremdung und Haltlosigkeit unmittelbar als Aktualisierung frühester realer Erfahrung versteht, damit auch die existentielle Not des Kindes vor der Geburt annimmt und dem Patienten erlaubt, sich selbst in dieser Not wahrzunehmen. Der durch vielerlei Erfahrung belegte Schluß lautet, daß das Kind vor der Geburt durchaus seine Situation erlebt und komplexe Beobachtungen macht, auf Reize reagiert und seine Innenzustände spürt, wobei es diese nicht sprachlich reflektieren kann, wie es später für uns so selbstverständlich ist.

Wenn man dieses vorsprachliche Erleben als »unbewußt« bezeichnet, so kann dieser Ausdruck verschleiern, daß das vorsprachliche Erleben erlebnisintensiv und sehr wohl bewußt in einem deskriptiven Sinne, aber nicht reflektierbar ist. Eine Analogie dieses Zusammenhanges ist, daß aller Wahrscheinlichkeit nach das Erleben von Tieren unserem Erleben sehr viel näher ist, als wir annehmen: durchaus »bewußt«, aber nicht reflektiert. Der wichtige Punkt ist die Wahrnehmungsfähigkeit des Therapeuten für die vorgeburtliche Lebenswirklichkeit, die in dieser Differenziertheit erst in unserem Jahrhundert möglich ist, obgleich die Menschen davon immer, wie uns das Volkswissen zeigt, eine intuitive Ahnung hatten.

Da aber die offizielle Lehrmeinung das vorgeburtliche Erleben als unreal ausgrenzt, gibt es hierzu auch keine diskursive Kultur – die Einfühlungsmöglichkeit in vorgeburtliches oder geburtliches Erleben ist statt dessen ganz mit der Persönlichkeit des jeweiligen Therapeuten verquickt und durch sie eingefärbt. Dadurch heben sich auch ganz unterschiedliche Gesichtspunkte hervor, die man aber durchaus als Ergänzungen sehen kann.

So zentriert der Psychoanalytiker und Regressionstherapeut Wolfgang H. Hollweg seine Beobachtungen zum »überlebten Abtreibungsversuch«[284] ganz anders als Sonne. Er hat in die Gestaltung seines psychotherapeutischen Settings wesentliche Elemente aus der Primärtherapie übernommen und richtet dieses auf das Erleben von Körperempfindungen aus, die bei Janov in seinem Begriff des Fühlens subsumiert sind. Das Zulassen und Intensivieren von Körperempfindungen kann wie eine Art Kompaß zu frühesten Gefühlen und Situationen zurückführen. Die Körperempfindung entschlüsselt sich in der Regression als ein Element einer frühen existentiellen Situation. Um diese Erlebnisvorgänge und Erlebnisregressionen zuzulassen, braucht man wesentlich mehr Zeit, also konkret mehrere Zeitblöcke von etwa zwei Stunden an einem Tag über mehrere Wochen. Unter diesen Bedingungen kann es zu ganz erstaunlichen Tiefenwahrnehmungen kommen, die Hollweg als »endogene Wahrnehmung« in seinem Buch *Von der Wahrheit, die frei macht*[285] mit vielen Beispielen beschrieben hat. Im primärtherapeutischen Setting wie auch in der LSD-Selbsterfahrung sind solche luziden Tiefenwahrnehmungen nichts Seltenes. Weil in der Psychoanalyse nicht so auf sie zentriert wird, bleiben sie hier nach meinem Eindruck oft mehr anekdotisch. Was Freud am Ende der Analyse des Wolfsmannes als »luzide Wahrnehmung« beschreibt, scheint mir durchaus in der Nähe dieser Tiefenwahrnehmung zu liegen. Er berichtet dort vom Erleben des Patienten, die Welt nur durch einen Schleier zu sehen, was dieser damit in Zusammenhang bringt, daß er in einer »Glückshaube« zur Welt gekommen sei. Freud nimmt dies jedoch nicht als Tiefenwahrnehmung, sondern als Symbol einer Mutterleibssehnsucht: »Die Glückshaube ist also der Schleier, der ihn vor der Welt und ihm die Welt verhüllte. Seine Klage ist eigentlich eine erfüllte Wunschphantasie, sie zeigt ihn wieder in den Mutterleib zurückgekehrt, allerdings die Wunschphantasie der Weltflucht. Sie ist zu übersetzen: Ich bin so unglücklich im Leben, ich muß wieder in den Mutterschoß zurück.«[286] So plausibel diese Schlußfolgerung ist, so dürfte jedoch auch die Gefahr deutlich sein, die wirkliche Tiefenwahrnehmung unreal zu machen, statt sie, wie Janov und Hollweg es tun würden, als Kompaß und Mittel zu realen frühen Erlebnissituationen zu nutzen und dadurch frühe Erlebniswirklichkeit wiedererlebend integrieren zu können.

Hollweg berichtet aus der Erfahrung von 50 Patienten, die einen Abtreibungsversuch überlebt hatten. Typische Symptome waren »schwere Depressionen, Unlebendigkeit bis zur Stumpfheit, ausgeprägte Menschenscheu, Autismus, auffällige hospitalistische Bewegungen, Verfolgungswahn (Paranoia) und ungebremste Aggressionen bis Vergewaltigung und Mord, massive Körperschmerzen allgemeiner Art«.[287]

Hierzu ein Beispiel, das zeigen soll, daß das Symptom unmittelbar die frühe Szene widerspiegeln kann:

> »Als Theodora zu mir in die Therapie kam, litt sie an so massiven Schwindelgefühlen, daß sie sich, wo sie ging oder stand, ständig festhalten mußte, um nicht zu Boden zu fallen. Aber auch nachts wurde sie von Schwindelanfällen und Übelkeit aus dem Schlaf gerissen (...) Im Vordergrund standen (...) die vier massiven Abtreibungsversuche, von denen der zweite von dem ungeborenen Kind am schlimmsten empfunden worden war. Dabei stieg die Mutter tagelang immer wieder auf den Küchentisch und sprang mit Schwung auf den Boden hinab, um das Kind auf diese Weise zum Abgang zu zwingen. Das aber wurde im Fruchtwasser wie in einem Whirlpool umeinandergewirbelt und von ganz massiven Schwindelgefühlen erfaßt, die auch während der späteren Schwangerschaft immer wieder auftraten.«[288]

Ein Patient hat unter dem Namen Harry Steiner[289] einen eindrucksvollen Bericht der Erforschung seiner Abtreibungserfahrung in der Regressionstherapie bei Hollweg beschrieben. Der Grund für die Therapie waren vielfältige Beschwerden, insbesondere auch eine Art emotionale Abgestorbenheit und ein Sich-nicht-Wahrnehmen. Andererseits ist in dem Bericht die Stärke erstaunlich, mit der Steiner sich seinen abgründigen Erlebnissen stellt und aus der inneren Verwobenheit mit deren Nachwirkungen herausarbeitet. Mit dem »Sich-gefühllos-Machen« hatte er einen Überlebens- und Selbstbehauptungsmechanismus entwickelt, der ihn in vielen Lebenssituationen handlungsfähig machte, nur nicht im Feld persönlicher Beziehungen. In dem Bericht findet sich noch einmal ein Beispiel für den Zusammenhang, daß ein scheinbares Körpersymptom, bei ihm stechende Schmerzen in einem Hoden, unmittelbar eine frühe Situation widerspiegeln kann, in diesem Fall die Operation eines Leistenhodens nach der Geburt ohne Narkose.

Hier noch zur Konkretisierung Auszüge aus einem anderen Bericht von Hollweg:

»Jan, der am ganzen Körper von wechselnden Schmerzen geplagt wurde (...) äußerte das Gefühl, daß eine ›Zeitbombe‹ in ihm ticke, die ihn eines Tages zerreißen würde. Jan persönlich: ›Vor Beginn meiner Therapie litt ich besonders unter meiner Schwierigkeit mit Frauen (...) Vertrauen konnte ich nie so richtig zu jemandem fassen. Ich hatte ein sehr tiefes, grundsätzliches Mißtrauen allen Menschen gegenüber, war mir dessen aber noch nicht einmal bewußt .. Ich war das dritte Kind. Meine Eltern wohnten in ärmlichen Verhältnissen, und mein Vater mußte ein Jahr vorher wegen Tuberkulose umschulen. In dieser Zeit war er besonders unberechenbar, wohl aus Angst vor der eigenen Krankheit. Als meine Mutter ihm von meiner Ankunft erzählte, drehte er regelrecht durch. Er würgte sie, schlug sie und schrie: ‚Das muß weg!' Aus dieser Atmosphäre heraus sind die Abtreibungsversuche geschehen, die mein weiteres Leben so nachdrücklich bestimmen sollten.
Beim ersten Versuch nahm sie ein großes Handtuch und versuchte, sich den Bauch zuzuschnüren (...) Ich erlebte mich wie in einem großen Maschinenhaus, in dem sich die Wände aufeinander zubewegten (...) Ich hatte große Angst, in die Tiefe gerissen zu werden, und meinte, die ganze Welt gegen mich zu haben. Das entsprach ganz genau meinem Grundgefühl im Alltag (...) Bei dem dritten Abtreibungsversuch (mit dem Stil eines Holzlöffels) bemerkte ich auch meine damalige Unfähigkeit, das Erlebte zu verkraften. Als Antwort darauf bin ich in die Abkapselung und in ein Nicht-Wahrnehmen gegangen. Nur so konnte ich überleben. Als Folge daraus habe ich mich aber nie an meiner Mutter, meinem Vater oder anderen Menschen entwickeln können (...) Dafür wurde ich ängstlich kontrolliert, ich rechnete jeden Moment wieder damit, daß sie mir etwas antun wollen. Lange Zeit wollte ich nicht raus aus dem Bauch meiner Mutter, denn solange ich dort drinnen war, fühlte ich noch eine scheinbare Sicherheit. Jeden Versuch, mich da raus zu holen, empfand ich als ein ‚Wegmachen', als wollte man mich umbringen.‹«[290]

Diese Panikreaktion bei der Geburt scheint bei überlebten Abtreibungsversuchen typisch zu sein. Hollweg schreibt dazu:

> »Wenn, wie bei Jan, Abtreibungsversuche vorausgegangen sind, erleben die betroffenen Patientinnen und Patienten in der Regression manchmal das auffällige Symptom, daß sie ihr Geboren-Werden mit allen ihnen zu Gebote stehenden Mitteln zu verhindern versucht haben. Diese Angst, bei der Geburt endgültig ›erwischt‹ zu werden, habe ich in allen Therapien, in denen es um überlebte Abtreibungsversuche ging, auf irgendeine Weise zu Gesicht bekommen.« [291]

Eine wieder andere Zentrierung und Atmosphäre bei der Verarbeitung eines überlebten Abtreibungsversuches und der nachträglichen Schädigung der Ich-Entwicklung findet sich bei dem Individualpsychologen und Körpertherapeuten Thomas Reinert aus Velbert-Langenberg. Auch hier sind die sogenannten Symptome Widerspiegelungen der überlebten Abtreibungsversuche – Selbstvernichtungstendenzen, Gefühle des Zerfalls und Auflösung, tiefes Einstechen von Nadeln in die Beine und das Gefühl, verrückt zu sein. Im Kontakt wirkte die Patientin »versteinert«. Der Titel der Berichts von Reinert: »Ja, hab' ich ein Lebensrecht?«[292] faßt die Wunde im Lebensgefühl zusammen, wie ich auch ihre »massive Arbeitsstörung, es sei ihr nicht möglich, sich zu konzentrieren, sie sei ständig abgelenkt, unruhig und voller Angst, ihre Leistungen könnten nicht gut genug sein«, als Ausdruck eines ständigen Bedrohtheitsgefühls aus der frühen Situation der Lebensgefährdung verstehe. Diese Patientin hat anders als die beiden erwähnten Patienten von Hollweg keine stabilen Überlebensmechanismen entwickelt und ist deshalb auch in ihrer Ich-Stabilität und ihrer Fähigkeit, im Alltag zu funktionieren, gefährdet und beeinträchtigt.

In ihrer Therapie kommt es zu einer Neuinszenierung einer Schwangerschaftssituation mit tiefen Ängsten und Unsicherheit, aber auch mit der Neuentdeckung von Sicherheit und Bestätigung in der Beziehung. Auch entdeckt sie sich selbst in ihren Reaktionen:

> »Sie habe früher nie über Geruch und Wärme das Gefühl bekommen, von den Eltern geborgen und angenommen zu werden. Sie habe sich deshalb zunehmend auf sich selbst zurückgezogen, sei früher glücklich gewesen, unter ihrer eigenen Decke zu liegen, ihren eigenen Geruch zu riechen. Sie habe dazu eine Geste entwickelt: Eine Hand zur Faust zu ballen und ganz leicht vor dem Mund hin- und her zu führen, wobei sie die Härchen auf den Fingern an den Lippen gespürt habe. Das habe ihr Sicherheit gegeben und tue es auch heute noch.«[293]

Dies ist ein Überlebensmechanismus, der aber zu wenig im Alltagsverhalten integriert ist, so daß dieser auch von ihrer Mutter als »Tic« angegriffen wurde. Der Bericht von Reinert macht deutlich, wie es in der Regression zu einer Restitution guter Ich- und Beziehungsgefühle kommen kann, die es ermöglichen, die abgründige Erfahrung der überlebten Abtreibung nachträglich zu verarbeiten und die eigenen Lebenswünsche und Lebensmöglichkeiten wiederzuentdecken.

In dem Bericht von Reinert wird deutlich, wie er der Patientin über körperbezogene Reinszenierungsmöglichkeiten und Zeichnen ganz unmittelbare Unterstützung, Förderung der Selbstwahrnehmung und Bestätigung gegeben, dabei gleichzeitig ihre zerstörerische Wut und Verzweiflung mitgetragen und ihr so eine Nachentwicklung und nachträgliche Integration ermöglicht hat. Adler hat dieses therapeutische Element »Ermutigung« genannt und ist dafür als zu pädagogisch kritisiert worden. Ich glaube jedoch, daß er damit einen ganz tiefen therapeutischen Zusammenhang erfaßt hatte und die »Ermutigung« Grundelement aller Psychotherapien ist, dabei jedoch zu wenig explizit gemacht wird. Allein das Herstellen einer psychotherapeutischen Situation durch Zuhören und Zuwendung und mit den regelmäßigen Terminen ist eine existentielle emotionale Unterstützung und Ermutigung zur Selbstfindung, in gewisser Hinsicht bedeutsamer als das so wichtig genommene Deuten, das in sich auch wieder implizit eine Ermutigung der eigenen Verstehensmöglichkeiten ist. Sehr intensiv und implizit ist dieses Ermutigungselement auch im therapeutischen Setting von Janov und Hollweg präsent, in dem sie den Patienten darin unterstützen, seine ursprünglichsten Gefühle, Wahrnehmungen und existentielle Betroffenheit in der wohlwollenden Gegenwart eines anderen zu erleben und zu äußern.

Der Erforscher des affektiven Tiefenkontakts, Frans Veldman, spricht in diesem Zusammenhang von »existentieller Bestätigung« im »psycho-taktilen Kontakt« oder haptonomischen Kontakt[294], der schon vor der Geburt essentiell ist. Die nachgeburtliche Ebene dieses unterstützenden Kontakts ist in dem Begriff »Holding« von Winnicott angesprochen, die vorgeburtliche Ebene in einer symbolischen Form im »Containing« von Bion.

Nach meinem Eindruck verdeutlichen gerade die Patienten mit überlebten Abtreibungsversuchen, wie sehr vorgeburtliche Gefühle, Erlebnisweisen und Reaktionsbereitschaften die aktuelle Wahrnehmung und das aktuelle Verhalten beeinflussen können. In der Therapie geht es darum, daß diese Urgefühle wieder in den Hintergrund treten können, in dem sie sich »normalerweise« befinden. Die Patientenberichte können aber vielleicht auch dabei helfen, die Hintergrundspräsenz der frühen Erfahrung anschaulich und erfahrbar zu machen. Das Wesen einer »analytischen Haltung« im guten Sinne oder der therapeutischen Haltung würde ich gerade darin sehen, die Präsenz der beiden Existentialebenen der vorgeburtlichen und der nachgeburtlichen Lebenswelt im Erleben zuzulassen, um so zu einer neuen Balancierung zu kommen.

Neurotisches oder psychosomatisches Leid bestünde in diesem Verständnis wesentlich darin, daß es wegen unzureichender oder unvollständiger Entwicklungsbegleitung zu Kurzschlußbindungen zwischen dem Vorgeburtlichen und dem Nachgeburtlichen kommt. Nicht die Triebe an sich sind gefährlich, sondern das Ausleben vitaler Bedürfnisse wirkt bereichernd und befreiend. Gefährlich sind die kurzschlüssigen Verquickungen nachgeburtlicher Bedürfnisse, Wünsche und Regungen mit geburtlichen und vorgeburtlichen Impulsen, Befürchtungen und Erfahrungen. Dann wird aus befreiender Sexualität quälendes inzestuöses Verlangen nach Rückkehr in den Mutterleib, aus einer lustvollen Rivalität eine zerstörerische Kastrationsangst usw. Diese Zusammenhänge sind besonders bedeutsam im folgenden Abschnitt über das Ungewolltsein, weil es gerade hier zu diffusen Vermischungen von vorgeburtlichen und nachgeburtlichen Gefühlen kommt, zum einen weil das Kind eine gesteigerte Ambivalenz aus der vorgeburtlichen Erfahrung in die nachgeburtliche Beziehung mitbringt, zum andern weil bei einer ungewollten Schwangerschaft auch oft noch nachgeburtlich die Gründe des Ungewolltseins wirksam sind oder auch ein Ungewolltsein in ein Gewolltsein umschlagen kann oder umgekehrt, so daß eine Orientierung für das Kind sehr schwierig sein kann.

Unerwünschte Kinder

Ungewolltheit oder Unerwünschtheit sind die wichtigen Bedingungszusammenhänge für neurotische, psychosomatische und dissoziale Störungen und für Störungen mit psychotischem Erleben und Entfremdungserleben. Dieser Zusammenhang wurde bereits ganz am Anfang der Psychoanalyse implizit formuliert, indem Freud die Ungewolltheit als Hintergrund für neurotische Störungen in der Reflexion auf das Ungewolltsein des Ödipus thematisierte, ihn aber zugleich verdeckte, indem er sich »nur« mit den Folgewirkungen des Auslebens ungehemmter Feindseligkeit im Vatermord und dem Ausleben einer Rückkehrsehnsucht in den Mutterleib in der inzestuösen Sexualität beschäftigte.

Auch der psychoanalytische Leitmythos von Narziß thematisiert in mythischer Reflexion die Ungewolltheit. Narziß stammte aus einer Vergewaltigung, seine tiefe Kontaktstörung spiegelt symbolisch die Ungewolltheit des Vergewaltigungskindes, das den tiefen Liebesmangel durch eine überzogene Selbstliebe zu kompensieren sucht, ohne jedoch zu einer wirklichen Beziehung zu sich selbst in der Lage zu sein. So läuft er Gefahr, wenn er einen Bezug zu sich selbst herstellen kann, in der eigenen Muttersehnsucht zu ertrinken und sich destruktiv aufzulösen.[295] Auch hier wurden nicht das primäre Ungewolltsein und die Vergewaltigung thematisiert, sondern die Folgewirkung der neurotischen Selbstverliebtheit, die es zu überwinden gilt.

Ich verbinde diese nur implizite Thematisierung des Ungewolltseins auch mit einer vom wissenschaftlichen Mainstream ausgehenden Idealisierung der Mutter, der das Ambivalenzthema nur in Verschiebung auf den Vater zuläßt. Sicher kann dieses Thema tiefste eigene Zweifel beim Therapeuten berühren oder auch ein Motiv für die Wahl des Therapeutenberufs sein, um zu klären, warum er sich in der Welt, in Beziehungen und mit sich selbst nicht so wohlfühlt, wie er sich wohlfühlen sollte. Wenn man sich vergegenwärtigt, daß Angst und Unwertgefühle nach allgemeiner Meinung die entscheidenden Determinanten für neurotische und andere psychische Störungen sind, dann unterstreicht das wieder die Bedeutung des Themas des Ungewolltseins.

Dieses hat mehrere Ebenen: die individuelle Ebene der ungewollten Schwangerschaft, die Ebene der Ungewolltheit der Eltern in ihrer Kindheit, das die Fähigkeit zu einer eigenen Elternrolle unterminieren kann[296], und der psychohistorische Stand der Evolution der Elternidentität. Kinder wurden von »guten Eltern« im Mittelalter und früher Neuzeit selbstverständlich weggegeben, von »guten Eltern« selbstverständlich bis in unsere Tage verprügelt. Ohne Skrupel wurde der Wille des Kindes von »guten Eltern« gebrochen, selbstverständlich wurde von ihnen die »elterliche Gewalt« ausgeübt. Dieses Verhalten mag durchaus als zeittypische Sozialisationsnotwendigkeit gesehen werden. Im Mittelalter mußten Hörigkeitsverhältnisse ertragen werden, in der frühen Neuzeit mußten sich die Menschen als Söldner durchschlagen oder in absolutistischen Monarchien gehorsame Untertanen sein. All dies hatte jedoch mit einem persönlichen und bestätigenden Gewolltsein, wie es in unseren Tagen und vielleicht auch teilweise früher unter günstigen Bedingungen realisierbar war, nicht viel zu tun.

Kinder waren früher weitgehend nur in bestimmten Funktionen als Arbeitskräfte, als Selbstbestätigung, als Stammhalter gewollt. Dieser historische Hintergrund der traumatischen Aspekte bei den damaligen Eltern-Kind-Beziehungen ist bisher wenig ins allgemeine Bewußtsein gedrungen, aber durchaus belegbar.[297] Deshalb ist es nicht verwunderlich, daß die Europäer bei der Selbsterforschung nach dem Rückzug der religiösen Heils- und Schutzprojektionen auf den Uraffekt der Angst stießen, wie er in der modernen Philosophie, in der Kunst und auch in der Tiefenpsychologie seinen Ausdruck fand.

Dieser Befund war so erschreckend, daß er in der Psychoanalyse Freuds zunächst als phylogenetisch vorgegebene Kastrationsangst und dann als Todestrieb oder Urmasochismus mythologisiert wurde. Mit einer gewissen arglosen Direktheit oder aber aus großer eigener Betroffenheit[298] hob Ferenczi in seinem Beitrag »Das unwillkommene Kind und sein Todestrieb«[299] diese Mythologisierung aus den Angeln. Da er dies jedoch an einem konkreten Fallbeispiel tat und mit der These vom »unwillkommenen Kind« gegen ein kulturelles Tabu verstieß, blieb dieser Beitrag theoretisch folgenlos. Wie prekär das Thema immer noch ist, zeigt die geringe Rezeption von Darstellungen zu diesem Problem.[300]

Grundlegend finde ich die Fallbeispiele in *The Knowledge of the Womb*[301] von Athanassios Kafkalides, der den Begriff des »akzeptierenden« und des »zurückstoßenden« Mutterleibes prägte. Zur Illustration einer Prägung durch einen »zurückweisenden Mutterleib« hier das Beispiel einer 20jährigen alleinstehenden Frau, die sich seit ihrer Kindheit wie ein verängstigtes Tier gefühlt hat. Sie fürchtete sich vor allem und jedem und konnte nirgends Unterstützung finden. Sie empfand nur Schuldgefühle und bestrafte und quälte sich deswegen. Hier Auszüge aus dem Protokoll der LSD-Selbsterfahrung:

»Als meine Mutter schwanger war, fühlte ich, daß ich in ihrem Bauch war, und sie schlug mich fürchterlich. Mir wurde klar, daß sie mich abtreiben wollte, und ich fühlte mich ängstlich, weil jeder gegen mich war, und ich fühlte mich sehr schwach (...) Der Mutterleib ist etwas Unreines, er enthält Papierfetzen, Glassplitter. Wenn jemand dahin gelangt, ist er ein Nichts. Es ist wie ein Grab, wie in einer Plastiktasche (...) Ich kann das Meer nicht sehen, weil es mich ertränkt. Und wenn ich ertrinke, werde ich ein kleines Baby, ein Fötus, und dann (...) dann ist da das Grab (...) Und wenn ich im Mutterleib nicht existierte, wie könnte ich glauben, jemals zu existieren (...) Ich fühle mich ständig tot und verteidige mich ständig (...) Wann komme ich aus dieser Situation heraus? Es ist schwarz. Ich komme nackt heraus, und die Leute lieben keine Nackten. Ich fühle mich, als ob ich brenne (...) ich sehe schwarze Asche (...) Was ist das? Der Mutterleib ist alles. Ich komme in die Welt, als ob ich verbrannt bin. Wenn ich geboren bin, komme ich aus dem Mutterleib, kann ihn aber nicht bekämpfen, weil ich mich überall in ihm fühle. Ich habe das Gefühl, daß ich etwas vom Mutterleib habe, sogar, wenn ich außerhalb bin (...) Nun bin ich das kleine schmutzige Kind, das sie nicht wollten.«[302]

Dieses und die anderen Fallbeispiele von Kafkalides zeigen, wie die Symptome unmittelbare Widerspiegelungen frühester Unglückssituationen sind. Die Symptome offenbaren die frühe Wirklichkeit in viel direkterer Form, als manche komplizierte Symptomtheorien ahnen lassen. Umgekehrt kann gerade die pragmatisch so nützliche Klassifikation nach Symptomen als dem signifikant Pathologischen, wie sie heute üblich ist, auch diese Seite des Symptoms als unmittelbare Mitteilung verdecken.

Um das Gesagte klinisch zu verdeutlichen, will ich von einer meiner Patientinnen berichten, deren Bedingungen das Ungewolltsein in der Schwangerschaft ich durch einen späteren Bericht der Mutter genau kenne, ebenso wie ich auch von der Mutter weiß, daß sich die Notsituation vor der Schwangerschaft nach der Geburt des Kindes entscheidend änderte und das Kind unter den neuen Bedingungen willkommen war.

Die Patientin kam im Alter von 30 Jahren mit schweren Minderwertigkeitsgefühlen, depressiven Verstimmungen und Examensängsten in meine Praxis. Die großgewachsene Frau kam in gebeugter Haltung, das Gesicht ausdruckslos verhangen, in die erste Stunde. Sie begann das Gespräch mit dem Satz, sie wolle von mir nur noch Sterbehilfe haben. Sie verbringe die Tage zurückgezogen in einem abgedunkelten Raum mit dem einzigen Gedanken, wie sie sich von diesem Leben befreien könne. Es gab für sie keine Trostmöglichkeiten und keinerlei Zukunftshoffnung. Ihre Existenz war für sie eine ununterbrochene, unmenschliche Qual. Sie erlebte die Welt als Konzentrationslager. Dabei war die äußere Situation keineswegs aussichtslos oder wirklich schwierig. Als Hochbegabte hatte sie zwei Studien mit großen Erfolgen durchlaufen, konnte sich aber mit den gewählten Fächern nicht wirklich identifizieren, erlebte den ganzen Universitätsbetrieb für sich selbst und ihre Entwicklung als Falle und Sackgasse. Ihre lähmende destruktive Verstimmung drohte den Gang der Therapie, die sie nur als neuerliche Sackgasse erleben konnte, in Frage zu stellen.

In dieser Situation suchte ich, um mich zu orientieren, den Kontakt zu den Angehörigen meiner Klientin und hatte einige sehr bewegende Gespräche mit der Mutter. Sie schilderte ihre Schwangerschaft am Ende des Krieges, mit vier Kindern auf der Flucht und einer zu diesem Zeitpunkt scheiternden Ehe als Heimsuchung, Grauen und Verhängnis. Das werdende Kind war für sie wie ein Monster. Das Überraschende für mich war, daß das genau dieselben Gefühle waren, die in der therapeutischen Situation aktiviert wurden. Auch für mich war die Patientin, die mir so eindringlich schildern konnte, wieviel schlechter es ihr in jeder Stunde des Zusammenseins mit mir ging, wie ein Verhängnis und erschien mir als Monster. Deshalb auch der ganz ungewöhnliche Schritt, Kontakt mit den Angehörigen zu suchen. Da eine Abtreibung für die Mutter damals nicht in Frage kam, auch die Möglichkeit hierzu nicht bestand, geriet sie durch ihre existentielle Notlage in eine schwere Depression.

Die Nachkriegsjahre ermöglichten rasch eine Wiederherstellung sicherer Lebensbedingungen, so daß die äußere Entwicklung der Familie und der Kinder unauffällig verlief. Im Gegenteil, die Klientin, die als Baby noch von Schreikrämpfen geplagt war, entwickelte sich zum Sonnenschein für die Mutter und die Familie, als ob sie das von ihr unbewußt angerichtete Unheil wiedergutmachen wollte. Die guten Schulleistungen trugen zu der Annahme bei, das frühe Unglück sei folgenlos überwunden. In der Pubertät und der jungen Erwachsenenzeit verdüsterte sich jedoch ihr Lebensgefühl, und es entwickelten sich die beschriebenen Selbstentwertungs- und Selbstauslöschungstendenzen, eine ohnmächtige Wut auf die Welt, in der sie glaubte, keinen Platz finden zu können.

Eine gewisse äußere Stütze fand die Klientin zunächst in der Identifizierung mit extremen politischen Gruppen, die den Zustand dieser Gesellschaft als grundsätzlich verkommen und bösartig einschätzten, wodurch sie sich projektiv entlasten konnte. Die konkrete Examenssituation, ebenso wie das Scheitern in persönlichen Beziehungen, stellte diese projektive Entlastung jedoch in Frage, warf sie auf ihr eigenes inneres Leid zurück und führte sie in die Therapie. Erst als die Realität der katastrophischen Erfahrungen am Lebensanfang und ihre Widerspiegelung in ihrer Beziehung zu sich selbst und der Welt aufgedeckt wurde, ermöglichte dies eine innere Auseinandersetzung und die Entwicklung eines therapeutischen Prozesses.

Von Patienten wie diesen können wir lernen, wie frühe vorgeburtliche Gefühle im späteren Leben präsent sind, wie sie sich umsetzen, verarbeitet werden und als Bezugsebene präsent bleiben. Es wird deutlich, daß solche Patienten massive Gegenreaktionen auslösen können, was sich darin ausdrücken kann, daß sie mit sehr negativen und abwertenden Diagnosen belegt werden und daß sie ein diffuses Gegenagieren auslösen, so daß sie schließlich abgelehnt werden. Die von mir beschriebene Patientin war von 14 Therapeuten nacheinander abgelehnt worden, was sehr ungewöhnlich ist, denn sie war von ihrer Motivation und Aufgeschlossenheit her eigentlich für eine Psychotherapie geeignet.

Meine Erfahrung zeigt, daß durchaus sehr positive Nachentwicklungen möglich sind, wenn das Ungewolltheitsthema auch wirklich benannt und eingegrenzt werden kann. Ich glaube, daß es gerade diese Patienten mit einer deutlichen primären Ungewolltheitsproblematik und späteren Belastungen sind, die eine längere Therapie von zwei bis vier Jahren brauchen, wie sie von der klassischen Psychoanalyse her aus vielfältigen Erfahrungen gefordert wird. Dadurch, daß der Bedingungshintergrund der Ungewolltheit in so geringem Umfang theoretisch durchgearbeitet und explizit gemacht worden ist, kann die klassische Psychoanalyse mit ihren Langzeittherapien in den Ruf kommen, die Probleme, die sie lösen will, erst zu schaffen.

Bei einer deutlichen Ungewolltheitsproblematik ist es wichtig, daß der Therapeut durch ein aktives Balancieren den Prozeß lebendig hält. Dies kann er nur, wenn er die realen vorgeburtlichen Ereignisse einfühlen und imaginieren kann, um so den Patienten auch emotional in seiner nachträglichen Auseinandersetzung begleiten zu können. Nach meinem Eindruck sind Konstrukte wie das der bösen Brust von Melanie Klein oder das des Beta-Elements von Bion zu abstrakt, um diesen Mitvollzug leisten zu können. Bei Gebrauch dieser Konstrukte hängt dann alles von der guten Intuition des Therapeuten ab, diese lebendig umzusetzen und zu verbinden.

Es ist therapeutisch wichtig, die Inszenierungen eines Ungewolltheitstraumas zu entziffern und zu benennen. Das kann z. B. schon bei der ersten Verabredung ein Mißverständnis wegen des Termins sein, ein Verpassen oder Verfehlen, wodurch sich ein ganz tiefes und bedeutsames Verpassen oder Verfehlen am Anfang einer Beziehung thematisieren kann. Wichtig ist, daß dies in der therapeutischen Beziehung Platz hat und nicht verleugnet oder bagatellisiert werden muß. So kann sich etwas von dem »Urschmerz« oder der »Urangst« relativieren und das Beziehungserlebnis in der therapeutischen Situation zu einem realen Neubeginn von Vertrauen und Bezogenheit werden, der dann zu einem Symbol und Bezugspunkt für ein erträgliches Leben und eine intakte Beziehung werden kann.

Bei Kindern kann sich dies sehr unmittelbar darstellen. Die Kinderpsychotherapeutin Barbara Friedrich hat dies im Behandlungsbericht eines siebenjährigen Jungen eindrucksvoll beschrieben, der das ungeplante und ungewollte Kind sehr junger Eltern war. Hier war das Ungewolltsein vorgeburtlich und auch nachgeburtlich massiv wirksam. Er hatte vor und nach der Geburt keinen Halt in einer tragenden Beziehung gefunden. Sein Symptom war eine hektische Unruhe mit einem »Chaos von Geräuschen, Phantasien, Handlungen, die aus diesem Kind herausstürzten«. Ganz allmählich kam er in der Therapie etwas zur Ruhe – es gelang ihm, »einen Spiel-Faden zu spinnen«.

»Da fällt ihm ein, daß er ein Haus haben möchte. Aus den Sitzpolstern soll ich eines um ihn herum errichten, es mit einer Decke oben abdichten, so daß es drinnen fast dunkel und ziemlich eng ist. Er rumort im Innern seines Hauses, dreht und wendet sich, versucht, eine bequeme Stellung einzunehmen. Schließlich herrscht eine Minute Stille. Mich mutet die Situation pränatal an: Er ist das Kind in meinem Schaumgummipolster-Bauch. Ich klopfe mit den Fingern den Herzrhythmus an die Wand. Einen Augenblick herrscht Stille im Haus-Bauch. – Dann schießt er mit Pfeilen durch die Ritzen zwischen den Polstern hindurch und lacht gellend hämisch-schadenfroh, wenn er meinen (richtigen) Bauch getroffen hat. Schließlich schießt er selbst kreischend oben aus dem Haus heraus, so daß es birst und ich fast zu Tode erschrecke. Das Haus-(Bauch-)Spiel wiederholt sich in den folgenden Stunden mehrmals. Die kurzen Sequenzen der ›Schwangerschaft‹ werden allmählich länger, Momente ruhiger Zufriedenheit nehmen zu. Sie beginnen mit dem geklopften Herzrhythmus, den Frank bald aufgreift, mit der Stimme nachmacht und auch variiert. Schließlich äußert er den Wunsch, etwas vorgelesen zu bekommen; dazu wählt er *Pelle zieht aus* von Astrid Lindgren.

Ohne die Psychodynamik des Kindes hier erschöpfend darstellen zu können, möchte ich einige meiner Gedanken zur Inszenierung dieser Schwangerschaftssequenzen äußern. Frank schafft sich symbolisch einen Uterus, in dem er Ruhe, Geborgenheit, Halt und Sicherheit sucht. All das hat er in seiner embryonalen und fötalen Zeit mit Todeswünschen, Abtreibungsgedanken und dem Erleben grundsätzlichen Unwillkommenseins, verstärkt durch häusliche Auseinandersetzung und heftige Szenen in der großelterlichen Familie, entbehrt bzw. nicht in einem für ihn ausreichenden Maß vorgefunden. Er sucht sich in seinem Haus, dem symbolischen Mutter-Bauch seine Zuflucht, seinen Ruhepol.

Nachdem er das Spiel mehrmals wiederholt hat, ist er bereit zu neuem, anderem Ablauf: Er beantwortet das Herzklopfen, variiert es, gestaltet es zu einer ›Herz-Melodie‹. Damit gewinnt er eigene, authentische Lebendigkeit und Individualität. Und er gewinnt ein Stückchen Gelassenheit, um sich füttern lassen zu können mit einer Geschichte. Daß die Pelle-Geschichte für ihn einen besonderen Stellenwert hat, leuchtet ein: Sie handelt vom erlittenen Unrecht eines kleinen Jungen, von seiner Trennung von den Eltern und schließlich der Versöhnung. Letztlich handelt sie von dem komplizierten Liebhaben und Liebgehabtwerden, von Trennung und Wiedervereinigung, von Groll und Verzweiflung.«[303]

Mit sehr viel Einfühlung hat die Psychoanalytikerin Roswita Huber beschrieben, wie eine vorgeburtlich und nachgeburtlich abgelehnte Frau sich den therapeutischen Raum im Zusammenwirken mit der Therapeutin so zu einem symbolisch-vorgeburtlichen Raum gestalten kann, daß sie die Nöte und Verwirrungen ihrer Lebensentwicklung vergegenwärtigend, klärend und entwirrend durchleben und durcharbeiten kann und eine Nachentwicklung in Gang kommt.[304]

Die 38jährige Patientin hatte das Gefühl, »nicht mehr weiterzukönnen«, sie konnte sich nicht fallenlassen, und sie hatte das Grundgefühl, falsch zu sein, keinen wirklichen Platz auf der Erde zu haben, nicht zu wissen, wozu sie auf der Welt sei.[305] Dazu kam noch eine Fülle anderer Symptome, auch Bauchkrämpfe mit Durchfällen. Sie hatte wegen einer primären Ablehnung durch die Mutter, zu der noch ein Abtreibungsversuch mit einer Stricknadel kam, keinen primären Halt, weder vor noch nach der Geburt und nur bedingt in der Beziehung zum Vater. Ihre Symptome spiegelten »einfach« adäquate Körpergefühle, Befindlichkeiten und Reaktionen wider, die der vorgeburtlichen Notsituation entsprachen.

Sie fand in der therapeutischen Beziehung einen tragenden Klärungsraum, der die Bedeutung der elementaren Beeinträchtigung relativierte und Kräfte für eine Nachentwicklung mobilisierte. Dazu trugen körperbezogene Interventionen bei. Tiefengefühle der Kälte, der Verlassenheit und des Grauens konnten wiederholend durchgearbeitet werden. Über die unbewußte Gestaltung eines fötalen Wesens konkretisierte sie den Bezug zur fötalen Ursituation. Sie konnte realisieren, daß sie ihren Körper nie wirklich als eigenen gespürt hatte, daß sie keinen liebenden Bezug zu sich selbst hatte. Dies alles ist mit einer komplexen Familiendynamik verbunden. Der Bericht von Roswita Huber zeigt, daß psychoanalytische Nachentwicklungsprozesse wirklich ihre Zeit brauchen und daß sie in schweren primären Entwicklungsbeeinträchtigungen auf mehreren Lebensebenen im tiefen Lebensunglück eines Patienten und seiner Familie begründet sind.

Unbegleitet sein

Die psychotherapeutische und psychoanalytische Forschung hat auf verschiedenen Wegen immer wieder belegen können, wie bedeutsam das Beziehungselement im menschlichen Zusammenleben und der menschlichen Entwicklung ist. In diesem Sinne bezeichnete Rank die Psychologie schon in den dreißiger Jahren als »Beziehungswissenschaft«[306], die spätere psychoanalytische Objektbeziehungspsychologie führte diesen Gesichtspunkt noch weiter aus, ebenso die Selbstpsychologie mit dem Akzent auf der Bedeutung von wechselseitiger Bestätigung für die Ich-Selbst-Konstitution. Umgekehrt bedeutet dies, daß ein Versagen oder Verlust von Beziehung und Bezogenheit in der menschlichen Entwicklung eine traumatische Wirkung haben können.

Diese Begleitung beginnt in der vorgeburtlichen Urbeziehung zu den Eltern, insbesondere zur Mutter, wie dies Rank in seiner *Genetischen Psychologie*[307] beschrieben und Sloterdijk in *Sphären I*[308] auf einer kulturpsychologischen Ebene für das menschliche Selbst- und Beziehungsverhältnis als konstitutiv dargestellt hat. Dabei sind Kontinuität und besonders Begleitung wichtig, damit wir den inneren Bezug zu uns selbst behalten und uns in allen Wechselfällen und Veränderungen in der Relation zum Begleiter wiederfinden können. Wie Rank schreibt, können wir dann »im Ich-Gefühl wieder etwas der ursprünglichen Totalität ähnliches herstellen«.[309]

Diese hochkomplexen Zusammenhänge sind bisher keineswegs ausreichend konzeptualisiert, doch müssen wir in der psychotherapeutischen Praxis die möglichen Orientierungspunkte in unsere Arbeit einbeziehen. Dabei hilft uns die Unmittelbarkeit der Lebenserfahrung des Patienten und unsere eigene ebenso wie die erstaunliche Fähigkeit des Menschen, unbewältigte Situationen nachholend durchzuarbeiten und zu integrieren. Wichtig ist vor allem das Ernstnehmen der unmittelbaren Erfahrung; man soll außerdem darauf achten, sich nicht durch anspruchsvolle Theoretisierungen oder auch einfach Vorurteile von der Evidenz der Erfahrung ablenken zu lassen, was in bezug auf die vorgeburtlichen und geburtlichen Gefühle nur zu leicht und oft geschieht. Ich bin immer wieder erstaunt, was mir Patienten implizit oder auch explizit von vorgeburtlichen und geburtlichen Situationen aufgezeigt haben. Allerdings war ich oft zu voreingenommen, um das Mitgeteilte wirklich aufzunehmen.

So fiel es mir nicht leicht, die Bedeutung von vorgeburtlichen Belastungen wie Todesfällen und plötzlichen Veränderungen in der Lebenssituation einzuschätzen, bis ich mich von Patienten und durch Berichte von anderer Seite überzeugen lassen mußte, daß diese ganz gravierend hoch sein können. So mag es unwahrscheinlich klingen, daß ein massiver Familienstreit einen solchen Beziehungsverlust zum Kind bedeuten kann, daß dieses Kind später starke autistische Züge entwickelt. Aber dies erschien mir in einem Einzelfall so plausibel, daß ich diesen Zusammenhang annehmen mußte. Dazu kam, daß in diesem Familienstreit ein tiefer Bruch in der Elternbeziehung zum Ausdruck kam, der natürlich auch nach der Geburt wirksam war und blieb. In einer nicht leicht zu bestimmenden Weise war die Beziehung zum Kind oder die Beziehung des Kindes zur Mutter in diese Bruchzonen hineingeraten, es bedurfte jahrelanger Bemühungen, den dadurch verursachten Entwicklungsschaden wieder auszugleichen. Dabei kann die Bestätigung von anderer Seite hilfreich sein, wie z. B. die Zusammenstellungen von Janov zu diesem Thema, der eine Untersuchung von Alan Ward zitiert, wonach »ein ungewöhnlich hoher Prozentsatz von Müttern autistischer Kinder während der Schwangerschaft Familienstreitigkeiten hatte«.[310]

Manchmal ist der Zeitpunkt des Umbruchs genau zu bestimmen, etwa bei einer Mutter, die mit dem Verlust ihres Mannes im siebten Schwangerschaftsmonat gleichzeitig ihre soziale Absicherung verlor. Die Tochter hatte noch als Erwachsene ständig Träume mit dem Thema, wie ein embryonales Wesen in irgendwelchen Nischen oder Höhlen Schutz sucht. Ich bin im Laufe der Jahre dazu gekommen, hierin unmittelbar eine Erinnerung an ihre Suche nach dem Schutz der Mutter, die nach dem Schicksalsschlag keine Sicherheit mehr geben konnte, zu sehen. Gleichzeitig war diese verunsicherte Lebenssituation natürlich auch ein wirksamer Zusammenhang nach der Geburt und prägte ihren Lebensanfang.

Diese Kontinuität der Begleitung wird in besonderer Weise während der Geburt bedeutsam bzw. ist bei der Geburt in besonderer Weise gefährdet. Das von Rank hervorgehobene Trauma der Trennung wird in seiner Tragweite erst verständlich, wenn wir annehmen, daß es in einem solchen Fall zum Bruch einer Beziehung und einem damit verbundenen Selbstverlust gekommen ist. Man kann hier nur spekulieren, ob Rank damit eine Evidenz aus den Tiefen seiner eigenen Geburtserfahrung formuliert. Eine solche Unterbrechung und ein solcher Beziehungs- und Selbstverlust können natürlich auch an jeder anderen Stelle der Geburt eintreten und dann zu ganz anderen Angstcharakteristiken führen, etwa zu einer Verschlingungsangst aus der Eröffnungsphase, einer Zermalmungsangst aus der Austreibungsphase oder einer Vernichtungsangst am Ende der Austreibung.

Diese Aussagen sind heute keine Schlußfolgerungen aus LSD-Selbsterfahrungen oder anekdotischen Patientenbeobachtungen mehr, sondern können, weil Angstelemente auch immer im Körper gespeichert sind, unmittelbar durch Berührungen an bestimmten spezifischen Punkten am Kopf oder Körper, je nachdem, wo der Geburtsdruck am stärksten gewirkt hat, mit den entsprechenden Innenbefindlichkeiten in einer quasi experimentellen Weise wieder zugänglich gemacht werden, wie dies in den Seminaren von William

Emerson aus Petaluma, Kalifornien, Terence Dowling, Heidelberg, oder Marjorie Rand, Winthertur, vermittelt wird.[311]

Auch die zahlreichen Fallbeispiele von Wolfgang H. Hollweg, die zu einem großen Teil durch Videos dokumentiert sind, belegen die Bedeutung von Kontinuitätseinbrüchen und Beziehungs- und Selbstverlusten an Komplikationsstellen der Geburt.[312] Dowling spricht in diesem Zusammenhang von »Implosion«, um diese Situation von Hyperstreß zu benennen. Das Kind treibt in diesem Fall gewissermaßen hilflos in der Hölle seiner traumatischen und chaotischen Gefühle und Empfindungen. Besonders eindrücklich ist dies bei der Reaktualisierung von vegetativen Notzuständen im Zusammenhang mit einer Narkose während der Geburt, die das Kind mitbetroffen hat. In der Reaktualisierung ist nicht nur die vegetative Deregulierung eindrucksvoll, sondern ebenso der quälend-benommene Orientierungsverlust. Wenn man annimmt, daß es ein Erleben vor und während der Geburt gibt, dann fällt es nicht schwer, das Existentielle solcher Notzustände zu begreifen.

Aber auch nach der Geburt sind wir, wie schon Rank vermutete, für Verlassenheitserfahrungen sehr empfänglich. Eindrucksvoll war hier ein Patient, der sich in der therapeutischen Situation in einer besonderen Weise angenehm und einstellungsbereit zeigte. Differenz oder Widerspruch schienen undenkbar. Alles wurde durch seine angenehme und einfühlsame Art aufgefangen. Es stellte sich dann heraus, daß er mit diesem Verhalten eine ungeheure Verlassenheitsangst kompensierte, die ihre Ursache darin hatte, daß er am Anfang eines Luftangriffs geboren und dann in den Wirren dieser Situation 24 Stunden lang alleingelassen worden war. Von dem Schreck hat er sich in gewissem Sinne nie wieder erholt, bzw. dieser blieb in ihm latent lebendig, weil es keine Möglichkeit zur Durcharbeitung und Verarbeitung gab, bis zur Psychotherapie, die er aufsuchen mußte, weil er in seinen Beziehungen durch seine überangepaßte Art genau das provozierte, was er vermeiden wollte, nämlich verlassen zu werden.

Unter günstigen Bedingungen bleibt die vorgeburtliche Beziehung während der Elementarerfahrung oder des gemeinsamen Abenteuers der Geburt erhalten und wird zum Erlebnis der gemeinsam geteilten Transformation des Übergangs von einer Welt in eine andere. Beide finden sich auf der neuen Ebene der nachgeburtlichen Beziehung wieder. In einer solchen Erfahrung sehe ich den Ursprung menschlicher Abenteuerlust und der Freude am Aufbruch zu neuen Ufern.

Gerade eine solche gute Geburtserfahrung gibt ein Zutrauen, das zur Veränderung, zum Aufgeben des Vertrauten, Einlassen auf Anstrengung und Unsicherheit und zu einer neuen Beglückung führt. Der Kampf mit dem Drachen gibt den Weg frei zum Schatz der Urvitalität, zu neuen Handlungspotentialen und neuen Gemeinsamkeiten. In allen Märchen kooperieren Prinz und Prinzessin oder Held und Heldin in einer mehr oder weniger geheimnisvollen Weise bei der Besiegung des Drachens, beim Hindurchfinden durch das Labyrinth. Dabei ist es im Grunde die Kraft ihrer Beziehung und Bezogenheit in allen Wirrnissen und Trennungen, die ein Zusammensein auf der neuen Lebensebene als Eltern ermöglicht.

Begleitung und Kontinuität sind in besonderer Weise an biologischen Übergangsstellen gefährdet – psychoanalytische Theoriebildungen fokussieren solche Gefährdungen und Übergänge: etwa das Stillen und Abstillen in einem weiteren Sinne in der Theorie von Melanie Klein, das Herausfinden aus der Säuglingsbeziehung in der Theorie von Margaret Mahler und der Übergang von der Familiengruppe zur weiteren sozialen Gruppe in der ödipalen Zeit bei Freud. Die Selbstpsychologie Heinz Kohuts scheint bestimmte Aspekte der sozialen Ich-Selbst-Konstitution in der Familie am Beginn der Kleinkindheit zu erfassen.

Therapeutisch ist bedeutsam, daß man die Settings aller modernen Psychotherapien so verstehen kann, daß sie durch Zuwendung und Beständigkeit einen Ausgleich für die Grundnöte des Ungewollt- und des Unbegleitetseins bieten. Die psychotherapeutische Situation gibt dem Patienten genau das, was er am Lebensanfang und in der Kindheit vermißt hat, was ihn »krank« gemacht hat, nämlich verläßliche und bestätigende Zuwendung. Diese ermöglichte es, sich dem unbewältigten Trauma zu stellen und es nachträglich zu verarbeiten.[313] Unter solchen Bedingungen kann es dann einerseits zu erstaunlichen Restitutionen kommen, zum andern kann die Hilfsmöglichkeit einer Psychotherapie oft nur sehr begrenzt sein, weil zu viel Unglück und Beschädigung hinter einem manchmal relativ harmlos wirkenden Symptom oder einer Erkrankung stehen kann. Einerseits sind die Selbstheilungsmöglichkeiten und die Hoffnungspotentiale von Menschen ganz erstaunlich, andererseits müssen wir aber auch einfach zugeben, daß es Lebensunglück gibt. Die Hilfe kann dann nur darin bestehen, dazu eine bestimmte Einstellung zu gewinnen, was im Einzelfall sehr viel sein kann.

Die therapeutische Szene stellt sich in einer verwirrenden Weise komplex und widersprüchlich dar. Trotzdem scheinen die Therapeuten von ihrer Therapie sehr überzeugt zu sein. Ebenso wächst in der Gesellschaft das Zutrauen zur Psychotherapie, was sich in der Verabschiedung des Psychotherapeutengesetzes 1999 ausdrückt. Dies ist ja nicht nur eine gesetzliche Verfahrensregelung, sondern so etwas wie ein kultureller Umschwung, weil man früher einfach auf die kollektiven Heilkräfte religiöser oder nationaler Erbauung hoffte und neurotisches, psychosomatisches oder soziales Leid weitgehend verleugnete.

Wir können den psychohistorischen Prozeß der Relativierung dieser Verleugnung wenigstens in Umrissen erkennen. Die Psychoanalyse war ein Signal dafür, daß neurotisches Leid, jedenfalls in der bürgerlichen Schicht, anerkannt wurde. Nach dem Krieg begann sich allmählich die Sensibilität für die Existenz psychosomatischer Erkrankungen zu entwickeln. In den sechziger Jahren wurden die verschiedenen Formen von Sucht als Erkrankung anerkannt. Diese Anerkennung schlug sich in der Gründung von psychosomatischen Kliniken nieder, beginnend in den fünfziger Jahren, und von Suchtkliniken, beginnend in den siebziger Jahren. Neurotische und psychosomatische Erkrankungen bei Kindern wurden ebenfalls nach dem Krieg gesellschaftlich in größerem Umfang anerkannt und kindliche Not, wie sie sich in bestimmten Symptomen äußerte, nicht einfach als »Unart« bekämpft. In jüngerer Zeit beobachten wir in der Einrichtung von »Schrei-Ambulanzen« eine beginnende Sensibilität für die seelischen Nöte des Säuglings, und eine szenisch-körpertherapeutisch orientierte Therapie von Notzuständen Neugeborener und bei Säuglingen ist in Entwicklung.[314]

Noch besteht eine gewisse Einhelligkeit in der »Psychotherapeutic Community«, daß seelische Nöte des Kindes vor und während der Geburt ein Außenseiterthema sind. Doch haben wir in unseren pluralistischen Gesellschaften die erfreuliche Situation, daß auch Außenseiterthemen ihr Entwicklungsfeld haben können, so daß sich dann zeigen kann, inwieweit das Außenseiterthema auch Bedeutung für andere Bereiche hat. Ich glaube, daß die besonders kontroverse Diskussion um das »gute« psychotherapeutische Setting von der Pränatalen Psychologie hilfreiche Anregungen bekommen kann.

Notfälle bei der Geburt

Die Geburt ist nach der Zeugung und der Einnistung das dritte große Ereignis in der frühen Entwicklung, in dem sich alle Entwicklungskräfte in den Wehen, der Anstrengung, dem Abenteuer und der existentiellen Transformation der Geburt verdichten. Erst in unserem Jahrhundert hat man die evolutionsbedingte Funktionsdynamik der Geburt wirklich verstanden. Wesentliche Schritte dabei waren die Erforschung der Geburtsmechanik durch den Berliner Pathologen Dagobert Müller[315] und den Augsburger Geburtshelfer Arthur Wischnik.[316] Durch ihre Arbeiten haben wir heute ein recht genaues Bild über die Verformungen des kindlichen Schädels bei der Geburt und die wirksamen Druckbelastungen. Daraus geht auch hervor, in welchem Ausmaß die Geburt ein existentiell-körperliches Ereignis ist, sich deshalb in besonderer Weise im Körpergedächtnis abbildet und hier durch Druck oder Massage abrufbar ist. Diese Speicherung im Körpergedächtnis ist auch der Grund, warum allein durch die Berührungen in der Cranio-Sakral-Therapie ein ganzes Geburtsgeschehen ausgelöst werden kann. Deutlich ist auch der existentiell-szenische Charakter der Geburt, bei der Mutter und Kind intensiv interagieren und das Kind dabei in komplexen Drehungen und Wendungen seinen Weg durch die Engen und Windungen des Geburtskanals von der einen Welt in die andere findet. Wegen dieses szenischen Charakters werden Geburtsgefühle besonders durch das Zulassen einer Reinszenierung zugänglich. Dies hat den Freiburger Psychoanalytiker Tilman Moser dazu veranlaßt, szenische Körperarbeit mit in seine psychoanalytische Arbeit einzubeziehen, wie er dies in einem Lehrfilm dokumentiert hat.[317] Leichter haben es hier die Kindertherapeuten, bei denen szenische Gestaltungen selbstverständliche Bestandteile der therapeutischen Situation sind, so daß geburtliche Reinszenierungen auf verschiedenen symbolischen Ebenen aufgenommen werden können. Hierzu ein Beispiel aus einer Kindertherapie der Heidelberger Kinderpsychotherapeutin Dorette Kugele:

> Ihr neunjähriger Patient Steffen litt an primärer Enkopresis, Enuresis und starren Verweigerungs- und Oppositionshaltungen. Außerdem griff er andere Kinder an; mit Vorliebe griff er sie von hinten an und würgte sie. Eine Ursache für diese Verhaltensverzerrungen war eine katastrophische Geburtssituation: »Diese sei eingeleitet worden, obwohl keinerlei Wehentätigkeit zu verzeichnen gewesen sei. Als Grund

für die Einleitung gibt die Mutter den bevorstehenden Urlaub ihres Gynäkologen an. Die Geburt beschreibt die Mutter als ›schrecklich‹ und ›endlos‹ scheinend. Nach Angaben der Mutter 25 Stunden Dauer. Bei Nachlassen der Wehentätigkeit sei das Kind im Geburtskanal zwischenzeitlich ›steckengeblieben‹. Endlich geboren, habe Steffen ›scheußlich‹ ausgesehen, mit spitzgedrücktem Kopf, Quetschungen und blutunterlaufenen Stellen.«[318]

In der 63. Therapiestunde kam es zu der entscheidenden Szene: »In eine große rote Tonschüssel füllte Steffen Sand und drückte in den Sand eine kugelförmige Mulde. Mit weichem braunen Ton kleidete er die Innenwände der ›Höhle‹ weich aus. Dann nahm er ein Playmo-Männchen, band ihm eine Schnur um den Bauch und setzte ihn in die Höhle, die er dann mit Wasser füllte und mit einem Tondeckel verschloß. Um diesen Deckelverschluß herum zog Steffen nun einen ›Stahlring‹ aus Tonwülsten. Der ›Wächter‹ in der Höhle habe eine Strickleiter und ein Fernrohr, erzählte er. In die Höhle komme keiner rein, denn der Stahlring ›zerquetsche alle zu Matsche‹. Das Männchen aber werde es mit Hilfe der Strickleiter schon schaffen, sich hindurchzuquetschen (...) In einer 4. Phase des Prozeßverlaufes kroch Steffen über viele Stunden hinweg in eine Ikea-Röhre, nannte sich ›Pim‹ und sagte, er sei von einem anderen Planeten (Mond). Mehrmals spielte Steffen, wie die Luft in der Röhre knapp wurde (...) Auf Trennungen reagierte Steffen in dieser Zeit mit verstärktem Einkoten. Seine Aggressivität war schwer zu ertragen. In seinen Kampfspielen schlug er sich mit tödlichen Fallen und Riesenspinnennetzen herum (...) In der Röhre liegend, schlägt Steffen plötzlich wild um sich und sagt, er komme nicht mehr raus und bekomme keine Luft mehr. Panikartig stürzt er dann doch aus der Röhre, schreit, er ›müsse dringend‹ und rennt auf das Klo. Zurückgekehrt, klettert er erneut in die Röhre. Dann schiebt er sich, auf dem Rücken liegend, aus der Röhre hinaus. Draußen bleibt er rücklings liegen, hebt dann den Hintern wie zu einer Brücke und imitiert mit dem Mund Pupsgeräusche. Steffen pupst immer lauter und kriecht in die Röhre zurück, wo er, wie er mehrmals sagt, ›riesige Haufen kackt‹. Er steigert sich bis zur Erschöpfung in eine nicht enden wollende Pups- und Kackorgie. Schließlich kriecht er völlig fertig mit blassem Gesicht und leerem Gesichtsausdruck aus der Röhre und will nach Hause gehen. In der darauffolgenden Stunde nimmt er das Keyboard und stellt einen monotonen Rhythmus ein, um dann eine braune Decke über sich und das Gerät zu ziehen und sich im Takt gleichförmig zu wiegen. Nach einigen Minuten reißt er plötzlich die Decke weg, schaltet das Musikinstrument aus und sagt bestimmt: ›Jetzt habe ich keine Lust mehr auf Pim-Spiele, von jetzt ab bin ich nicht mehr Pim, das klingt ja wie Pimpf!‹«[319]

Ich habe diesen kindertherapeutischen Bericht so ausführlich zitiert, um den szenischen Charakter von Geburtswiederholungen anschaulich zu machen. Kindertherapeuten und noch mehr Babytherapeuten haben hier wegen des szenischen Charakters ihrer Behandlungssituation einen systematischen Vorteil. Als Erwachsenentherapeut kann man aus ihren Falldarstellungen lernen, die im Erwachsenensetting eher verdeckten szenischen Elemente zu erkennen und aufzugreifen. William Emerson hat in seinem Aufsatz *Geburtstrauma: Psychische Auswirkungen geburtshilflicher Eingriffe*[320] nützliche Kategorien für die Verarbeitungsformen von Geburtstraumen vorgeschlagen. Die direkte Rekapitulation ist die häufigste. In dieser werden Lebenssituationen unbewußt so gewählt oder manipuliert, daß sie die Begegnung mit den ungelösten Traumen und ihre Erfahrungen ermöglichen: »So inszenierte z. B. eine Frau, die als Säugling verlassen worden war, ihr Verlassenheitstrauma unbewußt zunächst durch die Ehe mit einem Vertreter, der ständig ›unterwegs‹ war; ihr zweiter Mann arbeitete bei der Handelsmarine und war 6 Monate im Jahr auf See. Sie fühlte sich ständig verlassen.«[321]

Bei der vermeidenden Rekapitulation wird das Leben so eingerichtet, daß sich das traumatische Ereignis nicht wiederholen kann oder das Trauma an anderen Stellen stellvertretend ausgelebt wird, so wie etwa ein mißhandeltes Kind ein Tier mißhandelt. Bei der konfrontativen Rekapitulation wird der traumatische Inhalt projiziert und von außen bekämpft. Als Beispiel führt Emerson ein Kind an, dessen Geburt mit dem Wehenmittel Pitozin eingeleitet worden war:

> »Das häufigste Motiv in seinen Zeichnungen (die sein Pitozin-Erlebnis repräsentierten) war ein Fels, der von der Erde in die Atmosphäre gesprengt wurde. Das Pitozin hatte ihn auf sehr beängstigende Weise übermäßig erregt und angetrieben. Als Kind und als Erwachsener setzte er sich permanent mit intensiven und aktivierenden Energien auseinander. In der Grundschule hingegen war er nicht dazu zu bewegen, im Sportunterricht Sprungübungen zu machen, weil sie seinen Herzschlag beschleunigten, und er forderte seine Mutter auf, sich an seiner Stelle dagegen zu wehren (...) Als Beamter in der Schulbehörde wandte er sich entschieden gegen Frühförderprogramme, weil diese ›unser Schulsystem mit Energie aufladen und die Kinder, die schon jetzt hyperaktiv und unkonzentriert sind, noch stärker fordern‹.«[322]

Es hängt ganz von dem individuellen Kräftespiel und den Verarbeitungsmöglichkeiten ab, was aus einer geburtstraumatischen Belastung wird. Entscheidend sind die Auffangmöglichkeiten und Verarbeitungsangebote im ersten Lebensjahr, in der Kindheit und auch noch in der Pubertät. Ganz unterschiedlich sind auch die Auswirkungen auf die künftige Lebensgestaltung, je nachdem, ob eine geburtstraumatische Erfahrung im Sinne der Rekapitulation zu einem Angelpunkt der Lebensgestaltung wird oder ob eine geburtstraumatische Erfahrung abgespalten und durch andere Erfahrungen kompensiert werden kann. Es hängt dann wieder von den individuellen Lebensschicksalen ab, ob eine Belastungssituation oder der besondere Charakter eines Partners gerade diese Erfahrung aktiviert. Auf der anderen Seite ist jedoch auch der Gesichtspunkt wichtig, daß die Geburt für jeden etwas Paradigmatisches als Transformation einer Welt in die andere hat. Das hat zur Folge, daß spätere Änderungen, ob sie nun von außen kommen oder wie die Pubertät reifungsbedingt sind, immer an die Muster der Geburtserfahrung rühren und diese aktivieren können. Bedeutsame Änderungen haben deshalb immer etwas von der mythischen Tiefe geburtlicher Initiation und Transformation. Nicht umsonst gab Eliade seinem Buch über die Pubertätsriten den Titel *Das Mysterium der Wiedergeburt.*[323] Jede wirkliche Veränderung ist verbunden mit Gefühlen von Ohnmacht, Unwissen und Ausgeliefertsein, wobei diesen ein transformatives Potential gegenübersteht, das auch schon in der Geburt wirksam war und durch eine gelingende Geburt bestätigt wird, aber auch durch Notfälle bei der Geburt entmutigt werden kann. Wir haben heutzutage die Situation, daß die Geburt in bezug auf das Überleben unvergleichlich sicherer als früher und dadurch auch von unnötigen Ängsten und Befürchtungen entlastet ist. Das hat zur Folge, daß viele Kinder dank geburtshilflicher Eingriffe auch mit schwereren Geburtstraumen überleben können und gleichzeitig auch wieder durch medizinische Eingriffe unterschiedlichen Geburtstraumen ausgesetzt werden, die es vorher nicht gab. Das Ausmaß geburtstraumatischer Belastung ist nur schwer zu schätzen. Emerson kam bei seinen Untersuchungen auf sehr hohe Prozentsätze: »45 Prozent der untersuchten Personen starkes Geburtstrauma, 50 Prozent leichtes bis mäßiges Trauma, nur 5 Prozent zeigten keinen Hinweis auf Geburtstraumen.«[324]

Der Offenbacher Geburtshelfer Hermann Kurrek kam zu ähnlich hohen Einschätzungen.[325] Sie werden durch den russischen Kinderneurologen Alexander Ratner bestätigt, der bei einer Reihenuntersuchung an Schulkindern bei ca. 75 Prozent leichte neurologische Störungen feststellte, die er auf ein Geburtstrauma zurückführte.[326] Für mich orientierend war die mündliche Äußerung eines erfahrenen Geburtshelfers, zwei Drittel der Neugeborenen sähen doch sehr mitgenommen aus. Vielleicht kann man zusammenfassend sagen, daß die menschliche Geburt evolutionsbedingt eine Grenzbelastung darstellt, deren Streßengramme in späteren Änderungssituationen wieder aktiviert werden können. Ich vermute, daß dies ein Grund ist, warum die Belastung von Änderungssituationen in den menschlichen Kulturen immer durch Riten oder auch Opfer von der Gruppe mitgetragen wurde. Am bekanntesten hierfür sind die Initiationsriten, die den Reifungsstreß in einer mythischen Inszenierung gestalten und diese Situation gleichzeitig zur kulturellen Einbindung in die mythischen Ordnungen der jeweiligen Gruppe nutzen. Seit der Aufklärung haben wir nun das Ideal der persönlichen Individuation; das bedeutet, daß ich mich auf meinen Entwicklungswegen mit meinem Geburtsstreß persönlich auseinandersetzen muß. Dazu können noch Belastungen auf anderen Ebenen kommen, die auch bedeutsam sein können, doch bleibt eine Belastung bei der Geburt immer ein wichtiger Faktor, der im einzelnen abzuklären ist. Hier ist in den letzten Jahren im Bereich der verschiedenen psychotherapeutischen Richtungen viel Arbeit geleistet worden, so daß die Aussagen zur einzelnen Charakteristik solcher Belastungen jetzt sicherer und klarer sind. William Emerson hat hierzu die schon erwähnte umfassende Übersicht gegeben. Sie ist eine Aufforderung an die Psychotherapeuten, sich über die Geburtsbedingungen ein genaues Bild zu machen. Wer einmal erlebt hat, wie der Schock einer Anästhesie während der Geburt jemanden in einer Regressionssitzung mit massiver vegetativer Disregulation und ohnmachtsartigem Orientierungsverlust vollständig überrollen kann, der wird sich nicht mehr von der üblichen Antwort auf die Nachfrage nach der Geburt: »Alles normal« davon abbringen lassen, hier seiner Sorgfaltspflicht einer wirklichen Orientierung zu genügen.

Leichter einsichtig ist vielleicht die Situation bei instrumentellen Eingriffen wie Zange, Saugglocke oder Kaiserschnitt, weil hier das Geschehen bekannt und nachfühlbar ist. Wichtig ist dabei immer, die Gesamtsituation zu beachten. Eine Zange kann als katastrophischer Eingriff erlebt werden oder auch als rettende Hilfe. Für den Erwachsenentherapeuten scheint es mir wichtig, immer wieder die lebensgeschichtliche Bedeutung der Geburt ausreichend zu würdigen, weil die Geburtsmuster in der Regel durch andere Ereignisse überdeckt und vielfach umgeschichtet und umgearbeitet sind. Auch können von der Lebensdynamik her ganz andere Themen im Vordergrund stehen, so daß man überrascht ist, wenn in einer Veränderungssituation auf einmal eine Saugglockenerfahrung das gesamte Lebensgefühl beherrschen kann.

So erinnere ich mich an einen Patienten, der in Prüfungssituationen immer in eine unendliche Lethargie, Unbeweglichkeit und Schwerfälligkeit geriet, die jede Weiterentwicklung verhinderte, so daß ich versucht war, ihn durch die Schwierigkeiten hindurchzuziehen. Erst allmählich wurde mir klar, in welchem Ausmaß die Situation durch eine Aktualisierung der Saugglockenerfahrung beherrscht wird. Dabei boten mir Bilder in einem geburtshilflichen Atlas eine hilfreiche Orientierung, weil sie mir zeigten, welch massiven Eingriff eine Saugglocke bedeuten kann. Hier hatte eine Neigung zur szenischen Wiederholung große Teile der Lebenssituation ergriffen; zum Glück verfügte der Patient über eine so wache Beobachtungsgabe, daß es möglich war, die Reinszenierung zu erkennen und hierdurch nach und nach zu integrieren. Die Auswirkung einer Saugglocke kann aber ganz verschieden sein. Eine andere Patientin, die mit einer Saugglocke zur Welt gekommen war, geriet in Begegnungssituationen in hilflose Panik und Handlungsunfähigkeit, ein ganz anderer Befund als der zähe Immobilismus des ersten Patienten. Beiden war jedoch ein Verlust an Handlungsfähigkeit und eigenem Kraftgefühl in der Situation gemeinsam.

Eine besondere Bedeutung hat in der modernen Geburtshilfe die Kaiserschnittgeburt, weil sie eine »Lösung« bei verschiedenen geburtshilflichen Komplikationen darstellt und wegen ihrer relativen Ungefährlichkeit deshalb bei etwa bei 15 Prozent der Geburten angewandt wird. Das heißt, 15 Prozent der Patienten haben diese Geburtserfahrung, die anders als bei der vaginalen Geburt ist. Naiverweise könnte man annehmen, der Kaiserschnitt sei für das Kind die eleganteste Art, jeglichen Geburtsstreß zu vermeiden und aufs angenehmste in die Welt gehoben zu werden. Dabei wird vergessen, daß ein Wechsel in zwei Minuten, den man sich sonst in einer Stunde oder mehr mit allen Kräften erarbeitet, eine Überforderung aller vegetativen Regulationssysteme bedeutet. Dazu kommt noch, daß das Kind, wenn es schon in das kleine Becken eingetreten ist, oft dort geradezu herausgezerrt werden muß, weshalb Kaiserschnittgeborene am Hinterkopf sehr empfindlich sein können. Könnte man für die vaginale Geburt das Goethewort »Wer strebend sich bemüht, den werden wir erlösen« als Mythologem nehmen, so hat die Kaiserschnittentbindung eine ganz eigene komplexe Aneinanderreihung von einzelnen Mythologemen, die die amerikanische Physikerin Jane English in jahrelanger Selbsterfahrungsarbeit herausgearbeitet hat. Diese Mythologeme kann man aus den einzelnen Schritten bei der Kaiserschnittgeburt ableiten. Wichtig ist zu beachten, daß eine Kaiserschnittgeburt nichts Einheitliches bezeichnet, sondern ein breites Spektrum vom geplanten Kaiserschnitt bis zum Notkaiserschnitt mit ganz unterschiedlichen Begleiterscheinungen umfaßt. Gemeinsam sind ihr die Fremdbestimmtheit der Geburt, der schockartige Einschnitt, die unheimlichen Körpersensationen, der Grenzverlust, Verlust jeglicher Unterstützung, die Bindung an den Arzt, Depressionen, Mißtrauen und Bindungsschwierigkeiten.[327] Ich denke, für jeden Psychotherapeuten ist es wichtig, sich mit den Mythologemen der Kaiserschnittgeburt auseinanderzusetzen, um auf die Besonderheiten der Erlebnisverarbeitung bei diesen Patienten vorbereitet zu sein. Eine Schwierigkeit kann z. B. die Zielstrebigkeit im Handeln sein, weil die Elementarerfahrung bei der Geburt war, daß eine Veränderung durch Abwarten und einen Außeneinfluß zustande kommt. Für die Therapeuten gilt diese Notwendigkeit der Orientierung in einem Geburtsmuster noch mehr für die Frühgeburt, von der etwa 5 Prozent der Neugeborenen bei uns betroffen sind.

Auch hier muß man die großen Unterschiede beachten. Schon die Ursachen für die Frühgeburt können sehr verschieden sein, dann die Dauer des Brutkastenaufenthaltes und nicht zuletzt das Geburtsjahr, denn in den letzten Jahren hat man zunehmend psychologische Gesichtspunkte in den Umgang mit dem frühgeborenen Kind einbezogen.[328] Auch hier gibt es besonders eindrucksvolle Behandlungsberichte der Kindertherapeuten, die zeigen, wie sich die Frühgeburtssituation im Spiel und in der ganzen Behandlungssituation reinszeniert und wie eine Durcharbeitung möglich ist. Ich greife einige Phasen aus der Behandlung eines 18jährigen jungen Mannes der Stuttgarter Kindertherapeutin Carola Leyh heraus. Der Patient beschreibt sich mit den Worten:

> »Ich bin nicht so normal wie die anderen, war schon immer ein sehr ängstliches und unglückliches Kind. Dabei tue ich alles, um die ande-

ren bei Laune zu halten. Die sind dankbar für die Abwechslung. Manchmal habe ich Angst, plötzlich zu verschwinden, also bald sterben zu müssen. Ich bin ein Siebenmonatskind, und eigentlich dürfte ich gar nicht da sein. Frühgeborene haben doch sicher auch keine so lange Lebenserwartung, sterben früher als andere Menschen. Mir geht alles unter die Haut, ich habe keine Distanz zu den Dingen. Es ist mir schnell alles zuviel. Auch wenn ich male, habe ich Angst, mich im Bild aufzulösen, einfach darin zu verschwinden.«

Der Patient war ein ungeplantes und ungewolltes Kind adoleszenter Eltern. Er wurde in der 28. Schwangerschaftswoche geboren, wog 1120 g und war 26 cm groß. Er wurde künstlich beatmet und ernährt. Die ersten vier Wochen verbrachte er im Inkubator, die folgenden vier im Wärmebett. Die Eltern sahen ihn einmal in der Woche für zwei Minuten durch eine Glasscheibe.

»Die Lebenssituation der Eltern geriet durch die Geburt des Kindes durcheinander. Die Mutter mußte ihr Abitur verschieben, der Vater eine geplante Reise nach Indien. Es entstand eine chaotische Familiensituation, die sich in der Behandlung in Verwirrungen um Termine und Vereinbarungen reinszeniert. Die ganze Behandlungssituation ist durch Wiederholungen von Elementen der Frühgeburtssituation bestimmt.«

Dies verlangt der Therapeutin eine ungewöhnliche Präsenz ab. Die Intensität der Wiederholungstendenz zeigt folgendes Beispiel:

»Daß der Patient die perinatale Traumatisierung stets wieder aktiv herbeiführt im Sinne des Wiederholungszwanges, zeigt ein Vorfall, den er mir vor kurzem nach einer zweimonatigen Therapiepause schilderte. Während eines Skiurlaubes war er wieder einmal so spät aufgestanden, daß die anderen schon alle weg waren. So mußte er allein den Sessellift benutzen, was ihm stets Angst macht. 20 Meter vor dem Ziel hatte er eine ›Panikattacke‹, wollte abspringen, fühlte sich ›wie in einem Tunnel‹, obwohl er das Ziel schon sehen konnte. Die durchlittene Angst bezeichnete er als ›Todesangst‹, die dem Geburtstrauma zu entsprechen scheint, das durch Erinnerungsspuren an frühere unlustvolle und lebensbedrohliche Erfahrungen jederzeit wachgerufen werden kann.«[329]

Der Traum eines anderen frühgeborenen Patienten zeigt sehr eindrücklich die konstruktive Wandlung der Geburtsmuster in der Behandlungs- und Übertragungsdynamik:

»Ich muß auf ein Schiff, aber das fährt ohne mich ab, das verstehe ich gar nicht, wieso das nicht wartet. Ich finde den Einstieg nicht, keiner hilft mir. Ich springe ins Wasser, obwohl ich schreckliche Angst habe, in die Tiefe gezogen zu werden, da könnten ja Monster oder Haifische sein. Es ist eine starke Strömung, die mich trägt. Ich schwimme auf ein anderes Schiff zu, da ich das meine nicht erreichen kann. Das andere Schiff nimmt mich sicher an Bord.«[330]

Carola Leyh faßt ihre Behandlungserfahrung mit zwei frühgeborenen Jugendlichen mit folgenden Worten zusammen:

»Beide Behandlungen zeigten mir die prä- und perinatalen Bezüge im Pubertätserleben auf, wobei der therapeutische Rahmen die Möglichkeit bot, nach einem regenerierenden Aufenthalt in einem pränatalsymbolischen Raum erneuert wiederzukehren, ein zweiten Mal geboren zu werden, nachdem die Schrecknisse der Geburt noch einmal symbolisch durchlebt wurden. Deutlich wurde, (...) wie die Patienten in ihrem Verhalten in der Pubertät sowohl die extra- wie die intrauterine Beziehung zwischen Mutter und Kind wiederholen.«[331]

Um der Bedeutung der szenischen Elemente bei frühen Traumen gerecht zu werden, hat die Psychotherapeutin Sigrid Damm ein therapeutisches Setting entwickelt, das Elemente der Primärtherapie, der szenischen Improvisation und der analytischen Psychotherapie miteinander verbindet.[332]

Die Psychotherapeutin Brigitte Schlindwein hat gezeigt, wie es in einem solchen erweiterten Setting möglich ist, auch sehr schwere Traumen durch Frühgeburt und Ungewolltheit in konstruktiver Weise psychotherapeutisch zu behandeln. Eine 30jährige Patientin kann in der Regression in der Gruppe ihre Einsamkeits- und Verlassenheitsängste aus der Brutkastensituation wiedererleben und damit von den anderen wahrgenommen und aufgefangen werden. Das psychotherapeutische Gespräch erlaubt dann, die Frühgeburtssituation in den Gesamtzusammenhang des Lebens der Eltern, der Familie und des eigenen Lebens besser zu verstehen und aufzuarbeiten.[333]

Für den analytischen wie für den tiefenpsychologisch orientierten Psychotherapeuten kommt es darauf an, die szenische Aktualisierung von traumatischen Elementen der Geburt in der Behandlungssituation oder in der Lebenssituation eines Klienten, auch wenn sie nur untergründig sind, wahrzunehmen. Dann können auch komplexere geburtstraumatische Erfahrungen in einem analytisch orientierten Setting behandelt werden. Die Regelmäßigkeit der Termine ermöglicht es dem Patienten, traumatische Erfahrung in immer neuen Anläufen zunehmend konturierter zu vergegenwärtigen. So geriet die Therapie einer etwa 30jährigen Patientin von mir zunehmend ins Stocken. Sie hatte auch in ihrem Leben das Gefühl, überall anzuecken, sich festzurennen. In den Stunden hatte sie zunehmend ein unangenehmes und trockenes Hautgefühl, und die Intensität der Vergegenwärtigung erlaubte es mir, einen Zusammenhang zu einer Übertragungssituation und vorzeitigem Blasensprung mit anschließendem Kaiserschnitt herzustellen. Die Patientin konnte diese Anregung aufnehmen, und auf einmal fielen alle so unzusammenhängenden Mosaikstücke zu einem sinnvollen Bild zusammen. Sie konnte aus all diesen Szenen ein unmittelbares Gefühl für ihr Auf-die-Welt-Kommen entwickeln, verstand plötzlich eine Fülle von »Rekapitulationen« als Kind und Jugendliche. Sie gewann einen neuen kohärenten Bezug zu sich selbst und ihrer Lebensgeschichte und konnte in ihrem Leben neu durchstarten.

Behandlungsberichte von anderen Therapeuten und von Therapien in anderen Settings ermöglichen es, die Sensibilität für die Erlebniswirksamkeit von frühen Traumen zu entwickeln, um so mehr Gefühl für die Zeit zur Regeneration und Nachentwicklung zu gewinnen. Gerade Patienten, die eine komplizierte Frühgeburtssituation zu verarbeiten hatten, brauchen in besonderer Weise Kontinuität in der therapeutischen Präsenz. Das gilt auch für Patienten, die die Belastung einer frühen Adoption oder eines Aufenthaltes in einem Säuglingsheim zu verarbeiten haben.

Ankunftsnöte

Eine gelingende Geburt wird durch ein »Wiederfinden« abgeschlossen. Die neue Mutter, die uns auf der Welt begrüßt, ist zugleich die alte, die uns schon ein Weltalter lang aufs tiefste vertraut ist. Im Wechselspiel der frühen Beziehung kann sich das Kind selbst finden. Dies setzt aber voraus, daß es »erwachsene« Eltern hat, die schon selbst zu sich gefunden haben. Erst dann hat das Kind den Entwicklungsraum, den es braucht, um zu sich selbst zu kommen. Diese Selbstfindung bezeichnet der kalifornische Analytiker Bernard Bail[334] als den ersten Job des Kindes. An der Individualität der Mutter kann das Kind seine eigene Individualität entdecken und zu einem kohärenten Selbstgefühl finden. Die Einfühlungsfähigkeit der Mutter ermöglicht ihr, als »Container« für die Gefühle des Kindes dieses bei seiner inneren Integration in einem einheitlichen Selbstgefühl zu unterstützen. Diese Fähigkeit zu einer kreativen Selbstfindung in der Mutterbeziehung ist wohl etwas urtümlich Menschliches. Wir können nur vermuten, daß auch hier wieder ein Zusammenhang mit der Frühgeburtlichkeit besteht, insofern Menscheneltern ihrem Kind im »extrauterinen Frühjahr« nicht nur äußerlich im Wiegen, Wärmen und Nähren eine Sicherheit in einem sozialen Uterus vermitteln, sondern ebenso in der antwortenden und haltenden Beziehung dem Kind ein frühes Selbstgefühl ermöglichen, das es selbst noch nicht gestalten könnte. Um die Besonderheit dieser frühen Beziehung zu charakterisieren, spricht Bail von einem energetischen Austausch und Wechselspiel zwischen dem Selbst der Mutter und dem Selbst des Kindes, wie es durch Einfühlungsfähigkeit und Identifikationsfähigkeit vermittelt wird. Das Selbstgefühl kann sich in diesem energetischen Austausch zum einen »verflüssigen« und zum anderen immer wieder neu konstituieren. Ich denke, es geht hier um ein Wechselspiel am Ursprung des menschlichen Zusammenlebens, das schon Goethe in dem Begriffspaar »Entselbsten« und »Verselbsten« zu fassen suchte.

Ein solcher ursprünglicher Austausch- und Individuationsprozeß ist aber nur dann möglich, wenn die Eltern sich in ihrer Individualität selbst gefunden haben. Dies ist, wie wir wissen, in der Regel nur sehr unvollständig der Fall, wodurch das Baby die Konflikte der Eltern mittragen muß und in diese integriert ist. Mit Bail ausgedrückt: Das Baby muß das Unbewußte der Mutter und des Vaters mittragen. Es muß sich mit dem Unbewußten und Konflikthaften der Eltern beschäftigen, gewissermaßen dem verlorenen Selbst der Mutter eine Zuflucht geben und dieses Selbst zu retten versuchen. Es geht also therapeutisch um eine Tiefenanalyse früher Verwerfungen in der Beziehung, die sich in Träumen besonders deutlich abbilden können.

Was bei Bail auf einer subtileren Beziehungsebene verhandelt wird, kann auch die Lebenswirklichkeit in brutaler Form prägen. Aus wirtschaftlichen oder anderen »Notwendigkeiten« kann das Kind z. B. ganz oder weitgehend weggegeben werden. Auch wenn es dann von den Großeltern oder einer Tante pfleglich übernommen wird, bedeutet dies immer einen gravierenden Bruch und Verlust, der verarbeitet werden muß. Wie dies im einzelnen möglich ist, hängt ganz von den Bedingungen und dem Engagement der neuen Beziehungsperson ab. Besonders eindrucksvoll war für mich der Traum eines jungen Mannes, der ganz früh zu den Großeltern gegeben worden war, in dem bei einer Fahrt über eine Brücke plötzlich die Straße abbricht und er in den Abgrund fällt. Veränderungen am Arbeitsplatz waren für ihn auch zu einem solchen Abgrund geworden. Ich verstehe beides als Aktualisierungen des Haltverlustes durch das Weggegebenwerden.

Von hier aus eröffnet sich das weite Feld des Adoptionstraumas, in dem sich in den letzten Jahren eine zunehmende Sensibilität dafür entwickelt, wieviel geduldige Beziehungsarbeit hier geleistet werden muß, damit man zu einer konstruktiven Integration kommt. Für den Therapeuten ist wichtig, daß er die Präsenz eines solchen frühen Trennungstraumas im Lebensgefühl und Selbstgefühl seines Patienten wirklich würdigt und anerkennt. Kleinste Unregelmäßigkeiten können das Trauma aktualisieren, aber auch eine nachträgliche Verarbeitung anbahnen. Es hängt hier sehr von den Individuationsansprüchen des einzelnen ab, in welchem Ausmaß ein solches Trauma aufgearbeitet werden muß. Letztlich handelt es sich hier für den Betreffenden um Lebensthemen, die immer wieder neu zur Herausforderung werden, aber auch immer wieder neue Kräfte freisetzen können.

Ein wieder etwas anders gelagerter Fall ist der, daß eine vertraute Beziehung zur Mutter durch ein Übermaß an geburtlicher oder nachgeburtlicher Traumatisierung nicht wirklich zustande kommt. Auch unter später günstigen Bedingungen kann dann ein quälendes Gefühl von Unvertrautheit und Fremdheit in der Elternbeziehung verbleiben, mit dem man sich immer wieder neu auseinandersetzen muß. Man hat früher oft verkannt, wieviel geduldige Beziehungsarbeit von seiten der Eltern nötig ist, um eine solche Entfremdung und ein solches Mißtrauen zu relativieren. Wir erreichen hier den Bereich des »depressiven Grundkonfliktes«, eines »Spannungszustandes zwischen einer frühen, verlorengegangenen Intention (...), einer frühen emotional belastenden Erfahrung mit dieser Intention (in diesem Falle die depressive Objektenttäuschung) und dem Bewältigungsstil, mit dessen Hilfe ein Kompromiß gefunden wurde«, wie ihn Rudolf als Ausgangspunkt späterer neurotischer Konfliktstruktur und Symptomatik beschrieben hat.[335]

Settingfragen

Die unterschiedlichen Auffassungen zum psychotherapeutischen Setting verlieren viel von ihrer Unvereinbarkeit, wenn man sie in Zusammenhang mit dem psychohistorischen Kontext, aus dem sie hervorgegangen sind und mit dem in allen psychotherapeutischen Settings gegenwärtigen frühesten Beziehungshintergrund sieht. Psychohistorisch herrscht eine gewisse Einigkeit, daß die moderne Psychotherapie, wie Ellenberger[336] erläutert hat, mit der Entdeckung des animalischen Magnetismus durch Franz Anton Mesmer[337] begann. Die Heilkraft lag entsprechend der kollektiven Rücknahme der urtümlichen Selbstprojektionen in kirchliche und weltliche Autoritäten auf einmal nicht mehr in der Jenseitsbeziehung, sondern in einer magmatischen Beziehungsdimension hypnotisch begabter Menschen. Entsprechend der immer noch hierarchischen Gesellschaftsverfassung war diese magmatische Beziehungskraft noch ganz an den patriarchal-männlich dominanten Hypnotiseur gebunden.

Die Erweiterung dieser Situation bei Breuer durch die Ebene der Mitteilung erlittenen Leides war eine konstruktive Entwicklung und Differenzierung der von Mesmer erschlossenen Tiefendimension menschlicher Beziehung. Das von Freud so technisch begründete und eingeführte Mittel der freien Assoziation war im wesentlichen ein Zulassen kindlichen Erlebens oder des Kindes im Patienten im Medium der therapeutischen Beziehung. Es waren vor allem die Entdeckungen von Ferenczi, Rank und Reich zur Bedeutsamkeit des vorsprachlichen Entwicklungsraumes und zur Präsenz vorsprachlichen Erlebens in der therapeutischen Situation, die dann zu den späteren Erweiterungen und Vervielfältigungen der psychotherapeutischen Settings führten.

Wegen der hohen Individualität früher Erfahrungen gab es ganz unterschiedliche Zugangswege zum frühen Erleben, z. B. über das Beziehungserleben und den Traum in der Psychoanalyse, über das Körpererleben in den verschiedenen Körpertherapien, die frühen Gefühle in der Primärtherapie, die Körperempfindungen in der tiefenpsychologischen Basis-Therapie, vielfältige szenische Arrangements im Übergangsfeld zwischen Primärtherapie und Körpertherapie, in der Konzentration auf die begleitende Einfühlung in der klientenzentrierten Therapie, über szenische Fähigkeiten im Psychodrama, das malerische oder bildhauerische Gestalten in der Kunsttherapie, über musikalische Erfahrung in der Musiktherapie usw. Diese Therapien bezogen ihre Lebendigkeit aus der Kreativität spontaner Erfahrung und charismatischer Authentizität von Therapeutenpersönlichkeiten, die aus ihrer eigenen Individuation und Lebenserfahrung zu neuen therapeutischen Lösungswegen gekommen waren. In unterschiedlichem Ausmaß machten sie bei der Psychoanalyse und deren hochentwickelten Theoriesystemen Anleihen, um ihre Beobachtungen und Erfahrungen einzuordnen und teilweise zu systematisieren.

In oft erstaunlichem Ausmaß haben diese Therapien, die ganz auf das Erleben zentrieren, den systematischen Vorteil, sehr direkt an ganz frühes Erleben heranzukommen. Je nach den Bedingungen des Patienten können sie sehr direkt hilfreich sein. Häufig sind auch die therapeutischen Situationen spontaner und mit mehr Nähe gestaltet als in der althergebrachten Psychoanalyse, so daß das Kleinkind und der Säugling im Patienten sehr direkt erreicht und entwicklungsfördernd aufgenommen und begleitet werden können.

Ein guter Teil dieser leibfreundlicheren, lockereren und unkonventionelleren Therapien hatte Wurzeln in dem demokratischen Aufbruch im Deutschland der zwanziger Jahre und hat sich dann in Amerika, insbesondere im liberalen Kalifornien unter dem Dach der humanistischen Psychologie kreativ weiter entwickeln können. Parallel dazu hat auch die Psychoanalyse, insbesondere in ihrer Entwicklung in London, zentriert um die Leitfiguren Melanie Klein, Winnicott und Bion den vorsprachlichen Raum theoretisch und therapeutisch erschlossen.

Die psychohistorische Linie sei noch einmal zusammengefaßt: Erschließung der Beziehungsdimension für die Psychotherapie in der Hypnose auf der einen Seite und Entwicklung der psychologischen Dimension in den Entwicklungsromanen und Novellen des 19. Jahrhunderts nach Relativierung der absolutistischen und theokratischen Elemente in der Gesellschaft nach der Französischen Revolution; Erweiterung des therapeutischen Raumes um die Mitteilung eigenen Leides und Präsenz kindlichen Erlebens in der Psychoanalyse und Zulassen des Subjektiven im Beginn der modernen Malerei und der modernen Literatur in der Zeit der zu Ende gehenden absolutistischen Monarchien; Erschließung des vorsprachlichen Raumes in seinen verschiedenen Facetten durch verschiedene Psychotherapien mit vorsprachlichem Setting und entschiedene Erschließung des vorsprachlichen Raumes in der modernen Kunst, in der kulturellen Aufbruchstimmung der zwanziger Jahre in Europa und später im liberalen Klima in den USA. Entsprechend der zunehmenden demokratischeren Entwicklung in Deutschland gewinnen die Verfahren der Humanistischen Psychologie in Deutschland breiteren Einfluß und etablieren sich gleichgewichtig neben einer fortentwickelten Psychoanalyse.

Auf einer ganz anderen Entwicklungslinie hat sich die von der akademischen Psychologie ausgehende Verhaltenstherapie im psychotherapeutischen Feld etabliert. Um den wissenschaftlichen Idealen der Meßbarkeit und Quantifizierbarkeit zu genügen, hatte sich die akademische Psychologie in ihrer Forschung weitgehend auf Bereiche zurückgezogen, die diesen Kautelen genügen, eben Reiz- und Reaktionsexperimente, Lernforschung, Verhaltenskonditionierung usw. Auf dieser Basis gelang es, Modellvorstellungen zur Behandlung neurotischer und psychosomatischer Symptome zu entwickeln, die hilfreich waren und einen Startpunkt für akademisch ausgebildete Psychologen in das psychotherapeutische Feld hinein bilden konnten. In der therapeutischen Praxis wurden diese Basismodelle dann eklektisch und sehr pragmatisch erweitert. Was sich therapeutisch und beziehungsmäßig abspielt, wenn ein Verhaltenstherapeut zur Behandlung einer Fahrstuhlangst in einer programmäßig geplanten Weise mit dem Patienten im Fahrstuhl fährt, scheint mir im Rahmen des Modells der Desensibilisierung und Dekonditionierung nur sehr unvollständig abgebildet.

Aus der Sicht der Pränatalen Psychologie haben alle diese psychotherapeutischen Setting-Arrangements das Problem gemeinsam, daß die Dimension vorgeburtlicher und geburtlicher Gefühle nicht oder nur sehr unvollständig erfaßt wird. Diese Frage wird gewissermaßen im Außenseiterfeld der Pränatalpsychologie in einer Art Klausur verhandelt. Das Ergebnis dieser Klausurarbeit wurde in zahlreichen verstreuten, aber auch in Bibliographien[338] gesammelten Publikationen und Monografien veröffentlicht. Das Generalresümee ist das in diesem Buch vertretene. Es gibt pränatale und perinatale Gefühle: diese bleiben nicht nur als Hintergrund von Gefühlen und Handlungsdispositionen ein bedeutsamer Erlebnishintergrund, sondern sind als Ausgangspunkt von »Gruppenphantasien« ein virtuelles Sicherungssystem von zentraler Bedeutung für unsere kulturpsychologische Ich-Selbst-Konstitution. Aus dieser Sicht ist die Entwicklung der psychotherapeutischen Settings eine Umschichtung in unserem Identitätsaufbau.

Wie bekannt, gewann die Präsenz vorsprachlichen Erlebens im eigenen Ich mit der stärkeren demokratischen Durchdringung in Deutschland, insbesondere nach 1968, soziale Anerkennung in der Akzeptanz der modernen Kunst und ebenso in den Entwicklungen der Psychotherapie, bis dahin, daß das Erleben des Säuglings in den letzten Jahren sogar Gegenstand ernsthafter Forschung ist.[339] Letztlich geht es darum, daß das moderne Ich in soziokulturellen Schritten gelernt hat, die Spannungen der verschiedenen Entwicklungsebenen nach der Geburt in sich auszutragen. Dadurch haben wir als Erwachsene eine ganz andere Dimension von Konfliktfähigkeit in uns selbst und im sozialen Raum, als dies vor der Aufklärung gegeben war. Die innere Akzeptanz von fötalem Erleben im Erwachsenen-Ich hingegen vollzog sich in einem oszillierenden Grenzraum avantgardistischer Gruppen der Humanistischen Psychologie, für die die Gruppe um den englischen Psychotherapeuten und Theologen Frank Lake ein besonders interessantes Beispiel ist.[340]

In diesen Gruppen wurde in den letzten 20 Jahren kontinuierlich an der Entwicklung und moderierten Vermittlung frühen Erlebens mit den erwachsenen Ich-Zuständen gearbeitet, so daß heute die Ergebnisse auch Psychotherapeuten aus anderen psychotherapeutischen Settings in gleicher Form vermittelbar sind, nach meinem Eindruck am differenziertesten in den von der Gruppe um William Emerson, Ray Castellino und Marjorie Rand entwickelten Prozeßseminaren[341] und der von der Lake-Gruppe ausgehenden Primal-Integration-Arbeit.[342]

Aus den Beobachtungen der Pränatalen Psychologie insgesamt und auch der Selbsterfahrungsarbeit in den genannten Gruppen kann man den Schluß ziehen, daß auch in den anderen psychotherapeutischen Settings die pränatale Ebene implizit und unartikuliert vorhanden ist. So habe ich aus gelegentlichen Beobachtungen bei der Verhaltenstherapie den Eindruck gewonnen, daß sie dem Patienten in der therapeutischen Begleitung in ängstigenden Situationen einen Schutz gewährt, der es ihm erlaubt, in frühe Szenen, die in seiner Symptomatik aktuell wirksam und lebendig sind, einzusteigen und sie nachträglich durchzuerleben. Die Wirksamkeit in der Behandlung wird also nicht im abstrakten lerntheoretischen Modell abgebildet, sondern liegt in der Authentizität der menschlichen Begleitung bei frühestkindlicher Not, die in einem verbalen Setting möglicherweise nicht wirklich erreicht wird. Ich habe den Eindruck, diese Zusammenhänge sind so offensichtlich, daß sie in wenigen Jahren auch in der Verhaltenstherapie diskutiert werden können, wenn sich die Tabus gegenüber der Pränatalen Psychologie relativieren. Im Unbewußtbleiben der eigentlichen psychotherapeutischen Achse im Setting der Verhaltenstherapien liegt auch eine Begrenzung, weil alles von der persönlichen Intuition und Einfühlung des Therapeuten abhängt, die aber durch die abstrakten Theoriebildungen behindert ist.

Letztlich ist dies wohl das Problem, daß ich als Therapeut in der Zugehörigkeit zu einer Gruppe vor der existentiellen Unmittelbarkeit und der darin liegenden Infragestellung meiner Werte Schutz suche. Eine Offenheit für den vorgeburtlichen Beziehungsraum bedeutet, die Tatsache anzunehmen, daß wir uns in einem wirklich offenen Beziehungsraum immer wieder neu aus der Beziehungserfahrung heraus konstituieren müssen, das Goethesche »Stirb und werde« also ein Lebenselement ausmacht.

Eine bestimmte soziale Gruppenidentität oder ein Gruppenkonsens suggeriert primäre Sicherheit und gibt pränatalen Gefühlen einen bestätigten Rahmen. Hierin liegt die Begrenzung im Übertragungsmodell, wenn der Therapeut seine Ich-Konfiguration als eine Art Baseline nimmt, auf die sich alles bezieht. Dann kann der therapeutische Prozeß stocken, weil der Aspekt der wechselseitigen Ich-Evolution, wie er im therapeutischen Prozeß abverlangt ist, keinen ausreichenden Freiheitsraum hat. Aus analytischer Sicht könnte man einwenden, die Konzepte des primären und sekundären Narzißmus seien zur Beschreibung dieser Zusammenhänge ausreichend. Das würde in gewisser Hinsicht auch zutreffen, wenn hinter der Verwendung der abstrakten Konzepte eine unmittelbare anschauliche eigene Erfahrung von vorgeburtlichen und geburtlichen Gefühlen und ebenso dem Wechselspiel von vorgeburtlichen und nachgeburtlichen Selbstgefühlen stünde, wie sie im Wechselspiel zwischen primärem Narzißmus und sekundärem Narzißmus angelegt ist. Nach meinem Eindruck verwendet Freud jedoch den Begriff Narzißmus so, als ob dieser überwunden werden könne, ohne die narzißtische Dimension in seinen Theoriebildungen und in seiner unhinterfragten Identifikation mit dem wissenschaftlichen Weltbild als kulturellem Normativum in ihrer Bedeutung wirklich zu entfalten.

In der positiveren Verwendung bei Kohut sehe ich die Begrenzung in der Beschränkung auf Teilaspekte der Ich-Selbst-Konstitution im zweiten Lebensjahr, ohne daß die tiefere Dimension des primären Narzißmus eigentlich in den Blick kommt, sondern teilweise durch die Warnung vor den Fragmentationsängsten und Gefahren dämonisiert wird und dadurch nur einen begrenzten Bezugspunkt bildet.

Aus der Sicht der Pränatalen Psychologie geht es darum, sich selbst in seiner Individualität anzunehmen, wie dies auch Rank als Ziel für seine Psychoanalyse formuliert hat, um nicht gezwungen zu sein, in Gruppenzugehörigkeiten oder in Identifikationen mit idealisierten Personen oder Theorien Schutz zu suchen. Der Mensch muß sein Geborensein annehmen. Für die Identität als Therapeut heißt das, immer in Gefahr zu sein, der Herausforderung der Entwicklungsbegleitung in der therapeutischen Situation nicht gerecht zu werden, wenn man sich der Herausforderung einer wirklichen Begegnung und der damit verbundenen Infragestellung eigener Sicherungen nicht stellt.

Der Anspruch an Beziehungen ist in den letzten Jahrzehnten stark gewachsen. Waren früher Eltern Autoritäten und Kinder Erziehungsobjekte, so wiederholte sich diese Relation in der Ehe, wenn der Mann eine Frau nahm und diese sich in eine dienende Rolle einfügte. Entsprechend unserer demokratischen Grundverfassung haben sich diese Rollenverhältnisse grundsätzlich gewandelt. Kinder erwarten von ihren Eltern einen Entwicklungsraum und eine fördernde Begleitung bei ihrem Eintritt ins Leben. In gleicher Richtung hat sich die Therapeutenrolle verändert, vom wissenden Therapeuten, der seinem Klienten immer ein Stück voraus ist, zum Entwicklungsförderer und Begleiter, der den Patienten dort abholt, wo er ist, und ihn so begleitet, wie dieser es braucht. Wir haben heute die Situation, daß gerade die anspruchsvoll ausgebildeten Psychotherapeuten in der Gefahr einer Überspezialisierung sind, der »gute« Analytiker nur über das Instrumentarium der Deutung und der hochfrequenten Termine verfügt und der »gute« Verhaltenstherapeut nur objektivierende Verhaltensanalysen und entsprechend abgestimmte therapeutische Programme anbieten kann. Beide sind in ihrer Fähigkeit, sich auf den konkreten Patienten und seine Bedürfnisse einzustellen, eingeschränkt und brauchen den Patienten, der zu ihren Vorgaben paßt.

Die Therapeuten aus der Humanistischen Psychologie können

hier in einer für die Therapie günstigeren Situation sein, wenn sie sich entsprechend ihren eigenen Entwicklungsbedürfnissen ihren eigenen Entwicklungsweg aus Bausteinen der verschiedenen therapeutischen Felder zusammengesetzt und sich aus dieser Authentizität in der therapeutischen Situation hohe Flexibilität und Empathie erarbeitet haben. Ich bin überzeugt, daß die Entwicklung in Richtung auf eine vielseitigere therapeutische Qualifikation geht, wie es sich jetzt schon darin andeutet, daß Analytiker über körpertherapeutische Kompetenzen oder Kompetenz in funktioneller Entspannung verfügen und Körpertherapeuten oder auch Gesprächstherapeuten sich psychoanalytische Kompetenzen aneignen. Vielleicht könnte die vielseitige Kompetenz des Kinder- und Jugendlichentherapeuten eine Orientierung sein, der ganz selbstverständlich auf der therapeutischen Ebene und in dem therapeutischen Medium arbeitet, mit dem er seinen Patienten oder seine Patientin erreichen kann. Auch die tiefenpsychologische Körpertherapie[343], wie sie von Hans Krens entwickelt wurde, geht von einer solchen Integration der Ebenen aus.

Diese Entwicklung könnte dadurch gefördert werden, daß sich die psychotherapeutischen Schulen der Wirklichkeit vorgeburtlicher und geburtlicher Gefühle stellen[344], einen Bezug zu ihrem jeweiligen Therapiemodell herstellen und auch reflektieren, wie sich vielleicht pränatale Gefühlsbedürfnisse hinter manchen Verabsolutierungen in der Methode oder auch in den Regeln des Settings verbergen.

Darüber hinaus könnte sich der zum Teil bizarr anmutende Gegensatz von psychoanalytischer und verhaltenstherapeutischer Orientierung relativieren, wenn die Maskierung der pränatalen und perinatalen Gefühlsebene in der Gruppenorganisation und im therapeutischen Setting diskutiert würde. In der Verhaltenstherapie haben wir nach meinem Eindruck eine solche Maskierung in der Absolutsetzung der wissenschaftlichen Theorie, die eine Art magischen Schutz davor bietet, sich überhaupt der therapeutischen Situation persönlich auszusetzen – eine Art narzißtischer Schutz für den Therapeuten, um der Tiefendimension von Beziehung zu entgehen, weil wir in unserer Sozialisation diese Dimension auszublenden gelernt haben.

Mein Eindruck ist, daß ein heutiger Psychotherapeut mit einiger »interdisziplinärer« Erfahrung solche Schutzmechanismen nicht mehr nötig hat, so daß abzusehen ist, daß sie sich in den nächsten Jahren überleben werden. In bezug auf die Psychoanalyse kann man sich fragen, wieweit es noch sinnvoll sei, die zentralen Konfliktstrukturen der Geschlechtsidentität und des Selbstwertes durch Mythologeme auszudrücken. Die Mythologeme erlaubten, für teilweise noch Unverstandenes eine bildmächtige Formulierung zu finden. Zudem hat der Rückgriff auf zwei Mythologeme für in der Entwicklung aufeinander aufbauende Konfliktstrukturen dadurch Verwirrung geschaffen, daß das negativ-narzißtische Problem von Ödipus und seiner Ungewolltheit weiter ausgeblendet werden konnte und der Reifungsweg von Selbstwert, Ideal und Wertebildung durch den beschränkten Gehalt des Narziß-Mythos nicht erfaßt wurde. Ödipale Konflikte können somit auf einem zu reifen Niveau verhandelt und narzißtische Konflikte zu sehr auf den Aspekt der Unreife reduziert werden.

Der Rückgriff auf den Mythos war in der Psychoanalyse kreatives Mittel zur Erfassung noch nicht klar formulierbarer entwicklungspsychologischer Probleme. Die vorgeburtliche und geburtliche Entwicklungsrealität und Entwicklungsnot konnte noch nicht benannt werden und wurde erkenntnismäßig in einer Art Schwebe gehalten. Auch hat es die Schutzbedeutung, daß ich mich im großen und ganzen in meiner alteuropäischen Bildungszugehörigkeit gesichert und aufgehoben fühlen kann. Hierdurch brauche ich mich der realen ich-evolutionären Herausforderung einer wirklichen therapeutischen Situation nicht zu stellen. Gerade diese evolutionäre Herausforderung der therapeutischen Situation ist es aber, die die kreativen Potentiale vorgeburtlicher und geburtlicher Gefühle für die Ich-Bildung nutzbar machen kann. Ich bin letztlich überzeugt, daß ein Zulassen des Tiefenerlebens auch vorgeburtlicher und geburtlicher Gefühle im aktuellen Erleben die Dichotomie Verstehen und Verhalten hinfällig machen würde, weil dann beides gleich wirklich und gleich wichtig ist.

Diese Situation ist bei der szenisch-körperbezogenen Babytherapie, wie sie von William Emerson und Ray Castellino entwickelt wurde, heute schon ein Stück weit realisiert, insofern man beim Baby nicht eine Verstehens- von einer Verhaltensebene trennen kann, sondern beides immer zugleich präsent ist und auch die therapeutische Intervention immer beide Ebenen umfaßt. Typisch ist, daß im »Symptom« des Babys unverarbeitete perinatale Verletzungen dicht unter der Oberfläche weiterleben. Durch eine einfühlsame, die Notsituation des Babys genau verstehende geburtssimulierende Massage wird das Baby in die traumatische Situation zurückbegleitet und kann diese mit der Unterstützung des Therapeuten in vielen kleinen Schritten konstruktiv neu durchleben und das Trauma auflösen. Eine kreative Kindertherapie kann sich diese Einsichten zur Erlebnis- und Verhaltenspräsenz geburtlicher und vorgeburtlicher Gefühle in Symptomen schon heute zunutze machen, indem sie die Präsenz dieser Gefühle verstehend aufnimmt und in Spielszenen nach und nach integriert. Dies wird heute von einigen Kindertherapeuten durchaus auch schon realisiert.[345] Auch hier entfällt die Gegensätzlichkeit, geschweige denn Unvereinbarkeit des Verstehens- und Verhaltensaspekts.

Von diesen Beobachtungen her stellt sich die Frage, wie könnte die Behandlung des unglücklichen und verletzten Babys und des Kindes vor der Geburt, wie es in uns als Erwachsenen in verborgener Weise weiterlebt und in den »Symptomen« seine Not ausdrückt, in der therapeutischen Situation des Erwachsenen aussehen? Entscheidend ist, daß die Präsenz vorgeburtlicher und geburtlicher Gefühle in der therapeutischen Situation im intuitiven szenischen und imaginativen Verstehen wirklich aufgenommen wird. Sonst besteht die Gefahr, daß fötale Erwartungen agierend befriedigt werden, aber nicht konstruktiv in Ich-Bereicherung und Ich-Entwicklung umgesetzt werden. Im analytischen Setting stellt die fiktive Unendlichkeit eine solche Gefahr der unreflektierten Befriedigung fötaler Wünsche dar. Im Setting der Verhaltenstherapie besteht eine solche Gefahr in der magischen Bindung an ein Theoriesystem. Solche Gefahren beim Aufbau des Settings können im Einzelfall dann von der kreativen Intuition des Therapeuten relativiert werden. Mir scheint aber die Zeit reif für eine systematischere Diskussion. Das Merkwürdige wäre auch, daß in der psychoanalytischen Situation durch das fiktiv unendliche Setting Verhaltenselemente agiert werden, während in der Verhaltenstherapie durch das geheimnisvolle Super-Verstehen des Theoriewesens die Verstehensseite agiert wird.

Beide therapeutischen Systeme haben sich in einem Ausgrenzungsprozeß gegenüber der Primärtherapie gewissermaßen darauf geeinigt, daß die ungebärdige und elementare Affektivität des Babys und des Kindes aus der Zeit vor und während der Geburt in der therapeutischen Situation keinen offiziellen Platz hat, so daß der Patient in der einen und in der anderen Situation hiermit ein Stück alleingelassen ist. Die szenische Körperarbeit, wie sie etwa Dowling, Emerson, Castellino und in etwas anderer Form auch Reinert vertreten, hat jedoch gezeigt, daß wir die Dynamik dieser Affekte heute so gut verstehend aufnehmen und begleiten können, daß sie in einer stimmigen Weise in der therapeutischen Situation verarbeitet werden können. In den Anfängen der Primärtherapie war sicher der Abstand zwischen spontanem Ausdruck von Babygefühlen und den wirklich begleitenden und mitvollziehenden Möglichkeiten des Therapeuten oft zu groß. Hier haben sich jedoch in den letzten 20 Jahren sehr konstruktive Entwicklungen vollzogen.

Einen wichtigen Fortschritt in jüngster Zeit stellt die Umsetzung der Erkenntnisse der Psychotraumatologie[346] bei der Behandlung frühester Traumen dar[347]. Man hat ein vertieftes Verständnis für die Schockqualität vieler dieser Traumatisierungen gewonnen. Therapeutisch bedeutet dies: Wichtig ist die Aufrechterhaltung einer klaren, einfühlenden Realbeziehung beim Durcharbeiten der Situationen traumatischer Schocks.

Auch die Wirksamkeit des von Bert Hellinger inaugurierten »Familien-Stellens« könnte durch die Einbeziehung pränatalpsychologischer Gesichtspunkte in ihrer Dynamik vielleicht besser verstanden werden. Bei unserer Art von Sozialisation ist eine Ich-Integration immer noch sehr unvollständig. Die Abspaltung und Delegation einzelner Ich-Teile an andere Familienmitglieder ist eher die Regel als die Ausnahme. Wegen des Zusammenseins der Familie, sei es auch nur in ihren Mythologien, fällt diese Unintegriertheit weniger auf. Die Familie als Ganzes steht dann für die verlorene vorgeburtliche Einheit und ist ein mystisches Zuhause. Die Familienaufstellung macht diese Projektionsabwehr durchsichtig im Sinne eines »tat vam asi« (das bist du auch) und führt im besten Falle durch die Identifikationsermutigung durch die an der Aufstellung Beteiligten zu einer plötzlichen Projektionsrücknahme und bewegenden Ich-Bereicherung.

Therapeutenidentität

Bei der Frage der vorgeburtlichen und geburtlichen Gefühle geht es nicht um die Einführung neuer Techniken, sondern wesentlich um eine Offenheit gegenüber diesem Teil der eigenen Lebensgeschichte und den zugehörigen Gefühlen. Dies berührt verschiedene Auseinandersetzungsebenen: die des Umgangs mit den eigenen Gefühlen, des Umgangs des Patienten und der Gesellschaft oder der zugehörigen Therapeutengruppe mit diesen Gefühlen. Ich will im folgenden diese Aspekte kurz beleuchten.

Nach meinem Eindruck sind heute die Grenzen der früher so streng getrennten therapeutischen Schulen so durchlässig, daß auch andersartige Erfahrungen durchaus zugänglich sind. Das bedeutet auch, daß es heute möglich ist, sich Erfahrungsaspekte, die früher nur über die Zugehörigkeit zu einer anderen Schule erreichbar waren, einfach durch eine größere Offenheit zugänglich zu machen. Um als analytischer Psychotherapeut Wesentliches von der szenischen Dimension im Psychodrama zu verstehen, muß man keine komplette Psychodrama-Ausbildung haben, sondern kann sich vieles über Lektüre oder Selbsterfahrung zugänglich machen. Es gibt in der therapeutischen Situation einen großen gemeinsamen Kern, zu welchem die verschiedenen therapeutischen Settings nur verschiedene Zugangswege darstellen – ihre zentrale Dynamik hat große Gemeinsamkeiten.

Dieses gilt auch für den Gesichtspunkt der vorgeburtlichen und geburtlichen Gefühle. Um mir diesen Bereich zu erschließen, muß ich keine vollständige primärtherapeutische oder regressionstherapeutische Weiterbildung durchlaufen, sondern kann mir wesentliche Aspekte durch Lektüre und eine mehr oder weniger ausgedehnte Selbsterfahrung zugänglich machen. Das Wichtigste ist die mentale Öffnung für die Realien der Anfänge meiner Lebensgeschichte. Allein dadurch ergibt sich ein neuer Blick auf die schon aus einer bestimmten Selbsterfahrung bekannte eigene Biographie. Dabei können sich ganz vertraute Erlebnisse noch einmal neu als Erinnerungen an geburtliche oder vorgeburtliche Gefühle entschlüsseln. Dies kann dazu ermutigen, positive Grenzerfahrungen von Erhobenheitsgefühlen, Schwebegefühlen oder kosmischen Gefühlen unmittelbar in ihrer Tiefendimension vorgeburtlicher positiver Erfahrungen zu verstehen. Ebenso können sich Nichtigkeits-, Leere-, Verfolgungs- und quälende Körper- und Beziehungsgefühle als negative vorgeburtliche Erfahrungen verdeutlichen. In gleicher Weise können geburtliche Erfahrungen in ihren Widerspiegelungen und Abkömmlingen im Prozeß eigenanalytischer Selbstbesinnung erkannt werden. Hilfreich dabei sind ganz ohne Zweifel die zahlreichen Fallgeschichten, die es in der Zwischenzeit gibt[348], in denen sich vorgeburtliche und geburtliche Erfahrungen in sehr eingängiger Weise darstellen. Dies kann dazu beitragen, eigene, nur schattenhaft zugängliche Erfahrungen genauer zu erfassen.

In bezug auf die therapeutische Situation ist die Offenheit von großer Bedeutung, die Erfahrungen am Lebensanfang in der Intensität aufzunehmen, die sie für den anderen hatten und haben, und diese nicht, wie bis heute noch häufig der Fall, zu relativieren oder sogar zu bagatellisieren. In den psychotherapeutischen Lehrbüchern tauchen die Begriffe Geburt und Schwangerschaft, geschweige denn Geburtserfahrung und vorgeburtliche Erfahrung kaum auf. Das bedeutet aus pränatalpsychologischer Sicht ein systematisches Ablenken von der lebensgeschichtlichen Relevanz der Erfahrungen am Lebensanfang. Dem muß man entgegenarbeiten, das bedeutet, daß man nach den Bedingungen am Lebensanfang konkret fragt, wie die Situation der Eltern in der Schwangerschaft war, ob es Krisen oder Verluste gab, wie die Bedingungen der Geburt und während des ersten Lebensjahres waren. Man muß sehr genau nachfragen, um die Bedeutung einzelner Ereignisse, z. B. der Tod eines Familienangehörigen, für die Situation der Eltern und damit des Kindes wirklich zu verstehen. Es bedeutet auch, kritisch zu fragen, sich nicht mit zudeckenden Generalisierungen abspeisen zu lassen, sondern die konkrete frühe Lebenslandschaft zu erkunden. Da man hier auf Fremdinformationen angewiesen ist, rege ich Patienten auch häufig dazu an, das Bild durch Auskünfte von Eltern oder Familienangehörigen weiter zu vervollständigen, weil alle Details wichtig sind und wertvolle Hinweise geben können. Geläufig ist das schon bei frühen Operationen, längeren Krankenhausaufenthalten und frühen Trennungen. Aber auch subtilere Daten, Familiensituationen im ersten Lebensjahr, Bedeutung der Schwiegermutter oder ein Umzug sind von Belang. Im Falle einer Adoption erscheint mir eine genaue Kenntnis über die Realien besonders bedeutungsvoll, wie der Zeitpunkt der Trennung von der Mutter, Länge eines Aufenthaltes in einem Säuglingsheim und weitere Zwischenstationen.

Hilfreich ist das Wissen um die Tatsache, daß ganz frühe vorsprachliche Konstellationen, wenn sie psychodynamisch wichtig sind, unmittelbar im manifesten Verhalten sichtbar werden. Hinweisträchtig ist hierbei die Gestaltung des unmittelbaren Erstkontaktes. Hier bilden sich aber nicht nur frühe Familiensituationen ab, sondern durchaus auch Situationen aus der Zeit vor, während oder nach der Geburt. So kann etwa ein negatives Gegenübertragungsgefühl, den Patienten auf möglichst elegante Weise wieder loswerden zu wollen, unmittelbare Widerspiegelung frühester Ablehnungserfahrung sein, wie ebenso auch ein sofortiger Rückzug des Patienten nach einer ersten Begegnung Ausdruck einer Abtreibungserfahrung sein. Deshalb ist die Erstbegegnung so wichtig, weil man klären kann, ob das wechselseitige Hoffnungskapital, das auch aus allerfrühesten Quellen stammen kann, so weit mobilisierbar ist, daß ein tragfähiger therapeutischer Prozeß möglich wird.

Die genauen Erkundigungen und Beobachtungen sind für den Therapeuten so wichtig, damit er der Tiefendynamik der Aktualisierung früher Gefühle in der therapeutischen Situation gewachsen ist. Ein besonderes Risiko bei Ausblendung dieser Tiefendynamik ist ein unkontrolliertes Gegenagieren des Therapeuten, etwa die Wiederholung eines Ungewolltseins durch eine Abweisung und Verkennung der Entwicklungsmöglichkeiten beim Patienten. Gerade frühe vorsprachliche Gefühlsspannungen können sehr scharfe Gegenübertragungsgefühle mit einem Eindruck zwingender Evidenz und der Gefahr eines Gegenagierens auslösen. Gerade dieser Eindruck zwingender Evidenz, daß etwa ein Patient zu gestört sei oder sich wirklich unmöglich verhalte, kann ein Hinweis auf das Vorliegen einer solchen frühen vorsprachlichen Gegenübertragungssituation sein.

Der Erkenntnisprozeß wird auch dadurch unterstützt, daß frühe Situationen sich nicht nur situativ verdeutlichen, sondern auch in Träumen unmittelbare Abbildung finden können, und zwar im manifesten Traum.[349] Dies ist besonders beim Alptraum deutlich, wo sehr primäre Gefühle bedrohlich durchbrechen können, etwa in einem Falltraum ein frühes Fallgefühl, in einem Beschädigungstraum Geburtsverletzungen, in einem Verfolgungstraum bestimmte geburtliche Gefährdungen, in einem Erstickungstraum anfängliche Atemnot. Das gleiche gilt natürlich auch für die Symptome, die man als unmittelbare Botschaften frühester Notsituationen verstehen kann, wodurch sich die Wahrnehmung und das Beziehungsgefühl in der therapeutischen Situation ganz unmittelbar vertiefen und erweitern können. Auch hier ist wieder die Lektüre von Fallbeispielen hilfreich.[350] Gerade bei Patienten mit phobischen Symptomen mit ihren relativ stabilen Ich-Strukturen können pränatale Traumen in den symptomatischen Ängsten zugänglich sein, wie uns der Salzburger Psychoanalytiker Alfons Reiter gezeigt hat.[351]

Ohne Zweifel wird die weitere Entwicklung der therapeutischen Settings in Richtung auf eine größere Komplexität gehen, als es die jetzigen hochspezialisierten, schulenspezifischen Settings anbieten können. Diese versuchen, aus methodischen Gründen mit wenigen Variablen zurechtzukommen, wobei dann die reale Vielgestaltigkeit von menschlichen Problemen und neurotischen Konflikten und Symptomen durch eine artistische Handhabung dieser wenigen Variablen bewältigt werden soll. Die tiefenpsychologisch fundierte Psychotherapie, die sich aus der konfliktzentrierten Psychoanalyse und den verschiedenen Psychotherapieformen der Humanistischen Psychologie konstituierte, hat demgegenüber wegen ihrer größeren methodischen Vielfalt und vielfältigerer Parameter einen gewissen Vorteil.

Die bisherigen Ansätze zu einer integrativen Psychotherapie leiden jedoch insgesamt daran, daß ihre Gesichtspunkte zu additiv, zu abstrakt oder auch kurzschlüssig sind. Dadurch können seelische Bereiche, die durch die einzelnen therapeutischen Wege schon erschlossen waren, wieder verdeckt und unzugänglich werden. Auch hier könnte durch die Einbeziehung der vorgeburtlichen und geburtlichen Ebene die Landschaft vollständiger und damit die Orientierung leichter werden.

In gleicher Weise wichtig erscheint mir der psychohistorische Gesichtspunkt und die Auseinandersetzung mit dem Umgang mit früher Erfahrung und konkret auch mit Schwangerschaft und Geburt in unserer Gesellschaft. Die gesellschaftliche Unbewußtheit in dieser Beziehung verführt dazu, die Befriedigung vorgeburtlicher Aufgehobenheitswünsche unreflektiert in sozialen Gruppen zu suchen, in denen man sich dann in der Symbiose mit Gleichgesinnten einrichten kann. Dissonanzen in der eigenen Gruppe wie auch Kontakte mit anderen Gruppen führen notwendigerweise zu Infragestellungen solcher uterussymbolischen Beheimatung und damit zur Entbindung von mehr oder weniger destruktiven Geburtsinszenierungen in Form von die Geschichte der Psychotherapie beherrschenden Spaltungen, Ausgrenzungen oder auch wechselseitigen Vernichtungsversuchen. Deshalb scheint mir eine Vertrautheit mit den Spaltungen und Ausgrenzungen in der Geschichte der Psychotherapie ein gutes Gegenmittel gegen verabsolutierende Gruppenzugehörigkeiten und Identifizierungen, die meine therapeutische Handlungsfähigkeit zwangsläufig eingrenzen.

Dazu gehört aber auch das Verständnis für die Notwendigkeit von Spaltungen und Ausgrenzungen im psychotherapeutischen Forschungsprozeß.[352] Notwendigerweise ist die Entdeckungsgeschichte der Psychotherapie gleichzeitig immer auch eine Abwehrgeschichte. Die Fokussierung eines bestimmten Bereiches bedeutet eine Unterbelichtung anderer Bereiche, die dann wieder von anderen beleuchtet und formuliert werden. Die Präzision der Erfassung des Vaterkonflikts bei Freud hing auch mit einer Verleugnung der Mutterseite zusammen, die dann von seinen Schülern formuliert wurde. Die damit verbundenen Spaltungsprozesse agierten gewissermaßen die frühe Abwehrdynamik, bevor dann wieder die Spaltungsdynamik als Abwehrform oder Bewältigungsform früher vorsprachlicher Konflikte erkannt werden konnte. Dies führte dann wieder zu Prozessen der Reintegration des vorher Ausgegrenzten, wie etwa in der Psychoanalyse die sogenannten Narzißmus-Theorien Aspekte Adlers, Jungs oder auch Ranks teilweise reintegrieren. Diese Vorgänge sind in der frühen Psychoanalyse noch überschaubar und werden in der späteren Entwicklung zunehmend unübersichtlicher, sind aber in gleicher Weise wirksam. Die Relativierung der Schulen ermöglicht heute, sich diese Vorgänge zu vergegenwärtigen, wodurch die therapeutische Identität und auch Kompetenz erweitert wird.[353]

Der weitere Gesichtspunkt ist, daß die Entwicklung der Psychotherapien insgesamt in einem kulturellen Kontext erfolgt bzw. Ausdruck einer psychohistorischen Gesamtentwicklung in unseren Gesellschaften ist. Geht man davon aus, eine Psychoanalyse sei in einer Diktatur nicht möglich, weil die Zielsetzung einer größeren Autonomie in gefährdende Konflikte mit der Gesellschaft führt, so war auch eine wirkliche Einbeziehung vorgeburtlicher und geburtlicher Gefühle in der schon demokratisch bestimmten Gesellschaft der zwanziger Jahre nicht möglich, weil die vorherrschende Mentalität noch durch die hierarchischen und autokratischen Strukturen der vorangehenden monarchischen Systeme bestimmt war, in denen vorgeburtliche und geburtliche Gefühle projektiv und strukturell externalisiert waren. So ist auch verständlich, daß eine Artikulierung meiner persönlichen frühen vorsprachlichen Gefühle in der deutschen Gesellschaft erst nach 1968 möglich war, wo sich die überkommene Trance autoritärer Strukturen weiter lockerte, die individuelle Emotionalität eine ganz neue Gewichtung bekam und der Zwang sozialer Normen merklich zurücktrat.

Diese Entwicklung machte es möglich, daß Psychotherapie als verantwortliche Auseinandersetzung mit der eigenen Lebensgeschichte heute insgesamt einen gesellschaftlichen Stellenwert bekommen hat, den sie vor 1968 nicht haben konnte. Erwachsenwerden hieß bis dahin noch weitgehend das Einfügen in soziale Normen und Rollen. Die Festigung der demokratischen Werte in der deutschen Gesellschaft erlaubte dann auch einen Platz für Psychotherapie als Unterstützung zu einer selbstbestimmten Lebensgestaltung. Dazu paßt auch, daß die Reichweite in der deutschen Nachkriegspsychoanalyse nur bis zu den Konflikten des ödipalen Kindes ging und die davorliegenden Belange des vorsprachlichen Kindes in der sogenannten Neo-Psychoanalyse[354] aufgehoben waren. Die Erweiterung des therapeutischen Raumes in die vorsprachliche Zeit durch die Einbeziehung der Theorien von Melanie Klein, Bion, Winnicott und Kohut auf der einen Seite und durch die Entwicklung der Primärtherapie, Körpertherapie und holotropen Therapie auf der anderen Seite blieb deshalb unvollständig, weil die vorgeburtlichen und geburtlichen Gefühle gesellschaftlich immer noch tabuisiert waren und ihre Erforschung darum nur in abgeschlossenen Zirkeln möglich war. Doch scheint mir heute die Zeit reif, daß wir die reale individuelle Vielfalt ohne Gruppenschutz in erweiternden Begegnungen zulassen können. Was Sloterdijk als Aufgabe der Zeit an den Nationalstaaten erläutert, die »große immunologische Transformation: Unterwegs zu den Gesellschaften der dünnen Wände«, gilt in kleinem Maßstab auch für die therapeutischen Schulen.[355]

Psychotherapeutischer Prozeß

Gerade die Vorstellung vom therapeutischen Prozeß wird durch die Einstellung zur lebensgeschichtlichen Bedeutung des Lebensanfangs entscheidend beeinflußt. Wir sehen in den verschiedenen psychotherapeutischen Konzepten ein merkwürdiges Schwanken zwischen den utopischen Zielsetzungen einer Entfaltung des »wahren Selbst« und ganz pragmatischen Zielsetzungen einer fokalen Konfliktbearbeitung oder Symptombeseitigung. Dieses Schwanken findet sich auch in den Anforderungen an den Patienten, dem einerseits ein bedingungsloses Akzeptieren der Rahmenvorstellungen des Therapeuten abverlangt wird, andererseits aber scheinbar nur periphere Bedingungen des Einhaltens einer Grundregel der freien Assoziation oder der Befolgung verhaltenstherapeutischer Übungen gestellt werden. Nach meinem Eindruck bleibt die Beschreibung des therapeutischen Prozesses im Sinne einer Konfliktbearbeitung, Nachentwicklung oder Nacherziehung einerseits und einer Desensibilisierung oder eines Übens andererseits im allgemeinen relativ vage. Plastischer erscheint mir das Jungsche Bild des Individuationsprozesses als einer pränatalsymbolischen Tiefenregression und Wiedergeburt, das auf einem Ich-vermittelten und reflektierteren Niveau eine große Nähe zu den kollektivsymbolischen Heilungsprozessen aufweist.

Exkurs zur Psychohistorie des Heilungsprozesses

Eine Sehnsucht nach dem Ursprung, der einen Neubeginn ermöglicht, hat die Menschen in ihren Riten und Mythen seit je bewegt. Eines der ältesten Epen der Menschheit, das Gilgamesch-Epos, handelt bereits von der Reise in die Unterwelt, um das Kraut des Lebens zu erringen, das von der Verfallenheit an den Tod befreit und Unsterblichkeit verleiht. Dieser märchenhaft-mythische Bereich, der so kostbare, heilmachende Güter birgt, wird in den pränatalen Symbolen der Urhöhle, des Urozeans und des Lebensbaumes geschildert, die gewissermaßen symbolische Wiederfindungen des Urerlebnisses der Geborgenheit in der uterinen Höhle, des Schwimmens im Fruchtwasser und der Wohlbefinden und Heilsein ermöglichenden Versorgung durch die Plazenta sind. In der Erfahrung des bergenden Raumes, des tragenden Wassers und des schutzspendenden und nährenden Baumes findet der Mensch seine pränatale Urerfahrung wieder und gestaltet sie in immer neuen Bildern. Die Reise ins jenseitige Land, zum Baum des Lebens und das Eintauchen in den Urozean sind Bilder, die die Aktualisierung pränataler Erfahrung vermitteln.

Eine Leitlinie der Menschheitsentwicklung scheint die Erweiterung des Bewußtseins zu sein, das Herauswachsen aus instinktiven Erlebens- und Verhaltensformen. Die Ausbildung des Bewußtseins impliziert die Konfrontation mit dem Tod, deren Reflex die Frage nach dem Lebensanfang ist. Die ursprüngliche Bewältigungsvorstellung der Todesangst ist die Rückkehr in den Mutterleib und der Wiedergeburt, wie alle Bestattungsrituale von den Beisetzungen in der

Embryonalstellung in den steinzeitlichen Hockergräbern an belegen. Der Tod ist nach dieser angstmildernden Vorstellung eigentlich eine Rückkehr in den Embryonalzustand, der als Übergang in eine neue Welt und ein Weiterleben dort gestaltet ist. Entsprechend diesem Grundmodell werden auch die Riten der Wendepunkte des Lebens, wie insbesondere die der Pubertät, gestaltet. Endet die Kindheit, wird man in eine Art fötales Zwischenstadium versetzt und als Erwachsener wiedergeboren.[356] Van Gennep[357] hat diese Grundstruktur menschlichen Erlebens von Veränderung in seinem Dreier-Schema der Übergangsriten entschlüsselt: Trennung – Umwandlungsphase – Wiedereingliederung. Alle Übergangsriten folgen diesem Schema, aber ebenso auch die Mythen der Helden, wie Campbell[358] zeigen konnte. Das gleiche Grundschema wies Propp[359] für die Märchen nach. In der Situation einer Lebensnot kommt es zu einer Versetzung in eine andere Welt, in der kostbare Güter errungen werden, worauf eine erneuernde symbolische soziale Wiedergeburt erfolgt.

In der psychologischen Wirkung ermöglicht die Rückkehr zum pränatalen Ursprung die Auflassung der bisherigen Triebbesetzungen und Beziehungen, was erlebnismäßig als ein Absterben erfahren wird. Dies erst ermöglicht die schöpferische Neukombination und Neuverknüpfung. Freud hatte den halluzinatorischen Charakter des primären Erlebens betont und Ferenczi das »freie Überfließen der Intensitäten« von einem psychischen Element auf das andere in der »Proto-Psyche«. Man darf sich den pränatalen Funktionsmodus der Psyche vielleicht als ein freies Gleiten von Wunschregungen zu Befriedigungsbildern vorstellen, wie wir es auch aus dem psychotischen Erleben kennen. Ich halte diese Erlebnisfigur der Regression auf das funktionale Niveau der pränatalen Protopsyche und die anschließende Wiederbesetzung der Welt auf einem neuen Erlebnisniveau für ein Radikal menschlicher Restitution und möchte hierfür den Ausdruck »narzißtische Transformation« verwenden. Damit ist ein initiatischer, verwandelnder Erlebnisvorgang mit den Bestimmungsstücken des »Stirb und werde« gemeint, der die Wiederherstellung einer Ganzheit auf einem neuen Niveau ermöglicht.[360]

Dieser Erlebnisvorgang der narzißtischen Transformation hat geschichtlich seine erste Gestaltung in der Schamanenreise gefunden. Diese ist eine imaginative Tiefenregression auf pränatale Funktionsmodi und ermöglicht eine schöpferische Integration. Der verlorene Seelenteil wird wiedergefunden.[361] In der Kulturgeschichte findet die narzißtische Transformation rituell dann zwei grundlegende Ausformungen, und zwar als Initiation durch Opfer, was einen Bezug zu den mehr matriarchal geprägten Kulturen hat, und als Initiation durch Kampf, was einen Bezug zu den mehr patriarchal geprägten Kulturen verrät. Beide Ausdrucksformen der narzißtischen Transformation bauen sich aus Elementen der perinatalen Dynamik auf – Geburt als Opfer und Geburt als Kampf.[362]

Hubert und Maus haben gezeigt, daß der Vorgang des Opferns eine pränatale Regression impliziert: »Nach einem Reinigungsbad wird der Opferer mit neu gewebten Kleidern versehen, wodurch gezeigt wird, daß für ihn eine neue Existenzform begonnen hat. Nach verschiedenen Einreibungen wird er in die Haut einer schwarzen Antilope gekleidet. Das ist der heilige Augenblick, wo ein neues Wesen in ihm entsteht. Er ist Föt geworden.«[363] Als Fötus trennt er sich von dem totemistischen Opfertier, dessen plazentare Bedeutung ich an anderer Stelle begründet habe.[364]

Das Opfern des Opfertieres würde also die Abnabelung als ein wesentliches Geburtselement wiederholen, als erstes Opfer, das den Eintritt in die Welt ermöglicht. Dieses Opfer ist zugleich ein Selbstopfer, denn es ist die Aufgabe der pränatalen Existenzform. Ziel des Opfers ist die Erneuerung durch den Rückbezug auf Ursprung und Neubeginn. Eliade drückt dies so aus: »Es muß uns genügen, festgestellt zu haben, daß der Brahmane bei jedem Opfer den kosmogonischen Akt wiederholt, und daß dieses Zusammenfallen des ›mythischen Augenblicks‹ mit dem aktuellen Augenblick, sowohl die Vernichtung der profanen Zeit als auch die andauernde Erneuerung der Welt bedeutet.«[365]

Initiation als Kampf ist uns aus den Wettkämpfen, Ritterspielen usw. ganz vertraut. Herakles und Siegfried sind archaische Urtypen der Initiation durch Kampf, deren Urbild die Besiegung des paternalen Geburts-Drachens ist. Der mythische Urbezug ist im olympischen Kampf durch das Symbol des Lorbeerzweiges als Siegestrophäe gegenwärtig, der einen Zweig vom Lebensbaum repräsentiert. Bekannt sind auch die kriegerischen Initiationen der nordamerikanischen Indianer.

Psychohistorisch ist bedeutsam, daß die Opferriten als rituelle Gestaltungen von den Yoga-Techniken abgelöst wurden, die eine Verinnerlichung des Opferritus bedeuten. Die Askese des Yogi ist ein »Opfer«. Eliade schreibt dazu: »Wir möchten diese Form des Opfers lieber »Verinnerlichung des Ritus« nennen, denn sie schließt auf dem inneren Gebiet eine tiefe Angleichung der physiologischen Funktionen an das kosmische Leben ein. Diese Homologisierung der physiologischen Organe und Funktionen mit den kosmischen Regionen und Rhythmen ist eine pan-indische Erscheinung.«[366] Diese Homologisierung symbolisiert den pränatalen Lebenszustand mit seiner Homologie von Fötus und Mutter, aber nicht mehr als ein äußeres Opferritual, sondern als inneren Erlebniszustand. Für das Abendland könnte man die psychohistorische Entwicklung so sehen, daß das ursprüngliche Opfer der frühen Hochkulturen durch das Selbstopfer des christlichen Leidensweges und die Askese christlichen Lebenswandels abgelöst wird. Auch hier stellt das symbolische Opfer sinnlicher Befriedigung den Zusammenhang mit einer jenseitigen Welt her, die eine gute pränatale Zuständlichkeit symbolisiert.

Diese Übergänge von Opferritualen zum Zweck der Erneuerung und psychischen Integration zu den inneren Übungen des Yogi und der Selbstdisziplinierung im christlichen Lebenswandel stellen Etappen zunehmend individueller Selbstregulation dar. Wachsende Ich-Stärke und Verblassen von Ritus, Mythos und Märchen führten zu dem Umschlag im Lebensgefühl in Richtung auf ein intensiveres Gespür für die eigene Individualität, wie es sich im 19. Jahrhundert vorbereitete. Das bisher in Mythen, Riten und Märchen projizierte Früherleben wurde zunehmend als eigene Lust- und Leidensgeschichte wiederentdeckt. Dadurch war der Weg gebahnt, sich mit den Erfahrungen der eigenen Lebensgeschichte als Kind, Kleinkind, bis in die Säuglingszeit hin, auseinanderzusetzen.

Wegen der Aussparung vorgeburtlicher und geburtlicher Gefühle in den etablierten Psychotherapien blieb jedoch immer ein Rest Ungeklärtheit in der ursprünglichsten Beheimatung bei sich selbst und der ursprünglichsten Individuation zu sich selbst. Dieser ungeklärte Rest wurde in der Regel durch Identifikationen mit der therapeutischen Schule, einem psychotherapeutischen Meister und deren Weltanschauung aufgefangen. In den Anfängen der Psychoanalyse und der modernen Psychotherapien war dies noch ausgeprägter. Besonders wenn jemand nach einer therapeutischen Erfahrung selbst Psychotherapeut wurde. Diese Zusammenhänge sind sicher ein Grund für die Gefahr von psychotherapeutischen Gruppen, eine Kirchen- oder Gemeindeatmosphäre zu entwickeln und die psychotherapeutische Gruppe eine Art mystisches Zuhause werden zu lassen. Man kann hierin auch ein Fortwirken von hierarchischen Strukturen des 19. Jahrhunderts sehen, die ihre Stabilität darin fanden, daß man in ihnen ein mystisches Zuhause in der Unterordnung unter eine Autorität fand.

Diese Glaubensseite und Weltanschauungsseite, die mit einem bestimmten therapeutischen Verfahren verbunden ist, begrenzt implizit die Individuationsmöglichkeiten. Die Gefahr wäre dann, daß der Patient die Weltanschauung eines Therapeuten übernimmt, sei es nun einen milden Pessimismus im Sinne Freuds, eine gewisse mythische Weltabgewandtheit im Sinne Jungs, eine pädagogische Gemeinschaftsorientierung im Sinne Adlers, ein Machbarkeitspragmatismus im Sinne der Verhaltenstherapie und anderes mehr.

In Anbetracht dieser Szenerie von therapeutischen Identifikationsangeboten kann die allgemein vertretene Befreiung zu sich selbst als Ziel von Psychotherapie zur mehr vagen Hoffnung verblassen. Und doch steht eine moderne Psychotherapie unter dem hohen Anspruch, wie Sloterdijk ihn formuliert: »Wenn die erweiterte Psychoanalyse und die historische Anthropologie uns in einer nichtmetaphysischen Sprache sagen wollen, wie wir wurden, was wir sind, müssen sich beide um eine Übersetzung derselben Weisheitslehre in eine moderne Diktion bemühen.«[367]

Pränatalpsychologische Aspekte im psychotherapeutischen Prozeß

Eine klare Erfassung und Benennung vorgeburtlicher Gefühle könnte die Gefahr einer zudeckenden Identifikation mit dem Therapeuten oder mystischen Beheimatung in dessen Weltanschauung bannen, ebenso wie ein Durcharbeiten der Geburtsgefühle die Gefahr einer mystischen Initiation in eine geliehene Identität relativieren würde. Das vorerst Sporadische einer allgemeineren Auseinandersetzung mit der Dimension vorgeburtlicher und geburtlicher Gefühle macht deutlich, daß es sich hier eher um eine Perspektive als um fertige Konzepte handelt, aber immerhin sind Ansätze erkennbar. Die Größe der Herausforderung wird auch in der Formulierung deutlich, daß es sich dann nicht mehr um eine Auseinandersetzung um Verdrängungen, sondern um Urverdrängungen handelt, was zugleich eine Auseinandersetzung mit dem psychohistorischen Identitätswandel bedeutet, wie er sich ständig vollzieht und besonders durch die Generationsdynamik vorangetrieben wird. In diesem Sinne ginge es um den Mitvollzug des Übergangs von einem Paradigma des Seins zu einem Paradigma des Werdens.

Wenn die menschliche Entwicklung dadurch gekennzeichnet ist, in der Begleitung der Eltern immer neue Balancen zwischen Vorgeburtlichem und Nachgeburtlichem zu finden, um dies dann in einem eigenen Lebensentwurf in der Auseinandersetzung mit »meiner« Zeit umzusetzen, dann geht es im therapeutischen Prozeß beim Mißlingen eines eigenen Lebensentwurfes darum, Unvollständigkeiten oder Verzerrungen in dieser elterlichen Entwicklungsbegleitung im Nachentwicklungsraum der therapeutischen Situation zu ergänzen, auszugleichen und zu vervollständigen. Die basale Bedeutung vorgeburtlicher und geburtlicher Gefühle ergibt sich daraus, daß gerade die Fähigkeit zu einer selbstbestimmten Beheimatung aus den Bedingungen der Urbeheimatung und der Urindividuation der Geburt gespeist wird. Elterliche Entwicklungsbegleitung besteht gerade darin, dem Kind einen Raum zu geben, sich auf den verschiedenen Entwicklungshorizonten und in der Auseinandersetzung mit den überkommenen Identitäts- und Individuationslösungen immer neu selbst zu finden, um daraus die Kraft für eine eigene, bessere Lebensgestaltung zu gewinnen. Die überkommene Unbewußtheit in bezug auf vorgeburtliche und geburtliche Bezüge bedingte, daß diese elterliche Begleitung häufig eine Kette von Zwangsbeheimatungen und Zwangsindividuationen war, die etwas vom Leidenscharakter des überkommenen »irdischen Jammertals« begründeten, das nicht nur in den mangelhaften wirtschaftlichen Bedingungen wurzelte.

Doch sind heute bei uns diese kollektiven Zwänge und normativen Einengungen so weit gelockert, daß immer mehr Kinder heute trotz aller Einschränkungen anerkennende und bestätigende Entwicklungsräume haben. Dies macht überhaupt erst Psychotherapie und Individuation möglich, statt eines Ideals des Opferns und Sichopferns früherer Zeiten. Dadurch kann auch in der Psychotherapie der verlorene Anschluß an das eigene Ur-Selbst oder die eigene Ur-Vitalität wieder gesucht werden, aus der sich menschliche Autonomie und Kreativität jenseits triebhafter Verfangenheit entwickeln kann. Die Wahrnehmung der Erlebnispräsenz vorgeburtlicher und geburtlicher Gefühle in den späteren menschlichen Beziehungen macht die kreative Tiefendynamik und Kraft menschlicher Begegnung zugänglich, wie sie exemplarisch in der therapeutischen Situation genutzt werden kann. Wenn die Beteiligung am allgemeinen gesellschaftlichen Individuationsspiel zu schmerzlich geworden ist, kann man sich gewissermaßen im Schonraum der Therapie neue Kräfte holen bzw. alte wieder zugänglich machen. Um die grundsätzliche Bedeutung der Tiefenregression bzw. des Wiederanschlusses an vorgeburtliche und geburtliche Gefühle im Rahmen menschlicher Individuation zu verdeutlichen, möchte ich zum Abschluß einige literarische Beispiele für eine solche Auseinandersetzung anführen.

Auf der magischen und mythischen Bewußtseinsstufe haben die Menschen naiv in den Projektionen vorgeburtlicher und geburtlicher Erfahrungen als ihrem Zuhause gelebt. Diese imaginäre Welt wurde dann im Ritus und in den Gestaltungen des Mythos künstlerisch real gemacht. Dies war noch ganz gruppengebunden, gewissermaßen eine überpersönliche Realität. In der Kulturwende der Aufklärung personalisierte sich dieses Erleben. War früher die gesellschaftliche Gruppe gemeinsam um ihre Schöpfungsmythen versammelt, die sie rituell oder mythisch vergegenwärtigte und zu Leitthemen ihrer Lebensordnung machte, so wird nun die persönliche und lebenslange Auseinandersetzung mit der eigenen Geburt, dem Heranwachsen und der eigenen Lebensgestaltung zu einem persönlichen Thema, zur Gestaltung des eigenen Lebensmythos in Wechselwirkung mit den mythischen Themen der jeweiligen Zeit.

Man kann es auch so ausdrücken, daß sich im Zusammenhang mit der Aufklärung die gemeinsame Teilhabe am christlichen Mythos in eine Unzahl persönlicher Mythen auflöst, wie sie in den Romanen und Novellen des 19. Jahrhunderts Gestalt gewinnen und dann in den im therapeutischen Raum erschlossenen mythischen Motiven eines eigenen Lebens weiter konkretisiert werden.

Man kann diesen Prozeß der Aufklärung auch als einen Prozeß der Aufhebung von Verleugnung beschreiben. Da sich unser Erleben in Erlebenshorizonten gestaltet, vom Kind vor der Geburt über den Säugling, das Kleinkind, das Schulkind bis zum Jugendlichen und Erwachsenen, muß Erleben immer wieder neu zentriert werden, was unter anderem dadurch geschieht, daß die frühere Lebensphase entwertet und verleugnet wird. Das Kleinkind verleugnet seine Babyexistenz, das Schulkind seine Kleinkindexistenz usw. Die gravierendsten Verleugnungen bestehen in bezug auf die vorsprachliche Zeit und insbesondere auf die geburtlichen und vorgeburtlichen Gefühle.

Ganz allmählich vollzieht sich seit 200 Jahren der Prozeß einer Relativierung dieser Verleugnung, der vor allem von den Künstlern vorangetrieben wird.

IX. Personalisierung der vorgeburtlichen und geburtlichen Gefühle in Literatur und Kunst

In der deutschen Klassik formuliert sich ein neues Verhältnis zur eigenen Lebensgeschichte und Existenz. Dies geschieht in der Verwendung griechischer Mythen und mythischer Elemente aus dem Christentum, wodurch frühes Erleben persönlicher benannt wird, aber gleichzeitig noch in einer mythischen Schwebe gehalten ist. Dazu als Beispiel die poetische Gestaltung der eigenen Geburt durch Goethe in einer Projektion ins Kosmische in dem Gedicht »Wiederfinden« aus dem *West-östlichen Divan:*

Als die Welt im tiefsten Grunde
Lag an Gottes ew'ger Brust,
Ordnet' er die erste Stunde
Mit erhab'ner Schöpfungslust,
Und er sprach das Wort: Es werde!
Da erklang ein schmerzlich Ach!
Als das All, mit Machtgebärde,
In die Wirklichkeiten brach.

Auf tat sich das Licht! So trennte
Scheu sich Finsternis von ihm,
Und sogleich die Elemente
Scheidend auseinander fliehn
Rasch, in wilden, wüsten Träumen,
Jedes nach der Weite rang,
Starr, in ungemeßnen Räumen,
Ohne Sehnsucht, ohne Klang.

Stumm war alles, still und öde,
Einsam Gott zum erstenmal!
Da erschuf er Morgenröte,
Die erbarmte sich der Qual;
Sie entwickelte dem Trüben
Ein erklingend Farbenspiel,
Und nun konnte wieder lieben
Was erst auseinander fiel.

Und mit eiligem Bestreben
Sucht sich was sich angehört,
Und zu ungemeßnem Leben
Ist Gefühl und Blick gekehrt.
Sei's Ergreifen, sei es Raffen,
Wenn es nur sich faßt und hält![368]

Trunz schreibt in seinem Kommentar: »Goethe hatte sich gewöhnt, sein Ich im Zusammenhang mit dem Kosmos zu sehen und, das galt zumal für große Augenblicke des Lebens, es wird ein Bild der Weltschöpfung gegeben (...)«[369], in dem sich eigenes Geburtserleben verhüllt und zugleich mitteilt.

Auch bei Schiller werden die frühen Gefühle nur in metaphorischer Weise mitgeteilt, etwa geburtliche im Zusammenhang mit initiatischen Prozessen, wie im »Taucher«:

Und schwarz aus dem weißen Schaum
Klafft hinunter ein gähnender Spalt
Grundlos, als ging' es in den Höllenraum
Und reißend sieht man die brandenden Wogen
Hinab in den strudelnden Trichter gezogen. [370]

In einer persönlicheren Art, aber noch ganz in poetischer Gestaltung gehalten, ist das frühe Erleben bei E. T. A. Hoffmann ausgedrückt. Im *Fräulein von Scuderi*[371] wird die lebenslange Wirkung eines pränatalen Traumas beschrieben, das darin besteht, daß sich die Mutter des Helden am Anfang der Schwangerschaft von den Juwelen eines Kavaliers blenden läßt, es zu einer Art Vergewaltigung kommt und der Liebhaber vom Schlag getroffen in ihren Armen stirbt. Der fötale Mensch, der das miterlebt hat, hat sich in seinem späteren Leben vom Schock dieses Urereignisses nie gelöst, sondern wiederholt in seiner unheilvollen Leidenschaft für Juwelen in seinen Mord- und Raubaktionen immer wieder das pränatale Trauma.

In besonders bewegender Weise ist von Hoffmann die Begegnung mit eigenen Urgefühlen im Zusammenhang mit der Liebe im *Goldenen Topf*[372] gestaltet. Der Held steht vor dem Reifungsschritt der Verlobung. Er rennt durch das schwarze Tor und stolpert in den Apfelkorb eines alten, häßlichen Weibes, das ihn mit den Worten verflucht: »Ja, (...) Satanskind – ins Kristall bald dein Fall – ins Kristall.«

Damit beginnt ein psychoseartiger, tiefenregressiver Ausnahmezustand mit sehnsüchtiger Verliebtheit in eine geistige Geliebte, bis der Held schließlich in einer Kristallflasche eingeschlossen ist, wie die Alte vorhergesagt hatte: »Du schwimmst regungs- und bewegungslos wie in einem festgefrorenen Äther, der dich einpreßt (...) Deine Pulsadern schwellen auf, und von gräßlicher Angst durchschnitten, zuckt jeder Nerv im Todeskampfe blutend (...). Eine namenlose Marter ergriff ihn in seinem gläsernen Gefängnis.« Der Held ist also am tiefsten Punkt seiner Regression in eine uterus-symbolische Flasche eingeschlossen und gerät in die Wiederholung eines pränatalen Traumas.

Der Sog dieser Fixierung ist so stark, daß eine vollständige Restitution und damit die Verlobung nicht zustande kommt. Der Held bleibt in einer romantisch-verträumten Existenzform, nachdem ihn seine geistige Geliebte aus dem Kristall befreit hat.

In der Literatur und Malerei des 20. Jahrhunderts wird nun die persönliche Verarbeitung vorgeburtlicher und geburtlicher Gefühle zu einem sehr viel direkteren und persönlicheren Thema. Eindrücklich ist dies bei Munch in der Lithographie »Madonna« von 1895, die einen in die Ecke gekauerten Fötus abbildet, der mißtrauisch dem Wesen seiner melancholisch entrückten Mutter nachzusinnen scheint. Der Schrecken der Geburt ist in dem Jahrhundertbild »Der Schrei« von 1893 ausgedrückt.[373] Tiefe Einsicht zeigt seine Aussage: »Warum wurde ich nur geboren, obwohl mich niemand gefragt hatte, ob ich das auch wollte? Es war mein Zorn über diese Ungerechtigkeit und meine dauernde Beschäftigung damit, die meine Kunst beeinflußten. Meine Kunst gab mir einen Grund zu leben.«[374] So führt Dali sein »surrealistisches« Lebensgefühl ganz explizit auf die Depression seiner Mutter über den Verlust eines älteren Bruders während der Schwangerschaft zurück.[375] Die exzentrischen Bedingungen an seinem Lebensanfang zwingen ihn, für dieses Exzentrische ganz eigene Bilder zu finden. Er formuliert damit aber auch die Notwendigkeit, zu einer Begründung im eigenen Leben zu kommen, weil eine selbstaufgebende Teilhabe an kollektiven Mythen bei unserer höher entwickelteren Individualität und Bewußtheit nicht mehr möglich ist.

Auch bei Samuel Beckett ist der Bezug zu geburtlichen Gefühlen und insbesondere zu dem Gefühl des Unbegleitetseins beim Eintritt in die Welt das Grundthema seiner Dichtung. Dieses Unbegleitetsein bei der Geburt und danach ermöglicht keine wirkliche Beheimatung in der Welt:

> *Jeden Tag ist man darauf erpicht, eines Tages*
> *am Leben zu sein; aber bestimmt nicht,*
> *ohne dabei zu bedauern,*
> *daß man eines Tages geboren wurde.*[376]

Durch das frühe Verlassensein wird das Ins-Leben-Kommen zu einem Zum-Leben-verurteilt-Werden. Geistesgeschichtlich liegt die Bedeutung Becketts in seiner Antwort auf die Frage, wie man sich in der Welt ohne die Stütze hilfreicher Projektionen konstituieren kann. Seine Antwort ist, daß man durch das Annehmen und Fühlen der eigenen Verlorenheit eine erweiterte Authentizität und ein intensiveres und realistischeres Gefühl für menschliches In-der-Welt-Sein gewinnen kann. Gerade dies eröffnet die Möglichkeit zu weniger Unglücksinszenierung in gewalttätiger Konfliktaustragung, wie sie sich in den demokratischen Gesellschaften anbahnt.

Noch expliziter und bildnerisch direkter ist die Auseinandersetzung mit den vorgeburtlichen Gefühlen und Erfahrungen in der Kunst von Joseph Beuys, wie der Mannheimer Kinderarzt und Psychotherapeut Dieter Arnold[377] analysiert hat und wie es auch in dem jüngst erschienenen Buch von Heribert Schulz[378] *Die Plazentavorstellung von Joseph Beuys* zum Ausdruck kommt. In immer neuen und zum Teil quälenden Anläufen sucht Beuys durch seine Malerei die Verwurzelung in vorgeburtlichen und geburtlichen Gefühlen seines In-der-Welt-Seins tiefer zu er- und begründen. Im Vergleich hierzu sind die vorgeburtlichen und geburtlichen Motive in manchen Bildern früher Maler noch ganz unbewußt. So hat der dänische Kulturforscher Fabricius[379] gezeigt, wie manche Bildgestaltungen bei Rembrandt ganz von frühen Gefühlen beherrscht sind. Jeder kann sehen, daß Ganymed in »Ganymedes und der Adler« eigentlich ein verzweifelter Säugling nach der Geburt ist, oder in »Danae und der Goldschauer« die uterine Höhle die Szene bestimmt. Aber im Gegensatz zu Beuys oder Dali sind die Gestaltungen der frühen Gefühle hier ganz bewußtseinsfern.

Die enorme Bedeutung der Verleugnung im Zusammenhang mit dem frühen Erleben wird deutlich an der merkwürdigen Rezeption der Auseinandersetzung moderner Künstler mit dem imaginären

Raum vorgeburtlicher und geburtlicher Gefühle, indem diese Zusammenhänge im allgemeinen überhaupt nicht benannt werden, auch wenn etwa Künstler wie Dali und Beckett sie nachdrücklich formulieren. Statt dessen wird der Zusammenhang schon in der Bezeichnung der Kunstrichtung direkt verleugnet, wenn etwa Dalis Kunst als surrealistisch bezeichnet wird, während er selbst sich als »hyperrealistisch« verstand, einfach deshalb, weil er frühe, ureigenste Empfindungen zum Ausdruck brachte. Das gleiche gilt für die Bezeichnung »absurd« für die Kunst Becketts, in der es ihm gerade um die Darstellung von ganz einfachen, konkreten und ganz natürlichen Zusammenhängen ging.

Dies gilt auch für die Charakterisierung weiter Teile der modernen Malerei als »abstrakt«, obwohl es gerade mehr oder weniger explizit um die Erfassung früher vorsprachlicher imaginärer und sensorischer Qualitäten geht. Bei Miró oder Kandinsky[380] etwa kann man unmittelbar nachvollziehen, wie sich am Übergang von der gegenstandsbezogenen konventionellen Malweise ein Öffnen für ganz konkrete mythenhafte und magische vorsprachliche Erlebnisqualitäten ereignet. Die Künstler sind hier Pioniere im Bereich ich-erweiternder Existenzbereicherung, die uns ermutigen, auch selbst zu Pionieren in der Erkundung des eigenen existentiellen Erlebens zu werden. Wenn man vielleicht sagen könnte, daß die frühere Kunst, natürlich besonders die kirchliche und höfische, vor allem Bewunderungskunst war, die die gemeinsame Trance und Teilhabe am kollektiven gesellschaftlichen Mythos aufrechterhalten und bestärken sollte, so ist die moderne Kunst vielleicht mehr als Selbsterfahrungskunst zu verstehen, die uns anregt, mit den tieferen Schichten unseres Erlebens in persönlichen Kontakt zu kommen. Ein Beispiel für die Vergegenwärtigung positiver und initiatischer Qualitäten früher Gefühle ist die Videokunst von Bill Viola[381], ein Beispiel für die bildnerische Gestaltung geburtlicher Schreckensgefühle die Kunst H. R. Gigers[382], der auch die Ausstattung für Alien-Filme entwarf, die den Überlebenskampf eines ungewollten Embryonen thematisieren

Eine Relativierung von Verleugnungen ist deshalb so bedeutsam, weil nur dann eine persönlichere Verantwortung für die eigene Lebensnot und die von anderen möglich ist und nur so der Gefahr entgegengearbeitet werden kann, in verhängnisvolle Reinszenierungen zu geraten. In besonders erschütternder Weise ist das Thema des Ungewolltseins von Thomas Bernhard[383] in seinem Buch *Ein Kind* thematisiert worden. Er hat damit ein Tabu gebrochen und eine trotz aller psychologischen Bemühungen bis heute noch wirksame Verleugnung aufgehoben, nämlich darüber zu sprechen, daß Kinder ungewollt sein können, daß man selbst ungewollt ist. In gnadenloser und unbarmherziger Direktheit wird das frühe Unglück der ungewollten Schwangerschaft und des Ungewolltseins insgesamt beschrieben. Wegen der Schande der Unehelichkeit flieht die Mutter zur Geburt nach Rotterdam und muß das Kind danach über lange Zeit in einer Hängematte in einem Schiff alleinlassen, um den Lebensunterhalt zu verdienen. Dies ist die Bedingung dafür, daß die vorgeburtlichen Ungewolltheitsgefühle so direkt das spätere Lebensgefühl beherrschen, weil sie durch diese Säuglingsdeprivation ebenso wie durch die späteren Haßausbrüche gegen das Kind gewissermaßen gedoppelt werden.

Bernhard ist in seiner Darstellung zwischen Verleugnung und Bekenntnis zerrissen. Zu seiner Säuglingssituation sagt er: »Natürlich sind aus dieser Zeit keinerlei Eindrücke zurückgeblieben, allerdings denke ich, prägt mein damaliger Meeraufenthalt meine ganze Geschichte.«[384] Damit benennt er das Problem, daß wir uns aus unserem Sprach-Ich nicht direkt erinnern können, uns aber aus unserem Erlebens-Ich unmittelbar und ständig erinnern. In der Dichtung Bernhards wird beides so nah zusammengeführt, daß ein Verstehen und Annehmen von eigenem Unglück möglich wird. Erst diese Relativierung unserer Verleugnungstendenz kann verhindern, daß wir das eigene Unglück im Opfern des Anderen, in der Vernichtung des Ketzers, in der Ausrottung »unwerten Lebens« usw. ausagieren.

Psychotherapie hat als das »denkende Herz«[385] der Moderne hier eine besondere Verantwortung, die Anregungen aus der Kunst aufzunehmen. Auch Psychotherapie ist immer in Gefahr, sich in Verleugnungen zu verstricken oder sich hinter Theorien zu verbergen. Ein paradigmatisches Beispiel ist die Lehre vom »Unbewußten«, wodurch verleugnet wird, daß es gerade um in allzu schmerzlicher und irritierender Weise andrängende bewußte Empfindungen, Gefühle und Handlungsimpulse aus der vorsprachlichen Frühzeit geht, die nicht verstanden wurden. Die Bezeichnung »unbewußt« ermöglichte eine Zuwendung und eine Artikulation wie der Begriff »abstrakt« in der modernen Kunst. So sinnvoll eine solche Diskussion gewissermaßen im Windschatten einer Verleugnung seinerzeit auch war, so ist doch heute die Zeit für eine direktere Thematisierung reif.

Schließlich geht es in der Psychotherapie gerade um ein Annehmen und Mittragen von menschlichem Unglück, wozu wir Menschen gerade aus der Kraft und Präsenz frühester Vital- und Verbundenheitsgefühle in der Lage sind. Die Bedeutung ganz einfacher menschlicher Einfühlungsfähigkeit in der Psychotherapie ist ein Grund dafür, daß unabhängig von Theorien und Schulen die Ergebnisse der Psychotherapie so ähnlich und im Vergleich zur Ausgangssituation auch gut sind. So verschieden die Schulen und Theorien auch sein mögen, so ähnlich sind die Grundelemente von Zuwendung, Begleitung und Annehmen in allen therapeutischen Settings.

Ganz wesentlich wird dies durch eine vertiefte Wahrnehmung unserer frühen Erfahrungen und ebenso durch ein vertieftes Wissen um die Geschichte des gesellschaftlichen Umgangs mit früher Kindheit und früher Erfahrung gefördert. Im Grunde ist es doch nicht so schwer zu verstehen, daß auch schon Kinder vor, während und nach der Geburt unglücklich sein können. Sie können sich und wir können sie und uns darin verstehen. Dies ist ein uraltes intuitives Menschheitswissen, das heute auf einer neuen Ebene bewußter, klarer und für alle verständlicher ausgedrückt werden kann.

Anmerkungen

1 Wezel, K. H. (1747–1819) in Bennholdt-Thomsen, A., Guzzoni, A. (1990) »Zur Theorie des Versehens im 18. Jahrhundert«. In: Kornbichler, T. (Hg.) Klio und Psyche. Centaurus, Pfaffenweiler. S. 116.

2 Bernds, A. (1738) in Bennholdt-Thomsen, Guzzoni, a.a.O., S. 117.

3 Garley, D. (1924) Über den Schock des Geborenwerdens. Int. Z. f. Psychoanalyse X: 135–163.

4 Freud, S. (1917) Vorlesungen zur Einführung in die Psychoanalyse. Studienausgabe, Bd. I. Frankfurt, Fischer 1994. S. 384.

5 Rank, O. (1924) Das Trauma der Geburt. Psychosozial, Gießen 1998.

6 Graber, G. H. (1924) Die Ambivalenz des Kindes. Internationaler Psychoanalytischer Verlag. Leipzig, Wien und Zürich.

7 Sloterdijk, P. (1993) Weltfremdheit. Suhrkamp, Frankfurt.

8 Freud, S. (1909) Die Traumdeutung. Studienausgabe Bd. II, Fischer, Frankfurt 1972, S. 391.

9 Rank, O. (1909) Der Mythos von der Geburt des Helden. Deuticke, Leipzig und Wien.

10 Janus, L. (2000) Die Psychoanalyse der vorgeburtlichen Lebenszeit und der Geburt. Psychosozial, Gießen.

11 Schwartz, P. (1964) Geburtsschäden bei Neugeborenen. Gustav Fischer, Jena.

12 Leboyer, F. (1986) Geburt ohne Gewalt. Kösel, München.

13 Freud, S. (1924) Das ökonomische Prinzip des Masochismus. In Freud, S., GW XIII.

14 Janus, L. (1998) (Hg.) Die Wiederentdeckung Otto Ranks für die Psychoanalyse. Psychosozial, Gießen. – Leitner, M. (1998) Freud, Rank und die Folgen. Turia und Kant, Wien. – Kramer, R. (1999) der Freud-Rank-Konflikt. Psyche 53: 158–200.

15 Rank, O. (1916, 1929, 1931) Technik der Psychoanalyse. Bd. I-III. Deuticke, Leipzig, Wien.

16 Rieber-Hunscha, I. (1998) Früher vernichtet – heute vergessen? Das Schicksal der Technik der Psychoanalyse von Otto Rank. In: Janus, L. (Hg.) Die Wiederentdeckung Otto Ranks für die Psychoanalyse. Psychosozial, Gießen.

17 Leitner, M. (1997) Otto Rank – ein Pionier der prä- und perinatalen Psychologie. Int. J. of Prenatal and Perinatal Psychology and Medicine 9: 241–253.

18 Fodor, N. (1949) The Search for the Beloved. A. Clinical Investigation of the Trauma of Birth and Prenatal Condition. University Books, New York.

19 Hollweg, W. H. (1995) Von der Wahrheit, die frei macht. Mattes, Heidelberg.
20 Sonne, J. C. (1994) The Relevance of the Dread of Being Aborted to Models of Therapy and Models of the Mind. Int. J. of Prenatal and Perinatal Psychology and Medicine 6: 67–86.
21 Grunberger, B. (1976) Vom Narzißmus zum Objekt. Suhrkamp, Frankfurt. – Grunberger, B. (1988) Narziß und Anubis. Internationale Psychoanalyse, München. – Kaminer, J. (1999) Die intrauterine Dimension des Menschen. Psyche 53: 101–136.
22 Blazy, H. (1998) The European Discoveries in Prenatal Ethnology and Archaeology of the Mind. Int. J. Prenatal and Perinatal Psychology and Medicine 10: 429–438. – Schindler, S. (1998) Pränatale Psychologie als wissenschaftlicher Dialog. Int. J. of Prenatal and Perinatal Psychology and Medicine 10: 521–536.
23 Janov, A. (1984) Frühe Prägungen. Fischer, Frankfurt.
24 Grof, S. (1983) Topographie des Unbewußten. Klett-Cotta, Stuttgart.
25 Janus, L. (1997) Wie die Seele entsteht. Mattes, Heidelberg.
26 Rand, M. (1999) The Significance of Infant Bonding in the Devolopment of Self. Int. J. of Prenatal and Perinatal Psychology and Medicine 11: 487–493. – Krens, I. (1998) Freiheit durch Bindung, Energie und Charakter 29: 18, 94–124.
27 Emerson, W. (1999) Gesammelte Vorträge. ISPPM-Sekretariat, Friedhofweg 8, 69118 Heidelberg.
28 Kafkalides, A. (1997) The Knowledge of the Womb. Mattes, Heidelberg. – Janus, L. (1991) Die frühe Ich-Entwicklung im Spiegel der LSD-Psychotherapie von Athanassios Kafkalides. Z. f. Individual Psychol 16: 111–124.
29 Emerson, W. (1998) The Vulnerable Prenate. Int. J. of Prenatal and Perinatal Psychology and Medicine 10: 5–18.
30 Schwartz, P. (1964) Geburtsschäden bei Neugeborenen. Gustav Fischer, Jena.. DeSnoo, K. (1942) Das Problem der Menschwerdung im Lichte der vergleichenden Geburtshilfe. Gustav-Fischer, Jena.
31 Wischnik, A. (1989) Neue Aspekte der radiologischen Pelvimetrie. Geb. Hilfe u. Perinat 193: 145–151.
32 Biedermann, H. (1999) KISS-Kinder. Enke, Stuttgart.
33 Bahnemann, F. (1992) Anthropologische Grundlagen der Ganzheitsmedizin. Haug, Heidelberg.
34 Ray, S., Mandel, B. (1987) Birth and Relationship. Celestial Art, Berkeley.
35 Grof, S. (1983) Topographie des Unbewußten. Klett-Cotta, Stuttgart, S. 124.
36 Hollweg, W. H. (1995), a.a.O.
37 Dowling, T. (1997) Arbeit mit autistischen Kindern. In: Janus, L., Haibach, S. (Hg.) Seelisches Erleben vor und während der Geburt. LinguaMed, Neu-Isenburg.

38 Emerson, W. (2000) Gesammelte Vorträge – ISPPM-Sekretariat, Friedhofweg 8, 69118 Heidelberg.
39 Brekhman, G. J. (1998) Encircling the Neck of the Unborn Child with the Navel String and the Fear of Snakes. Int. J. of Prenatal and Perinatal Psychology and Medicine 10: 175–180.
40 Hollweg, W. H. (1995) a.a.O., S. 39.
41 Rank, O. (1924) a.a.O., S. 72.
42 Ferenczi, S. (1915) Analyse von Gleichnissen. In: Bausteine der Psychoanalyse. Huber, Bern 1964. S. 177.
43 Portmann, A. (1969) Biologische Fragmente zu einer Lehre vom Menschen. Schwabe, Basel. – Gould, S. J. (1992) Human Babies as Embryos. In: Ever Since Darwin. Norton, New York.
44 Montagu, A. (1991) Zum Kinde reifen. Klett-Cotta, Stuttgart.
45 Freud, S. (1905) Drei Abhandlungen zur Sexualtheorie. In: Freud, S., GW V. Fischer, Frankfurt 1961.
46 Freud, S. (1937) Der Mann Moses und die monotheistische Religion. GW XVI. Fischer, Frankfurt 1961.
47 Hassenstein, B. (1987) Verhaltensbiologie des Kindes. Piper, München.
48 Bolk, C. (1926) Das Problem der Menschwerdung. Gustav Fischer, Jena.
49 Edelman, G. (1995) Göttliche Luft, vernichtendes Feuer. Piper, München.
50 Chamberlain, D. (1990) Woran Babys sich erinnern. Kösel, München. – Crisan, H. (1999) Das geistige Echo des präverbalen Daseins. Int. J. Prenatal and Perinatal Psychology and Medicine 11: 65–105.
51 Freud, S. (1922) Neue Folge der Vorlesungen. GW XV. S. 82.
52 Emerson, W. (2000) a.a.O.
53 Leyh, C. (1997) Die Wiederbelebung prä- und perinataler Traumatisierungen in der Arbeit mit Kindern und Jugendlichen. In: Janus, L., Haibach, S. (Hg.) Seelisches Erleben vor und während der Geburt. LinguaMed, Neu-Isenburg.
54 Kruse, F. (1969) Die Anfänge des menschlichen Seelenlebens. Enke, Stuttgart.
55 Kruse, E. (1969) a.a.O., S. 72.
56 Freud, S. (1937) Der Mann Moses und die monotheistische Religion. In: Freud, S., GW XVI, S. 234.
57 Ferenczi, S. (1913) Entwicklungsstufen des Wirklichkeitssinnes. In: S. Ferenczi: Bausteine zur Psychoanalyse. Bd. I. S. 62–83. Huber, Bern 1964.
58 DeMause, L. (1991) Krieg und Geburt. In: Büttner, C., Elchenbroich, D. und Ende, A. (Hg.) Aller Anfang ist schwer – Die Bedeutung der Geburt für psychische und historische Prozesse. Beltz, Weinheim. – Wasdell, D. (1993) Die pränatalen und perinatalen Wurzeln von Religion und Krieg. Mattes, Heidelberg 2000.
59 Bischof, N. (1985) Das Rätsel Ödipus. Piper, München.

60 Blos, P. (1983) Adoleszenz. Klett-Cotta, Stuttgart.
61 Janus, L. (2000) a.a.O., S. 184.
62 Janus, L. (1993) Psychoanalytische Überlegungen zur zweiten Geburt. In: W. Aschoff (Hg.) Pubertät. Vandenhoeck und Ruprecht, Göttingen.
63 Schaler-Buchholz, E. (1999) Alone Time: A. developmental Need with Prenatal Origins. Int. J. Prenatal and Perinatal Psychology and Medicine 11: 5–18.
64 Rank, O. (1932) Kunst und Künstler. Psychosozial, Gießen 2000.
65 Davies, N. (1981) Human Sacrifice. William Morrow, New York.
66 Cortès, H. (1980) Die Eroberung Mexikos. Insel, Frankfurt. – Frazer, J. G. (1977) Der goldene Zweig. Ullstein, Berlin. S. 855. – Tierny, P. (1990) The Highest Altar – Unveiling the Mystery of Human Sacrifice. Penguin, New York.
67 Janus, L. (1991) a.a.O., S. 249 ff.
68 DeMause, L. (2000) Grundlagen der Psychohistorie. Psychosozial, Gießen.
69 Rank, O. (1930) Wahrheit und Wirklichkeit. Deuticke, Leipzig und Wien. S. 7.
70 Nyssen, F., Janus, L. (1997) Die psychogenetische Geschichte der Kindheit. Psychosozial, Gießen.
71 Frenken, R. (1999) Kindheit und Autobiographie. Oetker-Voges, Kiel.
72 Rank, O. (1924) Das Trauma der Geburt. Psychosozial, Gießen 1998, S. 32 ff.
73 Janov, A. (1993) Der neue Urschrei. Frankfurt, Fischer.
74 Rank, O. (1924) a.a.O., S. 35.
75 Rank, O. (1924) a.a.O., S. 39.
76 Janus, L. (1991) Prä-und perinatale Aspekte in Freuds Krankengeschichten des Kindes- und Jugendlichenalters. In: C. Büttner, D. Elschenbroich, A. Ende (Hg.) Aller Anfang ist schwer – die Bedeutung der Geburt für psychische und historische Prozesse. Beltz, Weinheim.
77 Freud, S. (1909) Analyse der Phobien eines fünfjährigen Knaben. Studienausgabe Bd. VIII. Fischer, Frankfurt, S. 972.
78 Freud, M. (1957) Mein Vater Sigmund Freud. Mattes, Heidelberg 1999.
79 Freud, S. (1918) Aus der Geschichte der infantilen Neurose. In: Freud, S., GW XII. Fischer, Frankfurt 1947.
80 Freud, S. (1918) a.a.O., S. 211.
81 Lüpke, H. von (1990) Eßstörungen in der frühen Kindheit. In: L. Janus, (Hg.) Das Seelenleben des Ungeborenen – eine Wurzel unseres Unbewußten. Textstudio Groß, Heidelberg.
82 Freud, S. (1918) a.a.O., S. 212.
83 Petry, S. (1996) Erlebnisgedächtnis, Wiedererleben und posttraumatische Störungen. Int. J. Prenatal and Perinatal Psychology and Medicine 8: 519–531. – Chamberlain, D. (1990) a.a.O. – Emerson, W. (2000) a.a.O.

84 Freud, S. (1918) a.a.O., S. 196.
85 Freud, S. (1918) a.a.O., S. 152.
86 Häsing, H., Janus, L. (Hg.) (1999) Ungewollte Kinder. text-o-phon, Wiesbaden.
87 Piontelli, A. (1992) Vom Fötus zum Kind: Die Ursprünge psychischen Lebens. Klett-Cotta, Stuttgart.
88 Dowling, T. (1989) The use of placental symbols in acuming pre- and perinatal experience. In: Fedor-Freybergh, P. Vogel, V. (Hg.) Prenatal and Perinatal Psychology and Medicine. Mattes, Heidelberg.
89 Freud, S. (1918) a.a.O., S. 149.
90 Leyh, C. (1997) a.a.O.
91 Winnicott, D. W. (1954) Die Beziehung zwischen dem Geist und dem Leibseelischen. In: Von der Kinderheilkunde zur Psychoanalyse. Fischer, Frankfurt 1985. S. 168.
92 Dowling, T. (1987) Die Bedeutung prä- und perinataler Erfahrungen. Kind und Umwelt 56: 20–35. – Emerson, W. (1997) Geburtstrauma: psychische Auswirkungen, geburtshilflicher Eingriff. In: Janus, L., Haibach, S. (Hg.) Seelisches Erleben vor und während der Geburt. LinguaMed, Neu-Isenburg. – Häsing, H., Janus, L. (Hg.) (1999) Ungewollte Kinder. text-o-phon, Wiesbaden.
93 Scherf, W. (1982) Lexikon der Zaubermärchen. Kröner, Stuttgart, S. XI.
94 Blos, P. (1983) a.a.O.
95 Janus, L. (1997) a.a.O., S. 177 ff.
96 DeMause, L. (1979) Hört Ihr die Kinder weinen? Suhrkamp, Frankfurt.
97 Wolf, M. (1998) Der traumatisierte Ödipus. In: Schlösser, A., Höhfeld, K. (Hg.) Trauma und Konflikt. Psychosozial, Gießen.
98 DeMause, L. (2000) Was ist Psychohistorie? Psychosozial, Gießen.
99 Frenken, R. (1999) a.a.O.
100 Sloterdijk, P. (1993) Weltfremdheit. Suhrkamp, Frankfurt.
101 Janus, L. (2000) Versuch zur Psychodynamik von Gruppenphantasien. In: Janus, L., Kurth, W. (Hg.) Psychohistorie, Gruppenphantasien und Krieg. Mattes, Heidelberg. – Janus, L. (2000) Psychobiologie und Psychohistorie des Erlebens. In: Frenken, R., Rheinheimer, M. (Hg.) Psychohistorie des Erlebens. Oetker-Voges, Kiel.
102 Andreas-Salomé, L. (1962) The dual orientation of narcissism. Psychoanal. Quarterly 31: 1–30.
103 Erikson, E. H. (1965) Kindheit und Gesellschaft. Klett, Stuttgart.
104 Eliade, M. (1986) Kosmos und Geschichte – der Mythos von der ewigen Wiederkehr. Insel, Frankfurt.
105 Eliade, M. (1986) a.a.O., S. 15 f.
106 Eliade, M. (1986) Die Religionen und das Heilige – Elemente der Religionsgeschichte. Insel, Frankfurt.
107 Rousseau, J. J. (1763) Emile oder über die Erziehung. Schöningh, Pader-

born 1985. – Hall, G. S. (1904) Adolescence. New York. – Kaplan, L. J. (1994) Abschied von der Kindheit. Klett-Cotta, Stuttgart.
108 Eissler, K. R. (1978) Creativity and Adolescence. The Psychoanalytic Child 33: 461–517.
109 Rank, O. (1932) Technik der Psychoanalyse. Bd. III. Deuticke, Leipzig und Wien.
110 Dülmen, R. van (1997) Die Entdeckung des Individuums. Fischer, Frankfurt.
111 Sloterdijk, P. (1998) Sphären I. Suhrkamp, Frankfurt, S. 261.
112 Freud, S. (1921) Massenpsychologie und Ich-Analyse. Studienausgabe Bd. IX. Fischer, Frankfurt.
113 Janus, L. (1994) Pränatalpsychologische Aspekte in Freuds Massenpsychologie und Ich-Analyse. Int. J. Prenatal and Perinatal Psychology and Medicine 6: 335–344.
114 Rank, O. (1932) Kunst und Künstler. Psychosozial, Gießen 2000. – Everts, K. (1998) Der Ursprung der Bilder – Pränatale Wahrnehmung, Ästhetik und Kunst. Int. J. of Prenatal and Perinatal Psychology and Medicine 10: 365–392.
115 Morris, D. (1969) The Human Zoo. Corgi, London.
116 Tinbergen, N. (1964) Instinktlehre. Parey, Berlin, S. 97.
117 Janus, L. (1997) Wie die Seele entsteht. Mattes, Heidelberg, S. 194.
118 Schiller, F. (1795) Das Ideal und das Leben. Sämtliche Werke Bd I. Hanser, München 1987. S. 204.
119 Schiller, F. (1795), a.a.O., S. 203 f..
120 Dali, S. (1984) So wird man Dali. Schirmer Mosel, München.
121 Freud, S. (1913) Totem und Tabu. GW IX.
122 Rudolf, G. (1996) Psychotherapeutische Medizin. Enke, Stuttgart. S. 125 ff.
123 Fodor, N. (1949) The Search for the Beloved. A Clinical Investigation of the Trauma of Birth. Univ. Books, New York.
124 ISPPM-Sekretariat, Friedhofweg 8, 69118 Heidelberg, http://www.isppm.de.
125 Janov, A. (1984) Frühe Prägungen. Fischer, Frankfurt.
126 Grof, S. (1983) Topographie des Unbewußten. Klett-Cotta, Stuttgart.
127 Kafkalides, A. (1995) The Knowledge of the Womb. Mattes, Heidelberg.
128 Maret, S. (1997) The Prenatal Person. Univ. Press of America, Lanham, Maryland.
129 Dittrich, A., Hofmann, A., Leuner, H. (1994) Welten des Bewußtseins. Bd. 4: »Bedeutung für die Psychotherapie«. VWB, Berlin.
130 Janov, A. (1975) Der Urschrei – ein neuer Weg der Psychotherapie. Fischer, Frankfurt.
131 Janov, A. (1984) Frühe Prägungen. Fischer, Frankfurt.
132 Primal Renaissance, Sonoma Grove, 144 Varde, Rohmert Park, CA 94928.
133 Findeisen, B. (1997) Langfristige psychische Konsequenzen prä- und pe-

rinataler Erfahrung. In: Janus, L., Haibach, S. (Hg.) Seelisches Erleben vor und während der Geburt. LinguaMed, Neu-Isenburg.
134 Emerson, W. (1997) Geburtstraumen – psychische Auswirkungen geburtshilflicher Eingriffe. In: Janus, L., Haibach, S. (Hg.) Seelisches Erleben vor und während der Geburt. LinguaMed, Neu-Isenburg.
135 Hollweg, W. H. (1995) a.a.O.
136 Thompson, W. R. (1957) Influence of prenatal maternal anxiety on motionality in young rats. Science 125: 698.
137 Odent, M. (1986) Santé-Primale. Payot, Paris. – Nathanielsz, P. W. (1999) Life in the Womb. Promethean Press, Ithaca, New York.
138 Wasdell, D. (1980) Anxiety Defences: Their Origin, Functioning and Evolution. Bezug: 115 Poplar High Street, London E14 OAE.
139 Dowling, T. (1990) The Roots of the Collective Unconscious. In: Janus, L. (Hg.) (1991) Das Seelenleben des Ungeborenen – eine Wurzel unseres Unbewußten. Centaurus, Herbolzheim.
140 Janus, L. (2000) a.a.O.
141 Janus, L. (1990) The Hidden Dimension of Prenatal and Perinatal Dimension in the Work of Freud, Jung and Klein. Int. J. of Prenatal Studies 1: 51–66. – Janus, L. (1989) Die verdeckte pränatale Dimension im Konzept von Melanie Klein. Forum Psychoanal. 5: 333–341.
142 Rudolf, G. (1996) Psychotherapeutische Medizin. Enke, Stuttgart, S. 128.
143 Abraham, K., Freud, S. (1965) Briefe. Fischer, Frankfurt, S. 328.
144 Janus, L. (1989) Die Imago der frühen Mutter im Werk Freuds. In: Werthmann, H. V. (Hg.) Unbewußte Phantasien. Pfeiffer, München.
145 Rank, O. (1926) Technik der Psychoanalyse. Bd. I. Deuticke, Leipzig und Wien.
146 Menaker, E. (1982) O. Rank, A rediscovered legacy. Columbia Univ. Press, New York.
147 Janus, L. (1997) Die Stellung Otto Ranks im Prozeß der psychoanalytischen Forschung. Werkblatt 38: 83–101.
148 Rank, O. (1927) Grundzüge einer genetischen Psychologie I. und II. Deuticke, Leipzig, Wien.
149 Rank, O. (1932) Kunst und Künstler. Psychosozial, Gießen 2000.
150 Grunberger, B. (1976) Vom Narzißmus zum Objekt. Suhrkamp, Frankfurt.
151 Sloterdijk, P. (1998) Sphären I. Suhrkamp, Frankfurt, S. 359.
152 Macho, T. (1993) Zeichen aus der Dunkelheit. Notizen zu einer Theorie der Psychose. In: Heinz, R., Kamper, D., Sonnemann, U. (Hg.) Wahnwelten im Zusammenstoß. Die Psychose als Spiegel der Zeit. Akademie Verlag, Berlin.
153 Sloterdijk, P. (1998) a.a.O., S. 305.
154 Adler, A. (1907) Studie über Minderwertigkeit von Organen. Wissenschaftliche Buchgesellschaft, Darmstadt 1965.

155 Freud, S. (1914) Zur Einführung des Narzißmus. GW X., S. 140.
156 Adler, A. (1907) a.a.O., S. 72.
157 Jung, C. G. (1985) Heros und Mutterarchetyp. Grundwerk, Band 8. Walter, Olten und Freiburg. S. 278.
158 Janus, L. (2000) a.a.O., S. 21 ff.
159 Janus, L. (1996) Die Forschungsgeschichte der Psychoanalyse im Spannungsfeld zwischen Freud und Adler. Zeitschrift für Individualpsychologie 19: 325–334.
160 Lüpke, H. von (1997 Das Leben beginnt mit Kommunikation. Wege zum Menschen 49: 272–280.
161 Sonne, J. (1994) The Relevance of the Dread of Being Aborted to Models of Therapy and Models of the Mind. Int. J. of Prenatal and Perinatal Psychology and Medicine 6: 67–86. – Hollweg, W. H. (1998) Der überlebte Abtreibungsversuch. Int. J. of Prenatal and Perinatal Psychology and Medicine 10: 253–262.
162 Janus, L. (2000) a.a.O., S. 97.
163 Jung, C. G. (1985) a.a.O., S. 278.
164 Sloterdijk, P. (1999) Sphären II. Suhrkamp, Frankfurt. S. 25 ff.
165 Janov, A. (1975) Das neue Bewußtsein. Fischer, Frankfurt. S. 101.
166 Grof, S. (1983) Topographie des Unbewußten. Klett-Cotta, Stuttgart.
167 Evertz, K. (1997) Kunsttherapie und Geburtserfahrung. In: Janus, L., Haibach, S. (Hg.) Seelisches Erleben vor und während der Geburt. LinguaMed, Neu-Isenburg. – Moser, T. (1993) Der Erlöser der Mutter auf dem Weg zu sich selbst. Suhrkamp, Frankfurt.
168 Ferenczi, S., Rank, O. (1924) Entwicklungsziele der Psychoanalyse. Turia und Kant, Wien 1996. S. 20.
169 Hollweg, W. (1995) a.a.O., S. 41.
170 Rudolf, G., Henningsen, P. (1998) Somatoforme Störungen. Schattauer, Stuttgart.
171 Ellenberger, H. G. (1973) Die Entdeckung des Unbewußten. Huber, Bern.
172 Sloterdijk, P. (1987) Der Zauberbaum. Suhrkamp, Frankfurt. – Zweig, S. (1986) Heilung durch den Geist. Fischer, Frankfurt. – Dowling, T. (1991) Pränatale Regression der Hynose. In: Janus, L. (Hg.) Erscheinungsweisen pränatalen und perinatalen Erlebens in den psychotherapeutischen Settings.Textstudio Groß, Brahmsstraße 1, 69118 Heidelberg.
173 Janus, L. (2000) a.a.O., S. 134 f.
174 Ferenczi, S. (1914) Kritik von Paul Bjerres »Das Wesen der Hypnose«. In: Bausteine zur Psychoanalyse. Ullstein, Wien 1985, S. 69.
175 Müßig, R. (1997) Freud, seine Mutter und das Inzesttabu. War Freud ein Inzestopfer seiner Mutter? Int. J. of Prenatal and Perinatal Psychology and Medicine 9: 211–240.
176 Freud, S. (1917) Vorlesungen zur Einführung in die Psychoanalyse. Studienausgabe. Bd. I. Fischer, Frankfurt 1969, S. 429.

177 Hegel, G. W. F. (1930) Enzyklopädie der Wissenschaften. Felix Meiner, Hamburg.
178 Freud, W. E. (1987) Pränatale Beziehung und Bindung. Kind und Umwelt 56: 3–19. – Veldman, F. (1994) Confirming Affectivity, the Dawn of Human Life. Int. J. of Prenatal and Perinatal Psychology and Medicine 6: 3–10. – Raffai, J. (1998) Mutter-Kind-Bindungsanalyse im intrauterinen Bereich. Int. J. Prenatal and Perinatal Psychology and Medicine 10: 209–222.
179 Sloterdijk, P. (1993) Weltfremdheit. Suhrkamp, Frankfurt. S. 288.
180 Sloterdijk, P. (1998) Sphären I, S. 347.
181 Dowling, T., persönliche Mitteilung.
182 Kafkalides, A. (1995) The Knowledge of the Womb. Mattes, Heidelberg.
183 Turner, J. R. G., Turner, T., Westermann, S. (1999) Prebirth Memory Discovery in Psychotraumatology. Int. J. of Prenatal and Perinatal Psychology and Medicine 11: 469–486.
184 Piontelli, A. (1996) a.a.O.
185 Freud, S. (1920) Jenseits des Lustprinzips. In: Freud, S., GW XIII.
186 Rank, O. (1927) Grundzüge einer genetischen Psychologie I. und II. Deuticke, Leipzig, Wien. – Janus, L. (1997) Die Objektbeziehungspsychologie Otto Ranks. Int. J. of Prenatal and Perinatal Psychology and Medicine 9: 323–240.
187 Rank, O. (1930) Wahrheit und Wirklichkeit. Deuticke, Leipzig und Wien.
188 De Waal, F. (1989) Wilde Diplomaten. Hanser, München.
189 Rank, O. (1926) Die analytische Situation. Technik der Psychoanalyse. Bd. 1. Deuticke, Leipzig, Wien.
190 Raine, A. (1993) The Psychopathology of Crime. Academic Press, London. – Rauchfleisch, U. (1981) Dissozial. Vandenhoeck und Ruprecht, Göttingen. – Verny, T. (1997) Birth and Violence. Int. J. of Prenatal and Perinatal Psychology and Medicine 9: 5–16. – Karr-Morse, R., Wiley, M. S. (1997) Ghosts from the Nursery – Tracing the Roots of Violence. Atlantic Monthly Press, New York.
191 Gareis, B., Wiesnet, E. (1974) Frühkindlichkeit mit Jugendkriminalität. Goldmann, München. S. 16 f.
192 Gareis, B., Wiesnet, E. (1974) a.a.O., S. 15 f.
193 Freud, S. (1926) Hemmung, Symptom und Angst. In: Freud, S., GW XIV. S. 121.
194 Müßig, R. (1997) a.a.O.
195 Bächthold-Stäubli, H., Hoffmann-Krayer, E. (1927) Handwörterbuch des deutschen Aberglaubens. De Gruyter, Berlin 1986.
196 Bächthold-Stäubli, H., Hoffmann-Krayer, E. (1927) a.a.O., Bd. 8, S. 2036.
197 Eliade, M. (1987) Das Heilige und das Profane. Insel. Frankfurt, S. 35.
198 Eliade, M. (1987) a.a.O., S. 35.
199 Bächthold-Stäubli, H. (1987) a.a.O., Bd. 9, S. 19 f.

200 Bächthold-Stäubli, H. (1987) a.a.O., Bd. 8, S. 1035.
201 Janus, L. (1997) a.a.O., Kap. Opfer als Geburt, S. 194.
202 Horkheimer, M., Adorno, T. W. (1944) Dialektik der Aufklärung. Fischer, Frankfurt 1992. S. 62.
203 Freud, S. (1913) Totem und Tabu. GW IX.
204 Janus, L. (2000) a.a.O., S. 167 ff.
205 Nietzsche, F. (1986) Werke in 3 Bänden. Bd. III. Hanser, München. S. 560.
206 Dülmen, R. van (1997) Die Entdeckung des Individuums. Fischer, Frankfurt.
207 Campbell, J. (1992) Schöpferische Mythologie. Sphinx, Basel. S. 75.
208 DeMause, L. (2000) a.a.O.
209 Frenken, R. (1999) a.a.O.
210 Rank, O. (1932) Kunst und Künstler. Psychosozial, Gießen 2000.
211 Janus, L. (2000) a.a.O., Kap.: Schöpferische Ich-Idealänderung im kreativen Prozeß. S. 184 f.
212 Janus, L., Janus, U., Kliehm, M. (Hg.) (2000) Abenteuer in anderen Welten. Claudius, München.
213 Janus, L. (2000) Tolkien, ein geistiger Anreger des Rollenspiels. In: Janus, L., Janus, U., Kliehm, M. (Hg.) (2000), a.a.O.
214 Nagel, R. (2000) Die Geschichte der Rollenspiele. In: Janus, L., Janus, U., Kliehm, M. (Hg.), a.a.O.
215 Campbell, J. (1978) Der Heros in tausend Gestalten. Frankfurt.
216 Huntington, S. P. (1996) Kampf der Kulturen. Europa, München.
217 Freud, S. (1937) Die endliche und und die unendliche Analyse. Studienausgabe, Ergänzungsband. Fischer, Frankfurt.
218 Freud, S. (1937) a.a.O., S. 361.
219 Kohut, H. (1973) Eine Theorie zur psychoanalytischen Behandlung narzißtischer Persönlichkeitsstörungen. Suhrkamp, Frankfurt.
220 Kernberg, O. F. (1983) Borderlinestörungen und pathologischer Narzißmus. Suhrkamp, Frankfurt.
221 Bion, W. R. (1990) Lernen durch Erfahrung. Suhrkamp, Frankfurt.
222 Winnicott, D. W. (1992) Birth memories, Birth Trauma and Anxiety. Int. J. Prenatal and Perinatal Studies 4: 17–33.
223 Bion, W. R. (1979) The Dawn of Oblivion. Clinic Press, London.
224 Rank, O. (1924) a.a.O., S. 5 ff.
225 Adler, A. (1907) Studie über die Minderwertigkeit von Organen. Wissenschaftliche Buchgemeinschaft. Darmstadt 1965. S. 72.
226 Rank, O. (1926) Die analytische Situation. Deuticke, Leipzig und Wien. S. VII.
227 Rank, O. (1926) a.a.O., S. 24.
228 Fodor, N. (1949) a.a.O., s. Kap. Traumata of the Unborn. S. 303 ff.
229 Rank, O. (1926) a.a.O., S. 31.
230 Rank, O. (1926) a.a.O., S. 108.

231 Rank, O. (1926) a.a.O., S. 108.
232 Ferenczi, S. (1927) Kritik der Rankschen »Technik der Psychoanalyse«. Int. Z. Psychoanal. 13: 1–9.
233 Rank, O. (1931) Die Analyse des Analytikers. Deuticke, Wien und Leipzig. S. 16.
234 Rank, O. (1929) Die analytische Reaktion in ihren konstruktiven Elementen. Deuticke, Wien und Leipzig.
235 Rank, O. (1929) a.a.O., S. 54.
236 Rank, O. (1929) a.a.O., S. 56.
237 Rank, O. (1929) a.a.O., S. 57.
238 Rank, O. (1931) a.a.O., S. 39 ff.
239 Rank, O. (1931) a.a.O., S. 44.
240 Rank, O. (1930) Seelenglaube und Psychologie. Deuticke, Leipzig und Wien.
241 Rank, O. (1931) a.a.O., S. 48.
242 Rank, O. (1931) a.a.O., S. 50.
243 Rank, O. (1931) a.a.O., S. 54.
244 Goethe, J. W. (1819) West-östlicher Divan. Goethes Werke, Bd. II., Wegner, Hamburg 1967, S. 71.
245 Rank, O. (1931) a.a.O., S. 67.
246 Rank, O. (1931) a.a.O., S. 61.
247 Rank, O. (1931) a.a.O., S. 85.
248 Zit. n. Rank, O. (1931) a.a.O., S. 63.
249 Rank, O. (1931) a.a.O., S. 111.
250 Barbre, C. (2000) The Creative Dilemma: The Influence of Schiller's Aesthetics on Otto Rank's Life and Work. In: Janus, L. (Hg.) Kreativität und analytische Situation in der Psychoanalyse Otto Ranks (im Druck).
251 Janus, L. (1997) a.a.O.; Menaker, E. (1982) a.a.O. – Lieberman, J. E. (1997) Otto Rank – Leben und Werk. Psychosozial, Gießen.
252 Graber, G. H. (1924) Die Ambivalenz des Kindes. Internationaler Psychoanalytischer Verlag, Leipzig, Wien und Zürich.
253 Schindler, S. (1998) Pränatale Psychologie als wissenschaftlicher Dialog: Geschichte – Gegenwart – Zukunft. Int. J. of Prenatal and Perinatal Psychology and Medicine 10: 521–536.
254 Graber, G. H. (1966) Die Not des Lebens und ihre Überwindung. Ardschuna, Düsseldorf.
255 Graber, G. H. (1966) a.a.O., S. 183.
256 Graber, G. H. (1966) a.a.O., S. 188.
257 Jung, C. G. (1985) Heros und Mutterarchetyp. Grundwerk, Bd. 8. Walter, Olten und Freiburg, S. 278.
258 Silberer, H. (1914) Probleme der Mystik und ihre Symbolik. Wissenschaftliche Buchgesellschaft, Darmstadt 1961.
259 Jung, C. G. (1946) Die Psychologie der Übertragung. In: Jung, C. G.:

Praxis der Psychotherapie. Rascher, Zürich 1958. – Fabricius, J. (1989) Alchemy. The Aquarian Press, Wellingborough.
260 Sadger, J. (1947) Preliminary Study of the Psychic. Life of the Fetus and die Primary Gen. The Psychoanal Review 28: 327–358.
261 Fodor, N. (1949) a.a.O., S. 78.
262 Fodor, N. (1949), a.a.O, S. 256.
263 Kruse, F. (1969) Die Anfänge des menschlichen Seelenlebens. Mattes, Heidelberg 2000.
264 Kruse, F. (1969) a.a.O., S. 173.
265 Kruse, F. (1982) Erinnerung an die eigene Geburt – Realität oder Fiktion? In: Schindler, S. (Hg.) Geburt, Eintritt in eine neue Welt, S. 111–121. Verlag für Psychologie, Göttingen.
266 Sloterdijk, P. (1986) Denker auf der Bühne. Suhrkamp, Frankfurt. S. 187.
267 Sloterdijk, P. (1993) Weltfremdheit. Suhrkamp, Frankfurt. S. 236.
268 Kultur und Psychoanalyse in Bloomsbury und Berlin. Meisel/Kendrick (Hg.), Verlag Internationale Psychoanalyse, Stuttgart 1995. S. 179.
269 Janus, L. (Hg.) Erscheinungsweisen pränatalen und perinatalen Erlebens in den psychotherapeutischen Settings. Textstudio Groß, Brahmsstraße 1, 69118 Heidelberg.
270 Noble, E. (1996) Primäre Bindungen. Fischer, Frankfurt.
271 Orr, L., Ray, S. (1977) Rebirthing in the New Age. Celestial Arts, Millbrae.
272 Ray, S., Mandel, B. (1987) Birth and Relationship – How your Birth affects your Relationships. Celestial Arts, Berkeley.
273 Marcovich, M. (1995) Vom sanften Umgang mit dem Frühgeborenen. Int. J. of Prenatal and Perinatal Psychology and Medicine 7: 57–72. – Linderkamp, O., Beedgen, B., Sontheimer, D. (1995) Das Konzept der sanften Behandlung Frühgeborener von Marina Marcovich. Int. J. of Prenatal and Perinatal Psychology and Medicine 7: 73–84.
274 Verny, T. (1992) Das Leben vor der Geburt – ein Neun-Monate-Programm für Sie und Ihr Ungeborenes. Zweitausendeins, Frankfurt. – Janus, L. (1995) Entwicklungen zu einer neuen Kultur im Umgang mit Schwangerschaft und Geburt. In: Schiefenhövel, W. (Hg.) Gebären. VWB, Berlin. – Janus, L. (1996) Beziehungsorientierte Schwangerschafts- und Geburtsbegleitung. Deutsche Hebammen Zeitschrift 48: 94–97.
275 Janus, L. (1993) Prenatal Psychology and Perinatal Medicine: In: Cosmi, E. V., Di Renzo, G. C. (Hg.) Second World Congress of Perinatal Medicine. Monduzzi, Bologna. – Janus, L. (1997) Gibt es Nachwirkungen von fötalem Streß- und Schmerzerleben? In: Hansmann, M., Feige, A., Saling, E. (Hg.) Pränatal- und Geburtsmedizin. DCM Druck, Meckesheim.
276 Janus, L. (1996) Die Geburt im Trauma? In: Kentenich, H. (Hg.) Mythos Geburt. Psychosozial, Gießen. – Janus, L. (1995) The Prenatal Dimen-

sion: its Relevance to Psychosomatic Obstetrics. In: Bitzer, J., Stauber, M. (Hg.) Psychosomatic Obstetrics and Gynecology. Monduzzi Editore, Bologna. – Freud, W. E. (1996) Attempts at Understanding the Most Promising Paradigm of Neonatal Intensive Care: Some Essential Though Tangible Aspects of the Marcovich Model. Int. J. of Prenatal and Perinatal Psychology and Medicine 8: 5–14.

277 Büttner, C., Pfeil, J. (1989) Perinatale Aspekte von Verhaltensstörungen am Beispiel eines Kindergartenkindes. In: Datler, W. u. a. (Hg.) Jahrbuch für Psychoanalytische Pädagogik 6. Mathias-Grünewald, Mainz.

278 Sloterdijk, P. (1993) a.a.O.

279 Sloterdijk, P. (1998) a.a.O., S. 571.

280 Janov, A. (1975) Der Urschrei. Fischer, Frankfurt. S. 381.

281 DeMause, L. (1996) Restaging Fetal Traumas in War and Social Violence. Int. J. of Prenatal and Perinatal Psychology and Medicine 8: 171–212.

282 Janus, L. (1995) Wege des Generationentransfers in der Geschichte der Kindheit. In: Janus, L. (Hg.) Psychohistorie und Geschichte der Kindheit. Textstudio Groß, Brahmsstraße 1, 69118 Heidelberg.

283 Sonne, J. C. (1994) The Relevance of Dread of Being Aborted to Models of Mind. Int. J. of Prenatal and Perinatal Psychology and Medicine 6: 67–86. – Sonne, J. C. (1996) Interpreting the Dread of Being Aborted in Therapy. Int. J. of Prenatal and Perinatal Psychology and Medicine 8: 317–340.

284 Hollweg, W. H. (1998) Der überlebte Abtreibungsversuch. Int. J. of Prenatal and Perinatal Psychology and Medicine 10: 256–262.

285 Hollweg, W. H. (1995) Von der Wahrheit, die frei macht. Mattes, Heidelberg.

286 Freud, S. (1917) Aus der Geschichte einer infantilen Neurose. GW XII. S. 134.

287 Hollweg, W. H. (1998) a.a.O., S. 254.

288 Hollweg, W. H. (1998) a.a.O., S. 262.

289 Steiner, H. (1999) Erfahrungsbericht über die tiefenpsychologische Basis-Therapie bei Wolfgang H. Hollweg. Int. J. of Prenatal and Perinatal Psychology and Medicine 11: 117–135.

290 Hollweg, W. H. (1998) a.a.O., S. 257.

291 Hollweg, W. H. (1998) a.a.O., S. 258.

292 Reinert, T. (1997) »Ja, hab' ich ein Lebensrecht?« – Widerspiegelungen eines überlebten Abtreibungsversuches in der Therapie einer Borderline-Patientin. Int. J. of Prenatal and Perinatal Psychology and Medicine 9: 475–494.

293 Reinert, T. (1997) a.a.O., S. 287.

294 Veldman, F. (1994) Haptonomie – Die Wissenschaft von den Grundlagen der Affektivität. Int. J. Prenatal and Perinatal Studies 4: 1–15. –

Veldman, F. (1998) Haptonomie – Science de l'Affectivité. Presse Universitaire de France, Paris.
295 Janus, L .(1988) Zum Zusammenhang von Geburt und Lebensgestaltung im Märchen und Mythos. Kind und Umwelt. 57: 3–19.
296 Eichenberger, E. (1994) Sandra und Beate – zwei banale alltägliche Geschichten. In: Häsing, H., Janus, L. (Hg.) Ungewollte Kinder. text-o-phon, Wiesbaden 1998.
297 Nyssen, F., Janus, L. (Hg.) Psychogenetische Geschichte der Kindheit. Psychosozial, Gießen. – DeMause, L. (2000) a.a.O. – Frenken, R. (1999) a.a.O.
298 Hidas, G. (1997) The Unwelcome Child and his Death Instinct. Int. J. of Prenatal and Perinatal Psychology and Medicine 9: 155–164.
299 Ferenczi, S. (1929) Das unwillkommene Kind und sein Todestrieb. Bausteine zur Psychoanalyse. Bd. III. Huber, Bern. – Janus, L. (1997) Das unwillkommene Kind und sein Todestrieb. Int. J. of Prenatal and Perinatal Psychology and Medicine 8: 367–379.
300 Häsing, H., Janus, L. (Hg.) (1999) Ungewollte Kinder. text-o-phon, Wiesbaden. – Levend, H., Janus, L. (Hg.) (2000) Drum hab ich kein Gesicht. Echter, Würzburg.
301 Kafkalides, A. (1995) a.a.O.
302 Vgl. die Sitzungsprotokolle von Athanassios Kafkalides in: Janus, L. (1991) Die frühe Ich-Entwicklung im Spiegel der LSD-Psychotherapie von Athanassios Kafkalides. Zeitschrift für Individualpsychologie 16: 111–124.
303 Friedrich, B. (1999) Frank, Kai, Tibor – Folgen des Ungewolltseins. In: Häsing, H., Janus, L. (Hg.) a.a.O., S. 25.
304 Huber, R. (1994) Die wiedergefundene vorgeburtliche Beziehung. Die Bedeutung der intrauterinen Mutter-Kind-Beziehung für das Lebensgefühl an einem klinischen Beispiel. Int. J. of Prenatal and Perinatal Psychology and Medicine 6: 141–149.
305 Huber, R. (1994) a.a.O., S. 142.
306 Rank, O. (1927) a.a.O., S. 13.
307 Rank, O. (1927) a.a.O.
308 Sloterdijk, P. (1998) a.a.O., S. 142.
309 Rank, O. (1931) a.a.O., S.
310 Janov, A. (1984) Frühe Prägungen. Fischer, Frankfurt, S. 73.
311 William Emerson Training Seminars, 44940 Bodega Av., Petaluma, CA 94952, USA. Dort sind auch Videos über Therapien erhältlich. – Terence Dowling, Krahnengasse 12, 69117 Heidelberg. – Marjorie Rand, IBP, Wartstraße 3, CH-8400 Winthertur.
312 Hollweg, W. H. (1995) a.a.O.
313 Hochauf, R. (1999) Imaginative Psychotherapie bei frühtraumatisierten Patienten. Int. J. of Prenatal and Perinatal Psychology and Medicine 11: 518–528.

314 Emerson, W. (2000) Gesammelte Vorträge. Sekretariat der ISPPM, Friedhofweg 8, 69118 Heidelberg.
315 Müller, D. (1991) Die Zwangsläufigkeit des Geburtstraumas als Folge der Evolutionspathologie des Menschen. In: Janus, L. (Hg.) Die kulturelle Verarbeitung pränatalen und perinatalen Erlebens. Textstudio Groß, Heidelberg.
316 Wischnik, A. (1992) Anatomische, biomechanische und psychosoziale Randbedingungen moderner Geburtshilfe. Klinikarzt 21: 25–33.
317 Moser, T. (1994) Vaterkörper, Geburt und Symbolbildung. Lehrfilm über Psychoanalyse und Körperarbeit. Dreilandfilm, Goethestraße 17, 79100 Freiburg.
318 Kugele, D. (1990) Perinatale Zusammenhänge bei Enkopresis. In: Janus, L. (Hg.) Das Seelenleben des Ungeborenen – eine Wurzel unseres Unbewußten. Centaurus, Herbolzheim. S. 65.
319 Kugele, D. (1990) a.a.O., S. 64.
320 Emerson, W. (1997) a.a.O.
321 Emerson, W. (1997) a.a.O., S. 139.
322 Emerson, W. (1997) a.a.O., S. 41.
323 Eliade, M. (1961) Das Mysterium der Wiedergeburt. Rascher, Zürich.
324 Emerson, W. (1997) a.a.O., S. 135.
325 Kurrek, H. (1987) Das Geburtstrauma – evolutionsbedingte Pathologie. Acta Empirica 36: 278–280.
326 Ratner, A. (1991) Spätfolgen geburtstraumatischer Läsionen. Der Kinderarzt 22: 385–391.
327 English, J. (1997) Psychische und psychosoziale Aspekte der Kaiserschnittgeburt. In: Janus, L., Haibach, S. (Hg.) Seelisches Erleben vor und während der Geburt. LinguaMed, Neu-Isenburg.
328 Marcovich, M., de Jong, T. M. (1999) Frühgeborene – Zu klein zum Leben? Fischer, Frankfurt.
329 Leyh, C. (1996) Die Wiederbelebung prä- und perinataler Traumatisierungen. Int. J. of Prenatal and Perinatal Psychology and Medicine 8, S. 82.
330 Leyh, C. (1996) a.a.O., S. 77.
331 Leyh, C. (1996) a.a.O., S. 82.
332 Damm, S. (1995) Mehrphasentherapie. Pfeiffer, München.
333 Schlindwein, B. (1999) Gebären und Geboren werden – Das Trauma einer Frühgeburt im Zentrum generationsübergreifender Zusammenhänge. In: Damm, S. (Hg.) Schwertraumatisierende Erfahrungen. UVT, Tübingen.
334 Reiner, A., Bail, B. W. (1995) Infancy and the Essential Nature of Work. In: Socarides, C. W., Kramer, S. (Eds.) Work and its Inhibitions. Int. Univ Press, Madison, Connecticut.
335 Rudolf, G. (1996) Psychotherapeutische Medizin. Enke, Stuttgart, S. 126.

336 Ellenberger, H. F. (1975) a.a.O., Bern, S. 89 ff.
337 Mesmer, F. A. (1991) Die Entdeckung des tierischen Magnetismus. Edition Discord, Tübingen.
338 Janus, L., Maiwald, M. (Hg.) Entwicklung, Verhalten und Erleben in der Pränatalzeit und die Folgen für die Lebensgeschichte – Eine bibliographische Übersicht. Int. J. of Prenatal and Perinatal Psychology and Medicine 4: 101–140. – Maiwald, M. (1994) Development, Behavior and Psychic Experience in the Prenatal Period and the Consequences for Life History. Int. J. of Prenatal and Perinatal Psychology and Medicine 6. Suppl., 1–48. – Bibliothek für Schriften zur Pränatalen Psychologie am Institut für Psychologie der Universität Salzburg, Prof. Dr. A. Reiter, Hellbrunnerstraße 34, A-5020 Salzburg. – Psyndex, Trier. – Schindler, S. (1994) Dokumentatin und Bibliographie der pränatalen und perinatalen Lebenszeit. Int. J. of Prenatal and Perinatal Psychology and Medicine 6: 445–458.
339 Stern, D. N. (1992) Die Lebenserfahrung des Säuglings. Klett-Cotta, Stuttgart.
340 Maret, S. (1997) The Prenatal Person. Univ. Press of America, Lanham.
341 Rand, M. (1999) As it was in the Beginning. The Significance of Infant Bonding in the Development of Self and Relationships. Int. J. of Prenatal and Perinatal Psychology and Medicine 11: 487–494.
342 House, S. (1999) Primal Integrative Therapy – School of Lake. Int. J. of Prenatal and Perinatal Psychology and Medicine 11: 437–458.
343 Alberti, B. (2000) »Eigentlich dürfte ich gar nicht da sein« – Umgang mit pränataler Traumatisierung in der tiefenpsychologischen Körpertherapie. Int. J. of Prenatal and Perinatal Psychology and Medicine 12 (im Druck). – Langenbach, M. L. (1998) Tiefenpsychologische Körpertherapie. Phil. Diss., Universität Hamburg. Bezug: Psychologische Praxengemeinschaft, Meesenring 2, 23566 Lübeck..
344 Janus, L. (1991) Erscheinungsweisen pränatalen und perinatalen Erlebens in den psychotherapeutischen Settings. Textstudio Groß, Brahmsstraße 1, 69118 Heidelberg. – Gesellschaft für tiefenpsychologische Körpertherapie (GTK) Stationsstraat 48, NL-6584 Molenhoek. – Alberti, B. (2000) Eigentlich dürfte ich gar nicht da sein – Umgang mit pränataler Traumatisierung in der tiefenpsychologischen Körpertherapie. Int. J. of Prenatal and Perinatal Psychology and Medicine 12 (im Druck).
345 Kugele, D. (1990) Perinatale Zusammenhänge bei Enkopresis. In: Janus, L. (Hg.) Das Seelenleben des Ungeborenen. Centaurus, Herbolzheim. – Scheffler, G. (1990) Kinder- und Jugendlichen-Psychotherapie. In: Janus, L. (Hg.) Das Seelenleben des Ungeborenen. – Schier, K. (1993) The Analysis of Appearence and Meaning of Prenatal and Perinatal Phantasies in the Psychoanalytically Orientated Psychotherapy of Children. Int. J. of Prenatal and Perinatal Psychology and Medicine 5: 433–438. –

LaGoy, L. (1993) The Loss of a Twin in Utero's Affect on Pre-Natal and Post-Natal Bonding. Int. J. of Prenatal and Perinatal Psychology and Medicine 5: 439–444. – Ley, C. (1997) Die Wiederbelebung pränataler und perinataler Traumatisierungen in der analytischen Arbeit mit Kindern und Jugendlichen. In: Janus, L., Haibach, S. (Hg.) Seelisches Erleben vor und während der Geburt. LinguaMed., Neu-Isenburg. – Friedrich, B. (1997) Riß in der Beziehung – Gedanken über die Therapie eines Sechsjährigen, der zu früh geboren wurde. In: Janus, L., Haibach, S. (1997) Seelisches Erleben vor und während der Geburt. LinguaMed, Neu Isenburg. – Dowling, T. (1989) The significance of pre- and perinatal experience in child psychotherapy. Int. J. of Prenatal and Perinatal Studies 3: 305–116. – Dowling, T. (1987) Die Bedeutung prä- und perinataler Erfahrungen in der Kindertherapie. Kind und Umwelt 56: 20–35.

346 Fischer, G. / Riedesser, P. (1998) Lehrbuch der Psychotraumatologie. UTB Reinhardt, München.

347 Emerson, W. (1999) Shock: A Universal Malay. Emerson Training Seminars, 4940 Bodega Avenue, Petaluma A94952. – Hochauf, R. (1999) Psychotherapie bei frühtraumatisierten Patienten. Int. J. of Prenatal and Perinatal Psychology and Medicine 11: 503–528. – Unfried, N. (1999) Erfahrungsbilanz der Behandlung von Kindern mit prä- und perinatalen Träumen. Int. J. of Prenatal and Perinatal Psychology and Medicine 11: 518–528.

348 Siehe Inhaltsverzeichnis und Autorenregister im Int. J. of Prenatal and Perinatal Psychology and Medicine Vol. 1 (1989)–Vol. 10 (1998). Mattes Verlag, Postfach 103866, 69028 Heidelberg. www.mattes.de.

349 Share, L. (1996) Psychoanalytische Trauminterpretation und die Rekonstruktion des kindlichen Traumas. Psychoanalyse im Widerspruch 16: 23–47. – Share, L. (1996) Dreams and the Reconstruction of Infant Trauma. Int. J. of Prenatal and Perinatal Psychology and Medicine 8: 295–316.

350 Sonne, J. C. (1996) Interpreting the Dread of Being Aborted in Therapy. Int. J. of Prenatal and Perinatal Psychology and Medicine 8: 317–340.

351 Reiter, A. (1995) Pränatale Wurzeln phobischer Ängste. Int. J. of Prenatal and Perinatal Psychology and Medicine 7: 509–528.

352 Janus, L. (1992) Ausgrenzung und Reintegration in der Forschungsgeschichte der Psychoanalyse. Psychoanalyse im Widerspruch 7: 101–112.

353 Janus, L. (1995) Die besondere Verantwortung der deutschsprachigen Psychoanalytiker für die Erschließung und Kontinuität der Forschungsgeschichte der Psychoanalyse. Psychoanalyse im Widerspruch 14: 38–50.

354 Janus, L. (1988) Der historische Ort der Behandlungskonzeption Schultz-Henckes. In: Rudolf, G., Rüger, U. (Hg.) Die Psychoanalyse Schultz-Henckes. Thieme, Stuttgart.

355 Sloterdijk, P. (1999) Sphären II. Suhrkamp, Frankfurt.

356 Scheffler, G. (1991) Die Adoleszenz. Krisis – Initiation – Integration. In: Büttner, C., Elschenbroich, D., Ende, A. (Hg.) Aller Anfang ist schwer – Die Bedeutung der Geburt für psychische und historische Prozesse. Beltz, Weinheim. – Eliade, M. (1961) Das Mysterium der Wiedergeburt. Rascher, Zürich.
357 Van Gennep (1909) Übergangsriten. Campus, Frankfurt 1986.
358 Campbell, J. (1978) Der Heros in 1000 Gestalten. Suhrkamp, Frankfurt.
359 Propp, V. (1987) Die Wurzeln des Zaubermärchens. Hanser, München.
360 Janus, L. (1990) Fantasies of Regression to the Womb and Rebirth as the Central Elements of the Psychotherapeutic Process. Int. J. of Prenatal and Perinatal Studies 2: 89–100.
361 Janus, L. (2000) a.a.O., S. 179.
362 Janus, L. (1997) a.a.O., S. 196, S. 202.
363 Hubert, H., Maus, M. (1968) Sacrifice – its Nature and Function. Cohen, A. West, London, S. 20.
364 Janus, L. (2000) a.a.O., S. 215.
365 Eliade, M. (1986) Kosmos und Geschichte. Insel, Frankfurt, S. 91.
366 Eliade, M. (1985) Yoga. Suhrkamp, Frankfurt, S. 121.
367 Sloterdijk, P. (1993) a.a.O., S. 25 f.
368 Goethe, J. W. (1819) Goethes Werke, Bd. II. Wegner, Hamburg 1967. S. 83.
369 Trunz, E. (1967) Anmerkungen. In: Goethes Werke, Bd. II. Wegner, Hamburg.
370 Schiller, F. (1798) Sämtliche Werke, Bd. I. Hanser, München 1987.
371 Hoffmann, E. T. A. (1818) Sämtliche Werke, Bd. III. Phaidon, Essen, o. J.
372 Hoffmann, E. T. A. (1814) Sämtliche Werke, Bd. I. Phaidon, Essen, o. J.
373 Munch, E. (1987) Edvard Munch. Katalog des Museums, s. 41, 30, Folkwang, Essen. Kat. 41 u. 30.
374 Zit. n. Culbert-Koehn, J. A. (1999) Birth, Violence and the Millennium. Int. J. of Prenatal and Perinatal Psychology and Medicine 11: 427.
375 Dali, S. (1973) So wird man Dali. Moewig, Rastatt.
376 Beckett, S., zit. n. Simon, A. (1988) Beckett. Suhrkamp, Frankfurt.
377 Arnold, D. (1996) »Wenn ich diese Bilder nicht hätte (…)« – Joseph Beuys. Int. J. of Prenatal and Perinatal Psychology and Medicine 8: 89–110.
378 Schulz, H. (1997) Die Plazentavorstellung von Joseph Beuys. Salon, Köln.
379 Fabricius, J. (1998) Unbewußte Bildgestaltungen in der Malerei. Int. J. of Prenatal and Perinatal Psychology and Medicine 10: 237–252.
380 Janus, L. (1993) a.a.O., S. 135.
381 Viola, B. (1999) Europäische Einsichten. Prestel, München.
382 Giger, H. R. (1992) H. R. Giger, A/Rh +. Taschen, Köln.
383 Bernhard, T. (1982) Ein Kind. Residenz, Salzburg 1998.
384 Bernhard, T. (1982) a.a.O., S. 41.
385 Sloterdijk, P. (1986) Der Denker auf der Bühne. Suhrkamp, Frankfurt.

Literatur

Abraham, K., Freud, S. (1965): Briefe. Fischer, Frankfurt.

Adler, A. (1907): Studie über Minderwertigkeit von Organen. Wissenschaftliche Buchgesellschaft, Darmstadt 1965.

Alberti, B. (2000): »Eigentlich dürfte ich gar nicht da sein« – Umgang mit pränataler Traumatisierung in der tiefenpsychologischen Körpertherapie. Int. J. of Prenatal and Perinatal Psychology and Medicine 12 (im Druck).

Andreas-Salomé, L. (1962): The dual orientation of narcissism. Psychoanal. Quarterly 31: 1–30.

Arnold, D. (1996): »Wenn ich diese Bilder nicht hätte (…)« – Joseph Beuys. Int. J. of Prenatal and Perinatal Psychology and Medicine 8: 89–110.

Bächthold-Stäubli, H., Hoffmann-Krayer, E. (1927): Handwörterbuch des deutschen Aberglaubens. De Gruyter, Berlin 1986.

Bahnemann, F. (1992): Anthropologische Grundlagen der Ganzheitsmedizin. Haug, Heidelberg.

Barbre, C. (2000): The Creative Dilemma: The Influence of Schiller's Aesthetics on Otto Rank's Life and Work. In: Janus, L. (Hg.) Kreativität und analytische Situation in der Psychoanalyse Otto Ranks (im Druck).

Bernds, A. (1938): Zur Theorie des Versehens im 18. Jahrhundert. In: T. Kornbichler (Hg.) Klio und Psyche. Centaurus, Herbolzheim 1990.

Bernhard, T. (1982): Ein Kind. Residenz, Salzburg 1998.

Biedermann, H. (1999): KISS-Kinder. E nke, Stuttgart.

Bion, W. R. (1979): The Dawn of Oblivion. Clinic Press, London.

Bion, W. R. (1990): Lernen durch Erfahrung. Suhrkamp, Frankfurt.

Bischof, N. (1985): Das Rätsel Ödipus. Piper, München.

Blazy, H. (1998): The European Discoveries in Prenatal Ethnology and Archaeology of the Mind. Int. J.Prenatal and Perinatal Psychology and Medicine 10: 429–438.

Blos, P. (1983): Adoleszenz. Klett-Cotta, Stuttgart.

Bolk, C. (1926): Das Problem der Menschwerdung. Gustav Fischer, Jena.

Brekhman, G. J. (1998): Encircling the Neck of the Unborn Child with the Navel String and the Fear of Snakes. Int. J. of Prenatal and Perinatal Psychology and Medicine 10: 175–180.

Büttner, C., Pfeil, J. (1989): Perinatale Aspekte von Verhaltensstörungen am Beispiel eines Kindergartenkindes. In: Datler, W. u. a. (Hg.) Jahrbuch für Psychoanalytische Pädagogik 6. Matthias-Grünewald, Mainz.

Campbell, J. (1978): Der Heros in tausend Gestalten. Suhrkamp, Frankfurt.

Campbell, J. (1992): Schöpferische Mythologie. Sphinx, Basel.

Chamberlain, D. (1990): Woran Babys sich erinnern. Kösel, München.

Cortès, H. (1980): Die Eroberung Mexikos. Insel, Frankfurt.

Crisan, H. (1999): Das geistige Echo des präverbalen Daseins. Int. J.Prenatal and Perinatal Psychology and Medicine 11: 65–105.
Culbert-Koehn, J. A. (1999): Birth, Violence and the Millennium. Int. J. of Prenatal and Perinatal Psychology and Medicine 11: 427–436.
Dali, S. (1973): So wird man Dali. Moewig, Rastatt.
Dali, S. (1984): Das geheime Leben des Salvador Dali. Schirmer Mosel, München.
Damm, S. (1995): Mehrphasentherapie. Pfeiffer, München.
Davies, N. (1981): Human Sacrifice. William Morrow, New York.
DeSnoo, K. (1942): Das Problem der Menschwerdung im Lichte der vergleichenden Geburtshilfe. Gustav-Fischer, Jena.
De Waal, F. (1989): Wilde Diplomaten. Hanser, München.
DeMause, L. (1979): Hört ihr die Kinder weinen? Suhrkamp, Frankfurt.
DeMause, L. (1991): Krieg und Geburt. In: Büttner, C., Elschenbroich, D., Ende, A. (Hg.) Aller Anfang ist schwer – Die Bedeutung der Geburt für psychische und historische Prozesse. Beltz, Weinheim.
DeMause, L. (1996): Restaging Fetal Traumas in War and Social Violence. Int. J. of Prenatal and Perinatal Psychology and Medicine 8: 171–212.
DeMause, L. (2000): Was ist Psychohistorie? Psychosozial, Gießen.
Dittrich, A., Hofmann, A., Leuner, H. (1994): Welten des Bewußtseins. Bd. 4: »Bedeutung für die Psychotherapie«. VWB, Berlin.
Dowling, T. (1987): Die Bedeutung prä- und perinataler Erfahrungen. Kind und Umwelt 56: 20–35.
Dowling, T. (1989): The significance of pre- and perinatal experience in child psychotherapy. Int. J. of Prenatal and Perinatal Studies 3: 305–116.
Dowling, T. (1989): The use of placental symbols in acuming pre- and perinatal experience. In: Fedor-Freybergh, P., Vogel, V. (Hg.) Prenatal and Perinatal Psychology and Medicine. Mattes, Heidelberg.
Dowling, T. (1990): The Roots of the Collective Unconscious. In: Janus, L. (Hg.) (1991) Das Seelenleben des Ungeborenen – eine Wurzel unseres Unbewußten. Centaurus, Herbolzheim.
Dowling, T. (1991): Pränatale Regression der Hynose. In: Janus, L. (Hg.) Erscheinungsweisen pränatalen und perinatalen Erlebens in den psychotherapeutischen Settings. Centaurus, Herbolzheim.
Dowling, T. (1997): Arbeit mit autistischen Kindern. In: Janus, L., Haibach, S. (Hg.) Seelisches Erleben vor und während der Geburt. LinguaMed, Neu-Isenburg.
Dülmen, R. van (1997): Die Entdeckung des Individuums. Fischer, Frankfurt.
Edelman, G. (1995): Göttliche Luft, vernichtendes Feuer. Piper, München.
Eichenberger, E. (1994): Sandra und Beate – zwei banale alltägliche Geschichten. In: Häsing, H., Janus. L. (Hg.) Ungewollte Kinder. text-o-phon, Wiesbaden 1999.

Eissler, K. R. (1978): Creativity and Adolescence. The Psychoanalytic Child 33: 461–517.
Eliade, M. (1961): Das Mysterium der Wiedergeburt. Rascher, Zürich.
Eliade, M. (1985): Yoga. Suhrkamp, Frankfurt.
Eliade, M. (1986): Die Religionen und das Heilige – Elemente der Religionsgeschichte. Insel, Frankfurt.
Eliade, M. (1986): Kosmos und Geschichte – der Mythos von der ewigen Wiederkehr. Insel, Frankfurt.
Eliade, M. (1987): Das Heilige und das Profane. Insel. Frankfurt.
Ellenberger, H. G. (1973): Die Entdeckung des Unbewußten. Huber, Bern.
Emerson, W. (1997): Geburtstraumen – psychische Auswirkungen geburtshilflicher Eingriffe. In: Janus, L., Haibach, S. (Hg.) Seelisches Erleben vor und während der Geburt. LinguaMed, Neu-Isenburg.
Emerson, W. (1998): The Vulnerable Prenate. Int. J. of Prenatal and Perinatal Psychology and Medicine 10: 5–18.
Emerson, W. (1999): Shock: A Universal Malay. Emerson Training Seminars, 4940 Bodega Avenue, Petaluma, CA 94952.
Emerson, W. (2000): Gesammelte Vorträge – ISPPM-Sekretariat, Friedhofweg 8, 69118 Heidelberg.
English, J. (1997): Psychische und psychosoziale Aspekte der Kaiserschnittgeburt. In: Janus, L., Haibach, S. (Hg.) Seelisches Erleben vor und während der Geburt. LinguaMed, Neu-Isenburg.
Erikson, E. H. (1965): Kindheit und Gesellschaft. Klett, Stuttgart; jetzt Klett-Cotta, Stuttgart 1999.
Evertz, K. (1997) Kunsttherapie und Geburtserfahrung. In: Janus, L., Haibach, S. (Hg.) Seelisches Erleben vor und während der Geburt. LinguaMed, Neu-Isenburg.
Evertz, K. (1997a) Der Ursprung der Bilder – Pränatale Wahrnehmung, Ästhetik und Kunst. Int. J. of Prenatal and Perinatal Psychology and Medicine 10: 365–392.
Fabricius, J. (1989): Alchemy. The Aquarian Press, Wellingborough.
Fabricius, J. (1998): Unbewußte Bildgestaltungen in der Malerei. Int. J. of Prenatal and Perinatal Psychology and Medicine 10: 237–252.
Ferenczi, S. (1929): Das unwillkommene Kind und sein Todestrieb. Bausteine zur Psychoanalyse. Bd. III. Huber, Bern.
Ferenczi, S. (1913): Entwicklungsstufen des Wirklichkeitssinnes. In: S. Ferenczi: Bausteine zur Psychoanalyse. Bd. I. Huber, Bern 1964.
Ferenczi, S. (1914): Kritik von Paul Bjerres »Das Wesen der Hypnose«. In: Bausteine zur Psychoanalyse. Ullstein, Wien 1985.
Ferenczi, S. (1915): Analyse von Gleichnissen. In: Bausteine zur Psychoanalyse. Huber, Bern 1964.
Ferenczi, S. (1927): Kritik der Rankschen »Technik der Psychoanalyse«. Int. Z. Psychoanal 13: 1–9.

Ferenczi, S., Rank, O. (1924): Entwicklungsziele der Psychoanalyse. Turia und Kant, Wien 1996. S. 20.
Findeisen, B. (1997): Langfristige psychische Konsequenzen prä- und perinataler Erfahrung. In: Janus, L., Haibach, S. (Hg.) Seelisches Erleben vor und während der Geburt. LinguaMed, Neu-Isenburg.
Fischer, G., Riedesser, P. (1998): Lehrbuch der Psychotraumatologie. UTB Reinhardt, München.
Fodor, N. (1949): The Search for the Beloved. A Clinical Investigation of the Trauma of Birth and Prenatal Condition. University Books, New York.
Frazer, J. G. (1977): Der goldene Zweig. Ullstein, Berlin.
Frenken, R. (1999): Kindheit und Autobiographie. Oetker-Voges, Kiel.
Freud, M. (1957): Mein Vater Sigmund Freud. Mattes, Heidelberg 1999.
Freud, S. (1905): Drei Abhandlungen zur Sexualtheorie. In: Freud, S., GW V, Fischer, Frankfurt 1952.
Freud, S. (1909): Analyse der Phobien eines fünfjährigen Knaben. Studienausgabe Bd. VIII. Fischer, Frankfurt 1972.
Freud, S. (1909): Traumdeutung. Studienausgabe Bd. II, Fischer, Frankfurt 1972.
Freud, S. (1913): Totem und Tabu. GW IX, Fischer, Frankfurt 1952.
Freud, S. (1914): Zur Einführung des Narzißmus. GW X.
Freud, S. (1917): Aus der Geschichte einer infantilen Neurose. GW XII.
Freud, S. (1917a): Vorlesungen zur Einführung in die Psychoanalyse. Studienausgabe. Bd. I. Fischer, Frankfurt 1972.
Freud, S. (1918): Aus der Geschichte der infantilen Neurose. GW XII.
Freud, S. (1920): Jenseits des Lustprinzips. In: Freud, S., GW XIII.
Freud, S. (1921): Massenpsychologie und Ich-Analyse. Studienausgabe Bd. IX. Fischer, Frankfurt 1972.
Freud, S. (1922): Neue Folge der Vorlesungen zur Einführung in die Psychoanalyse. GW XV.
Freud, S. (1924): Das ökonomische Prinzip des Masochismus. GW XIII.
Freud, S. (1926): Hemmung, Symptom und Angst. GW XIV.
Freud, S. (1937): Der Mann Moses und die monotheistische Religion. GW XVI. Fischer, Frankfurt 1952.
Freud, S. (1937a): Die endliche und und die unendliche Analyse. Studienausgabe, Ergänzungsband. Fischer, Frankfurt 1972.
Freud, W. E. (1987): Pränatale Beziehung und Bindung. Kind und Umwelt 56: 3–19.
Freud, W. E. (1996) Attempts at Understanding the Most Promising Paradigm of Neonatal Intensive Care: Some Essential Though Tangible Aspects of the Marcovich Model. Int. J. of Prenatal and Perinatal Psychology and Medicine 8: 5–14.
Friedrich, B. (1997): Riß in der Beziehung – Gedanken über die Therapie eines Sechsjährigen, der zu früh geboren wurde. In: Janus, L., Haibach, S.

(1997) Seelisches Erleben vor und während der Geburt. LinguaMed, Neu Isenburg.
Friedrich, B. (1999): Frank, Kai, Tibor – Folgen des Ungewolltseins. In: Häsing, H., Janus, L. (Hg.) Ungewollte Kinder. text-o-phon, Wiesbaden.
Gareis, B., Wiesnet, E. (1974): Frühkindheit und Jugendkriminalität. Goldmann, München.
Garley, D. (1924): Über den Schock des Geborenwerdens. Int Z. f. Psychoanalyse X: 135–163.
Gennep, van (1909): Übergangsriten. Campus, Frankfurt 1986.
Giger, H. R. (1992): H. R. Giger, A/Rh +. Taschen, Köln.
Goethe, J. W. (1819): Goethes Werke, Bd. II. Wegner, Hamburg 1967.
Goethe, J. W. (1819): West-östlicher Divan. Goethes Werke, Bd. II., Wegner, Hamburg 1967.
Gould, S. J. (1992): Human Babies as Embryos. In: Ever Since Darwin. Norton, New York.
Graber, G. H. (1924): Die Ambivalenz des Kindes. Internationaler Psychoanalytischer Verlag, Leipzig, Wien und Zürich.
Graber, G. H. (1966): Die Not des Lebens und ihre Überwindung. Ardschuna, Düsseldorf.
Grof, S. (1983): Topographie des Unbewußten. Klett-Cotta, Stuttgart.
Grunberger, B. (1976): Vom Narzißmus zum Objekt. Suhrkamp, Frankfurt.
Grunberger, B. (1988): Narziß und Anubis. Verlag Internationale Psychoanalyse, München.
Hall, G. S. (1904): Adolescence. Appleton, New York.
Häsing, W. Janus, L. (1999): (Hg.) Ungewollte Kinder. text-o-phon, Wiesbaden.
Hassenstein, B. (1987): Verhaltensbiologie des Kindes. Piper, München.
Hegel, G. W. F. (1930): Enzyklopädie der Wissenschaften. Felix Meiner, Hamburg.
Hidas, G. (1997): The Unwelcome Child and his Death Instinct. Int. J. of Prenatal and Perinatal Psychology and Medicine 9: 155–164.
Hochauf, R. (1999): Imaginative Psychotherapie bei frühtraumatisierten Patienten. Int. J. of Prenatal and Perinatal Psychology and Medicine 11: 518–528.
Hoffmann, E. T. A. (1814): Sämtliche Werke, Bd. I. Phaidon, Essen, o. J.
Hoffmann, E. T. A. (1818): Sämtliche Werke, Bd. III. Phaidon, Essen, o. J.
Hollweg, W. H. (1995): Von der Wahrheit, die frei macht. Mattes, Heidelberg.
Hollweg, W. H. (1998): Der überlebte Abtreibungsversuch. Int. J. of Prenatal and Perinatal Psychology and Medicine 10: 256–262.
Horkheimer, M., Adorno, T. W. (1944): Dialektik der Aufklärung. Fischer, Frankfurt 1992.
House, S. (1999): Primal IntegrativeTherapy – School of Lake. Int. J. of Prenatal and Perinatal Psychology and Medicine 11: 437–458.

Huber, R. (1994): Die wiedergefundene vorgeburtliche Beziehung. Die Bedeutung der intrauterinen Mutter-Kind-Beziehung für das Lebensgefühl an einem klinischen Beispiel. Int. J. of Prenatal and Perinatal Psychology and Medicine 6: 141–149.

Hubert, H., Maus, M. (1968): Sacrifice – its Nature and Function. Cohen and West, London.

Huntington, S. P. (1996): Kampf der Kulturen. Europa, München.

Janov, A. (1975): Das neue Bewußtsein. Fischer, Frankfurt.

Janov, A. (1975a): Der Urschrei – ein neuer Weg der Psychotherapie. Fischer, Frankfurt.

Janov, A. (1984): Frühe Prägungen. Fischer, Frankfurt.

Janov, A. (1993): Der neue Urschrei. Frankfurt, Fischer.

Janus, L. (1988): Der historische Ort der Behandlungskonzeption Schultz-Henckes. In: Rudolf, G., Rüger, U. (Hg.) Die Psychoanalyse Schultz-Henckes. Thieme, Stuttgart.

Janus, L. (1988a): Zum Zusammenhang von Geburt und Lebensgestaltung im Märchen und Mythos. Kind und Umwelt. 57: 3–19.

Janus, L. (1989): Die Imago der frühen Mutter im Werk Freuds. In: Werthmann, H. V. (Hg.) Unbewußte Phantasien. Pfeiffer, München.

Janus, L. (1989a): Die verdeckte pränatale Dimension im Konzept von Melanie Klein. Forum Psychoanal. 5: 333–341.

Janus, L. (1990): Fantasies of Regression to the Womb and Rebirth as the Central Elements of the Psychotherapeutic Process. Int. J. of Prenatal and Perinatal Studies 2: 89–100.

Janus, L. (1990a): The Hidden Dimension of Prenatal and Perinatal Dimension in the Work of Freud, Jung und Klein. Int. J. of Prenatal Studies 1: 51–66.

Janus, L. (1991): Die frühe Ich-Entwicklung im Spiegel der LSD-Psychotherapie von Athanassios Kafkalides. Z. f. Individual Psychol. 16: 111–124.

Janus, L. (1991a): (Hg.) Erscheinungsweisen pränatalen und perinatalen Erlebens in den psychotherapeutischen Settings. Textstudio Groß, Heidelberg.

Janus, L. (1991b): Prä-und perinatale Aspekte in Freuds Krankengeschichten des Kindes- und Jugendlichenalters. In: C. Büttner, D. Elschenbroich, A. Ende (Hg.) Aller Anfang ist schwer – die Bedeutung der Geburt für psychische und historische Prozesse. Beltz, Weinheim.

Janus, L. (1992): Ausgrenzung und Reintegration in der Forschungsgeschichte der Psychoanalyse. Psychoanalyse im Widerspruch 7: 101–112.

Janus, L. (1993): Prenatal Psychology and Perinatal Medicine: In: Cosmi, E. V., Di Renzo, G. C. (Hg.) Second World Congress of Perinatal Medicine. Monduzzi, Bologna.

Janus, L. (1993a): Psychoanalytische Überlegungen zur zweiten Geburt. In: W. Aschoff (Hg.) Pubertät. Vandenhoeck und Ruprecht, Göttingen.

Janus, L. (1994): Pränatalpsychologische Aspekte in Freuds Massenpsychologie und Ich-Analyse. Int. J. Prenatal and Perinatal Psychology and Medicine 6: 335–344.

Janus, L. (1995): Die besondere Verantwortung der deutschsprachigen Psychoanalytiker für die Erschließung und Kontinuität der Forschungsgeschichte der Psychoanalyse. Psychoanalyse im Widerspruch 14: 38–50.

Janus, L. (1995a): Entwicklungen zu einer neuen Kultur im Umgang mit Schwangerschaft und Geburt. In: Schiefenhövel, W. (Hg) Gebären. VWB, Berlin.

Janus, L. (1995b): Wege des Generationentransfers in der Geschichte der Kindheit. In: Janus, L. (Hg.) Psychohistorie und Geschichte der Kindheit. Textstudio Groß, Heidelberg.

Janus, L. (1995c): The Prenatal Dimension: its Relevance to Psychosomatic Obstetrics. In: Bitzer, J., Stauber, M. (Hg.) Psychosomatic Obstetrics and Gynecology. Monduzzi, Bologna.

Janus, L. (1996): Beziehungsorientierte Schwangerschafts- und Geburtsbegleitung. Deutsche Hebammen Zeitschrift 48: 94–97.

Janus, L. (1996a): Die Forschungsgeschichte der Psychoanalyse im Spannungsfeld zwischen Freud und Adler. Zeitschrift für Individualpsychologie 19: 325–334.

Janus, L. (1996b): Die Geburt im Trauma? In: Kentenich, H. (Hg.) Mythos Geburt. Psychosozial, Gießen.

Janus, L. (1997): Das unwillkommene Kind und sein Todestrieb. Int. J. of Prenatal and Perinatal Psychology and Medicine 8: 367–379.

Janus, L. (1997a): Gibt es Nachwirkungen von fötalen Streß- und Schmerzerleben? In: Hansmann, M., Feige, A., Saling, E. (Hg.) Pränatal- und Geburtsmedizin. DCM Druck, Meckesheim.

Janus, L. (1997b): Die Stellung Otto Ranks im Prozeß der psychoanalytischen Forschung. Werkblatt 38: 83–101.

Janus, L. (1997c): Wie die Seele entsteht. Mattes, Heidelberg.

Janus, L. (1997d) Die Objektbeziehungspsychologie Otto Ranks. Int. J. of Prenatal and Perinatal Psychology and Medicine 9: 323–340.

Janus, L. (1998): (Hg.) Die Wiederentdeckung Otto Ranks für die Psychoanalyse. Psychosozial, Gießen.

Janus, L. (2000): Die Psychoanalyse der vorgeburtlichen Lebenszeit und der Geburt. Psychosozial, Gießen.

Janus, L. (2000a): Tolkien, ein geistiger Anreger des Rollenspiels. In: Janus, L., Janus, U., Kliehm, M. (Hg.) Abenteuer in anderen Welten. Claudius, München.

Janus, L. (2000b): Versuch zur Psychodynamik von Gruppenphantasien. In: Janus, L., Kurth, W. (Hg.) Psychohistorie, Gruppenphantasien und Krieg. Mattes, Heidelberg.

Janus, L. (2000c): Die Psychobiologie und Psychohistorie des Erlebens. In:

Frenken, R., Rheinheimer, M. (Hg.) Psychohistorie des Erlebens. Oetker-Voges, Kiel.
Janus, L., Maiwald, M. (1992): (Hg.) Entwicklung, Verhalten und Erleben in der Pränatalzeit und die Folgen für die Lebensgeschichte – Eine bibliographische Übersicht. Int. J. of Prenatal and Perinatal Psychology and Medicine 4: 101–140.
Jung, C. G. (1946): Die Psychologie der Übertragung. In: Jung, C. G.: Praxis der Psychotherapie. Rascher, Zürich 1958.
Jung, C. G. (1985): Heros und Mutterarchetyp. Grundwerk, Bd. 8. Walter Olten, Freiburg.
Kafkalides, A. (1997): The Knowledge of the Womb. Mattes, Heidelberg.
Kaminer, J. (1999): Die intrauterine Dimension des Menschen. Psyche 53: 101–136.
Kaplan, L. J. (1994): Abschied von der Kindheit. Klett-Cotta, Stuttgart.
Karr-Morse, R., Wiley, M. S. (1997): Ghosts from the Nursery – Tracing the Roots of Violence. Atlantic Monthly Press, New York.
Kernberg, O. (1983): Borderlinestörungen und pathologischer Narzißmus. Suhrkamp, Frankfurt.
Kohut, H. (1973): Eine Theorie zur psychoanalytischen Behandlung narzißtischer Persönlichkeitsstörungen. Suhrkamp, Frankfurt.
Kramer, R. (1999): Der Freud-Rank-Konflikt. Psyche 53: 158–200.
Krens, J. (1998): Freiheit durch Bindung, Energie und Charakter 29: 18: 94–124.
Kruse, F. (1969): Die Anfänge des menschlichen Seelenlebens. Enke, Stuttgart.
Kruse, F. (1982): Erinnerung an die eigene Geburt – Realität oder Fiktion? In: Schindler, S. (Hg.) Geburt, Eintritt in eine neue Welt. Verlag für Psychologie, Göttingen.
Kugele, D. (1990): Perinatale Zusammenhänge bei Enkopresis. In: Janus, L. (Hg.) Das Seelenleben des Ungeborenen – eine Wurzel unseres Unbewußten. Centaurus, Herbolzheim.
Kurrek, H. (1987): Das Geburtstrauma – evolutionsbedingte Pathologie. Acta Empirica 36: 278–280.
LaGoy, L. (1993): The Loss of a Twin in Utero's Affect on Pre-Natal and Post-Natal Bonding. Int. J. of Prenatal and Perinatal Psychology and Medicine 5: 439–444.
Langenbach, M. L. (1998): Tiefenpsychologische Körpertherapie. Phil. Diss., Universität Hamburg. Bezug: Psychologische Praxengemeinschaft, Meesenring 2, 23566 Lübeck.
Leboyer, F. (1986): Geburt ohne Gewalt. Kösel, München.
Leitner, M. (1997): Otto Rank – ein Pionier der prä- und perinatalen Psychologie. Int. J. of Prenatal and Perinatal Psychology and Medicine 9: 241–253.
Leitner, M. (1998): Freud, Rank und die Folgen. Turia und Kant, Wien.

Levend, H., Janus, L. (2000): (Hg.) Drum hab ich kein Gesicht. Echter, Würzburg.

Leyh, C. (1996): Die Wiederbelebung prä- und perinataler Traumatisierungen. Int. J. of Prenatal and Perinatal Psychology and Medicine 8: 73 – 84.

Leyh, C. (1997): Die Wiederbelebung prä- und perinataler Traumatisierungen in der Arbeit mit Kindern und Jugendlichen. In: Janus, L., Haibach, S. (Hg.) Seelisches Erleben vor und während der Geburt. LinguaMed, Neu-Isenburg.

Lieberman, J. E. (1997): Otto Rank – Leben und Werk. Psychosozial, Gießen.

Linderkamp, O., Beedgen, B., Sontheimer, D. (1995): Das Konzept der sanften Behandlung Frühgeborener von Marina Marcovich. Int. J. of Prenatal and Perinatal Psychology and Medicine 7: 73–84.

Lüpke, H. von (1990): Eßstörungen in der frühen Kindheit. In: L. Janus (Hg.) Das Seelenleben des Ungeborenen – eine Wurzel unseres Unbewußten. Centaurus, Herbolzheim.

Lüpke, H. von (1997): Das Leben beginnt mit Kommunikation. Wege zum Menschen 49: 272–280.

Macho, T. (1993): Zeichen aus der Dunkelheit. Notizen zu einer Theorie der Psychose. In: Heinz, R., Kamper, D., Sonnemann, U. (Hg.) Wahnwelten im Zusammenstoß. Die Psychose als Spiegel der Zeit. Akademie Verlag, Berlin.

Maiwald, M. (1994): Development, Behavior and Psychic Experience in the Prenatal Period and the Consequences for Life History. Int. J. of Prenatal and Perinatal Psychology and Medicine 6. Suppl., 1–48.

Marcovich, M. (1995): Vom sanften Umgang mit dem Frühgeborenen. Int. J. of Prenatal and Perinatal Psychology and Medicine 7: 57–72.

Marcovich, M., de Jong, T. M. (1999): Frühgeborene – Zu klein zum Leben? Fischer, Frankfurt.

Maret, S. (1997): The Prenatal Person. Univ. Press of America, Lanham, Maryland.

Meisel/Kendrick (Hg.): Kultur und Psychoanalyse in Bloomsbury und Berlin. Verlag Internationale Psychoanalyse Stuttgart 1995. Klett-Cotta, Stuttgart.

Menaker, E. (1982): O. Rank. A rediscovered legacy. Columbia Univ. Press, New York.

Mesmer, F. A. (1991): Die Entdeckung des tierischen Magnetismus. Edition discord, Tübingen.

Montagu, A. (1991): Zum Kind reifen. Klett-Cotta, Stuttgart.

Morris, D. (1969): The Human Zoo. Corgi, London.

Moser, T. (1993): Der Erlöser der Mutter auf dem Weg zu sich selbst. Suhrkamp, Frankfurt.

Moser, T. (1994): Vaterkörper, Geburt und Symbolbildung. Lehrfilm über Psychoanalyse und Körperarbeit. Dreilandfilm, Goethestraße 17, 79100 Freiburg.

Müller, D. (1991): Die Zwangsläufigkeit des Geburtstraumas als Folge der Evolutionspathologie des Menschen. In: Janus, L. (Hg.) Die kulturelle Verarbeitung pränatalen und perinatalen Erlebens. Textstudio Groß, Heidelberg.

Müßig, R. (1997): Freud, seine Mutter und das Inzesttabu. War Freud ein Inzestopfer seiner Mutter? Int. J. of Prenatal and Perinatal Psychology and Medicine 9: 211–240.

Nagel, R. (2000): Die Geschichte der Rollenspiele. In: Janus, L., Janus, U., Kliehm, M. (Hg.) Abenteuer in anderen Welten. Claudius, München.

Nathanielsz, P. W. (1999): Life in the Womb. Promethean Press, Ithaca, New York.

Nietzsche, F. (1986): Werke in 3 Bänden. Bd. III. Hanser, München. S. 560.

Noble, E. (1996): Primäre Bindungen. Fischer, Frankfurt.

Nyssen, F., Janus, L. (1997): Die psychogenetische Geschichte der Kindheit. Psychosozial, Gießen.

Nyssen, F., Janus, L. (Hg.): Psychogenetische Geschichte der Kindheit. Psychosozial, Gießen.

Odent, M. (1986): Santé-Primale. Payot, Paris.

Orr, L., Ray, S. (1977): Rebirthing in the New Age. Celestial Arts, Millbrae.

Petry, S. (1996): Erlebnisgedächtnis, Wiedererleben und posttraumatische Störungen. Int. J. Prenatal and Perinatal Psychology and Medicine 8: 519–531.

Piontelli, A. (1992): Vom Fetus zum Kind: Über den Ursprung psychischen Lebens. Klett-Cotta, Stuttgart.

Portmann, A. (1969): Biologische Fragmente zu einer Lehre vom Menschen. Schwabe, Basel.

Propp, V. (1987): Die Wurzeln des Zaubermärchens. Hanser, München.

Raine, A. (1993): The Psychopathology of Crime. Academic Press, London.

Raffai, J. (1998): Mutter-Kind-Bindungsanalyse im intrauterinen Bereich. Int. J. Prenatal and Perinatal Psychology and Medicine 10: 209–222.

Rand, M. (1999): As it was in the Beginning. The Significance of Infant Bonding in the Development of Self and Relationships. Int. J. of Prenatal and Perinatal Psychology and Medicine 11: 487–494.

Rank, O. (1909): Der Mythos von der Geburt des Helden. Deuticke, Leipzig und Wien.

Rank, O. (1924): Das Trauma der Geburt. Psychosozial, Gießen 1998.

Rank, O. (1926): Die analytische Situation. Technik der Psychoanalyse. Bd. 1. Deuticke, Leipzig, Wien.

Rank, O. (1927): Grundzüge einer genetischen Psychologie I. und II. Deuticke, Leipzig, Wien.

Rank, O. (1929): Die analytische Reaktion in ihren konstruktiven Elementen. Deuticke, Wien und Leipzig.

Rank, O. (1930): Seelenglaube und Psychologie. Deuticke, Leipzig und Wien.

Rank, O. (1930): Wahrheit und Wirklichkeit. Deuticke, Leipzig und Wien.
Rank, O. (1931): Die Analyse des Analytikers. Technik der Psychoanalyse Bd. III. Deuticke, Wien und Leipzig.
Rank, O. (1932): Kunst und Künstler. Psychosozial, Gießen 2000.
Rank, O. (1932): Technik der Psychoanalyse. Bd. III. Deuticke, Leipzig und Wien.
Ratner, A. (1991): Spätfolgen geburtstraumatischer Läsionen. Der Kinderarzt 22: 385–391.
Rauchfleisch, U. (1981): Dissozial. Vandenhoeck und Ruprecht, Göttingen.
Ray, S., Mandel, B. (1987): Birth and Relationship – How your Birth affects your Relationships. Celestial Arts, Berkely.
Reiner, A., Bail, B. W. (1995): Infancy and the Essential Nature of Work. In: Socarides, C. W., Kramer, S. (Hg.) Work and its Inhibitions. Int. Univ. Press, Madison, Connecticut.
Reinert, T. (1997): »Ja, hab' ich ein Lebensrecht?« – Widerspiegelungen eines überlebten Abtreibungsversuches in der Therapie einer Borderline-Patientin. Int. J. of Prenatal and Perinatal Psychology and Medicine 9: 475–494.
Reiter, A. (1995): Pränatale Wurzeln phobischer Ängste. Int. J. of Prenatal and Perinatal Psychology and Medicine 7: 509–528.
Rieber-Hunscha, I. (1998): Früher vernichtet – heute vergessen? Das Schicksal der »Technik der Psychoanalyse« von Otto Rank. In: Janus, L. (Hg.) Die Wiederentdeckung Otto Ranks für die Psychoanalyse. Psychosozial, Gießen.
Rousseau, J. J. (1763): Emile oder Über die Erziehung. Schöningh, Paderborn 1985.
Rudolf, G. (1996): Psychotherapeutische Medizin. Enke, Stuttgart.
Rudolf, G., Henningsen, P. (1998): Somatoforme Störungen. Schattauer, Stuttgart.
Sadger, J. (1947): Preliminary Study of the Psychic. Life of the Fetus and die Primary Gen. The Psychoanal Review 28: 327–358.
Schaler-Buchholz, E. (1999): Alone Time: A developmental Need with Prenatal Origins. Int. J. Prenatal and Perinatal Psychology and Medicine 11: 5–18.
Scheffler, G. (1990): Kinder- und Jugendlichen-Psychotherapie. In: Janus, L. (Hg.) Das Seelenleben des Ungeborenen – eine Wurzel unseres Unbewußten. Centaurus, Herbolzheim.
Scheffler, G. (1991): Die Adoleszenz. Krisis – Initiation – Integration. In: Büttner, C., Elschenbroich, D., Ende, A. (Hg.) Aller Anfang ist schwer – Die Bedeutung der Geburt für psychische und historische Prozesse. Beltz, Weinheim.
Scherf, W. (1982): Lexikon der Zaubermärchen. Kröner, Stuttgart.
Schier, K. (1993): The Analysis of Appearence and Meaning of Prenatal and Perinatal Phantasies in the Psychoanalytically Orientated Psychotherapy

of Children. Int. J. of Prenatal and Perinatal Psychology and Medicine 5: 433–438.

Schiller, F. (1795): Sämtliche Werke, Bd. I. Hanser, München 1987.

Schindler, S. (1994): Dokumentation und Bibliographie der Pränatalen und Perinatalen Lebenszeit. Int. J. of Prenatal and Perinatal Psychology and Medicine 6: 445–458.

Schindler, S. (1998): Pränatale Psychologie als wissenschaftlicher Dialog: Geschichte – Gegenwart – Zukunft. Int. J. of Prenatal and Perinatal Psychology and Medicine 10: 521–536.

Schlindwein, B. (1999): Gebären und geboren werden – Das Trauma einer Frühgeburt im Zentrum generationsübergreifender Zusammenhänge. In: Damm, S. (Hg.) Schwertraumatisierende Erfahrungen. UVT, Tübingen.

Schulz, H. (1997): Die Plazentavorstellung von Joseph Beuys. Salon, Köln.

Schwartz, P. (1964): Geburtsschäden bei Neugeborenen. Gustav Fischer, Jena.

Share, L. (1996): Psychoanalytische Trauminterpretation und die Rekonstruktion des kindlichen Traumas. Psychoanalyse im Widerspruch 16: 23–47.

Share, L. (1996): Dreams and the Reconstruction of Infant Trauma. Int. J. of Prenatal and Perinatal Psychology and Medicine 8: 295–316.

Silberer, H. (1914): Probleme der Mystik und ihre Symbolik. Wissenschaftliche Buchgesellschaft, Darmstadt 1961.

Simon, A. (1988): Beckett. Suhrkamp, Frankfurt.

Sloterdijk, P. (1986): Der Denker auf der Bühne. Suhrkamp, Frankfurt.

Sloterdijk, P. (1987): Der Zauberbaum. Suhrkamp, Frankfurt.

Sloterdijk, P. (1993): Weltfremdheit. Suhrkamp, Frankfurt.

Sloterdijk, P. (1998): Sphären I. Suhrkamp, Frankfurt.

Sloterdijk, P. (1999): Sphären II. Suhrkamp, Frankfurt.

Sonne, J. (1994): The Relevance of the Dread of Being Aborted to Models of Therapy and Models of the Mind. Int. J. of Prenatal and Perinatal Psychology and Medicine 6: 67–86.

Sonne, J. C. (1996): Interpreting the Dread of Being Aborted in Therapy. Int. J. of Prenatal and Perinatal Psychology and Medicine 8: 317–340.

Steiner, H. (1999): Erfahrungsbericht über die tiefenpsychologische Basis-Therapie bei Wolfgang H. Hollweg. Int. J. of Prenatal and Perinatal Psychology and Medicine 11: 117–135.

Stern, D. N. (1992): Die Lebenserfahrung des Säuglings. Klett-Cotta, Stuttgart.

Thompson, W. R. (1957): Influence of prenatal maternal anxiety on motionality in young rats. Science 125: 698.

Tierny, P. (1990): The Highest Altar – Unveiling the Mystery of Human Sacrifice. Penguin, New. York.

Tinbergen, N. (1964): Instinktlehre. Parey, Berlin.

Trunz, E. (1967): Anmerkungen. In: Goethes Werke, Bd. II. Wegner, Hamburg.

Turner, J. R. G., Turner, T., Westermann, S. (1999) Prebirth Memory Discovery in Psychotraumatology. Int. J. of Prenatal and Perinatal Psychology and Medicine 11: 469–486.

Unfried, N. (1999): Erfahrungsbilanz der Behandlung von Kindern mit prä- und perinatalen Traumen. Int. J. of Prenatal and Perinatal Psychology and Medicine 11: 518–528.

Veldman, F. (1994): Confirming Affectivity, the Dawn of Human Life. Int. J. of Prenatal and Perinatal Psychology and Medicine 6: 3–10.

Veldman, F. (1994a): Haptonomie – Die Wissenschaft von den Grundlagen der Affektivität. Int. J. Prenatal and perinatal Studies 4: 1–15.

Veldman, F. (1998): Haptonomie – Science de l'Affectivité. Press. Universitaire de France, Paris.

Verny, T. (1992): Das Leben vor der Geburt – ein Neun-Monate-Programm für Sie und Ihr Ungeborenes. Zweitausendeins, Frankfurt.

Verny, T. (1997): Birth and Violence. Int. J. of Prenatal and Perinatal Psychology and Medicine 9: 5–16.

Viola, B. (1999): Europäische Einsichten. Prestel, München.

Wasdell, D. (1980): Anxiety Defences: Their Origin, Functioning and Evolution. Bezug: 115 Poplar High Street, London E14 OAE.

Wasdell, D. (1993): Die pränatalen und perinatalen Wurzeln von Religion und Krieg. Mattes, Heidelberg 2000.

Wezel, K. H. (1747–1819): In: Bennholdt-Thomsen A., Guzzoni, A. (1990) Zur Theorie des Versehens im 18. Jahrhundert. In: Kornbichler, T. (Hg.) Klio und Psyche. Centaurus, Herbolsheim.

Winnicott, D. W. (1954): Die Beziehung zwischen dem Geist und dem Leib-seelischen. In: Von der Kinderheilkunde zur Psychoanalyse. Fischer, Frankfurt 1985.

Winnicott, D. W. (1992): Birth memories. Birth Trauma und Anxiety. Int. J. Prenatal and Perinatal Studies 4: 17–33.

Wischnik, A. (1989): Neue Aspekte der radiologischen Pelvimetrie. Geb. Hilfe u. Perinat 193: 145–151.

Wischnik, A. (1992): Anatomische, biomechanische und psychosoziale Randbedingungen moderner Geburtshilfe. Klinikarzt 21: 25–33.

Wolf, M. (1998): Der traumatisierte Ödipus. In: Schlösser, A., Höhfeld, K. (Hg.) Trauma und Konflikt. Psychosozial, Gießen.

Zweig, S. (1986): Heilung durch den Geist. Fischer, Frankfurt.